Friedrich Schiller

Gedichte

Friedrich Schiller

Gedichte

ISBN/EAN: 9783743322721

Hergestellt in Europa, USA, Kanada, Australien, Japan

Cover: Foto ©ninafisch / pixelio.de

Manufactured and distributed by brebook publishing software
(www.brebook.com)

Friedrich Schiller

Gedichte

Gedichte

von

Friedrich von Schiller.

———∞:✦:∞———

Stuttgart.

Verlag der J. G. Cotta'schen Buchhandlung.

1873.

der J. G. Cotta'schen Bu

Inhalt.

Gedichte der ersten Periode.

Gedichte der zweiten Periode.

Gedichte der dritten Periode.

Gedichte

der

ersten Periode.

Hektors Abschied.

Andromache.

Will sich Hektor ewig von mir wenden,
Wo Achill mit den unnahbarn Händen
Dem Patroklus schrecklich Opfer bringt?
Wer wird künftig deinen Kleinen lehren
Speere werfen und die Götter ehren,
Wenn der finstre Orkus dich verschlingt?

Hektor.

Theures Weib, gebiete deinen Thränen!
Nach der Feldschlacht ist mein feurig Sehnen,
Diese Arme schützen Pergamus.
Kämpfend für den heil'gen Herd der Götter
Fall' ich, und des Vaterlandes Retter
Steig' ich nieder zu dem styg'schen Fluß.

Andromache.

Nimmer lausch' ich deiner Waffen Schalle,
Müßig liegt dein Eisen in der Halle,
Priams großer Heldenstamm verdirbt.
Du wirst hingehn, wo kein Tag mehr scheinet,
Der Cocytus durch die Wüsten weinet,
Deine Liebe in dem Lethe stirbt.

Hektor.

All mein Sehnen will ich, all mein Denken,
In des Lethe stillen Strom versenken,
Aber meine Liebe nicht.

Horch! der Wilde tobt schon an den Mauern,
Gürte mir das Schwert um, laß das Trauern!
Hektors Liebe stirbt im Lethe nicht.

Amalia.

Schön wie Engel voll Walhallas Wonne,
Schön vor allen Jünglingen war er,
Himmlisch mild sein Blick, wie Maiensonne,
Rückgestrahlt vom blauen Spiegelmeer.

Seine Küsse — paradiesisch Fühlen!
Wie zwo Flammen sich ergreifen, wie
Harfentöne in einander spielen
Zu der himmelvollen Harmonie —

Stürzten, flogen, schmolzen Geist und Geist zusammen,
Lippen, Wangen brannten, zitterten,
Seele rann in Seele — Erd' und Himmel schwammen
Wie zerronnen um die Liebenden!

Er ist hin — vergebens, ach! vergebens
Stöhnet ihm der bange Seufzer nach!
Er ist hin, und alle Lust des Lebens
Wimmert hin in ein verlornes Ach!

Eine Leichenphantasie.

Mit erstorbnem Scheinen
Steht der Mond auf todtenstillen Hainen,
  Seufzend streicht der Nachtgeist durch die Luft
    Nebelwolken schauern,
    Sterne trauern
  Bleich herab, wie Lampen in der Gruft.
Gleich Gespenstern, stumm und hohl und hager,
  Zieht in schwarzem Todtenpompe dort
Ein Gewimmel nach dem Leichenlager
  Unterm Schauerflor der Grabnacht fort.

Zitternd an der Krücke
Wer mit düsterm, rückgesunknem Blicke,
  Ausgegossen in ein heulend Ach,
Schwer geneckt vom eisernen Geschicke,
  Schwankt dem stummgetragnen Sarge nach?
Floß es „Vater" von des Jünglings Lippe?
  Nasse Schauer schauern fürchterlich
Durch sein gramgeschmolzenes Gerippe,
  Seine Silberhaare bäumen sich. —

Aufgerissen seine Feuerwunde!
  Durch die Seele Höllenschmerz!
„Vater" floß es von des Jünglings Munde,
  „Sohn" gelispelt hat das Vaterherz.
Eiskalt, eiskalt liegt er hier im Tuche,
  Und dein Traum, so golden einst, so süß!
Süß und golden, Vater, dir zum Fluche!
  Eiskalt, eiskalt liegt er hier im Tuche,
    Deine Wonne und dein Paradies!

Mild, wie, umweht von Elysiumslüften,
  Wie, aus Auroras Umarmung geschlüpft,
Himmlisch umgürtet mit rosigten Düften,
  Florens Sohn über das Blumenfeld hüpft,
Flog er einher auf den lachenden Wiesen,
  Nachgespiegelt von silberner Fluth,
Wollustflammen entsprühten den Küssen,
  Jagten die Mädchen in liebende Gluth.

Muthig sprang er im Gewühle der Menschen,
  Wie auf Gebirgen ein jugendlich Reh;
Himmelum flog er in schweifenden Wünschen,
  Hoch wie die Adler in wolkigter Höh;
Stolz wie die Rosse sich sträuben und schäumen,
  Werfen im Sturme die Mähnen umher,
Königlich wider den Zügel sich bäumen,
  Trat er vor Sklaven und Fürsten daher.

Heiter, wie Frühlingstag, schwand ihm das Leben,
  Floh ihm vorüber in Hesperus Glanz,
Klagen ertränkt' er im Golde der Reben,
  Schmerzen verhüpft' er im wirbelnden Tanz.
Welten schliefen im herrlichen Jungen,
  Ha! wenn er einsten zum Manne gereift —
Freue dich, Vater — im herrlichen Jungen
  Wenn einst die schlafenden Keime gereift!

Nein doch, Vater — Horch! die Kirchhofthüre brauset,
  Und die ehrnen Angel klirren auf —
Wie's hinein ins Grabgewölbe grauset! —
  Nein doch, laß den Thränen ihren Lauf!

Geh, du Holder, geh im Pfad der Sonne
Freudig weiter der Vollendung zu,
Lösche nun den edeln Durst nach Wonne,
Gramentbundner, in Walhallas Ruh!

Wiedersehen — himmlischer Gedanke! —
Wiedersehen dort an Edens Thor!
Horch! der Sarg versinkt mit dumpfigem Geschwanke,
Wimmernd schnurrt das Todtenseil empor!
Da wir trunken um einander rollten,
Lippen schwiegen, und das Auge sprach —
Haltet! haltet! — da wir boshaft grollten —
Aber Thränen stürzten wärmer nach — —

Mit erstorbnem Scheinen
Steht der Mond auf todtenstillen Hainen,
Seufzend streicht der Nachtgeist durch die Luft.
Nebelwolken schauern,
Sterne trauern
Bleich herab, wie Lampen in der Gruft.
Dumpfig schollert's überm Sarg zum Hügel —
O um Erdballs Schätze nur noch einen Blick! —
Starr und ewig schließt des Grabes Riegel,
Dumpfer — dumpfer schollert's überm Sarg zum Hügel,
Nimmer gibt das Grab zurück.

Phantasie an Laura.

Meine Laura! nenne mir den Wirbel,
Der an Körper Körper mächtig reißt!
Nenne, meine Laura, mir den Zauber,
Der zum Geist gewaltig zwingt den Geist!

Sieh! er lehrt die schwebenden Planeten
Ew'gen Ringgangs um die Sonne fliehn,
Und, gleich Kindern um die Mutter hüpfend,
Bunte Zirkel um die Fürstin ziehn.

Durstig trinkt den goldnen Strahlenregen
Jedes rollende Gestirn,
Trinkt aus ihrem Feuerkelch Erquickung,
Wie die Glieder Leben vom Gehirn.

Sonnenstäubchen paart mit Sonnenstäubchen
Sich in trauter Harmonie,
Sphären in einander lenkt die Liebe,
Weltsysteme dauern nur durch sie.

Tilge sie vom Uhrwerk der Naturen —
Trümmernd aus einander springt das All,
In das Chaos donnern eure Welten,
Weint, Newtone, ihren Riesenfall!

Tilg die Göttin aus der Geister Orden,
Sie erstarren in der Körper Tod;
Ohne Liebe kehrt kein Frühling wieder,
Ohne Liebe preist kein Wesen Gott!

Und was ist's, das, wenn mich Laura küsset,
Purpurflammen auf die Wangen geußt,
Meinem Herzen raschern Schwung gebietet,
Fiebrisch wild mein Blut von hinnen reißt?

Aus den Schranken schwellen alle Sehnen,
Seine Ufer überwallt das Blut,
Körper will in Körper über stürzen,
Lodern Seelen in vereinter Gluth.

Gleich allmächtig, wie dort in der todten
Schöpfung ew'gem Federtrieb,
Herrscht im aráchneischen Gewebe
Der empfindenden Natur die Lieb'.

Siehe, Laura, Fröhlichkeit umarmet
Wilder Schmerzen Ueberschwung;
An der Hoffnung Liebesbrust erwarmet
Starrende Verzweifelung.

Schwesterliche Wollust mildert
Düstrer Schwermuth Schauernacht,
Und entbunden von den goldnen Kindern
Strahlt das Auge Sonnenpracht.

Waltet nicht auch durch des Uebels Reiche
Fürchterliche Sympathie?
Mit der Hölle buhlen unsre Laster,
Mit dem Himmel grollen sie.

Um die Sünde flechten Schlangenwirbel
Scham und Reu', das Eumenidenpaar,
Um der Größe Adlerflügel windet
Sich verräthrisch die Gefahr.

Mit dem Stolze pflegt der Sturz zu tändeln,
Um das Glück zu klammern sich der Neid,
Ihrem Bruder Tode zuzuspringen,
Offnen Armes, Schwester Lüsternheit.

Mit der Liebe Flügel eilt die Zukunft
In die Arme der Vergangenheit,
Lange sucht der fliehende Saturnus
Seine Braut — die Ewigkeit.

Einst — so hör' ich das Orakel sprechen,
  Einsten hascht Saturn die Braut;
Weltenbrand wird Hochzeitfackel werden,
  Wenn mit Ewigkeit die Zeit sich traut.

Eine schönere Aurora röthet,
  Laura, dann auch unsrer Liebe sich,
Die so lang als jener Brautnacht dauert,
  Laura! Laura! freue dich!

Laura am Klavier.

Wenn dein Finger durch die Saiten meistert,
Laura, itzt zur Statue entgeistert,
  Itzt entkörpert steh' ich da.
Du gebietest über Tod und Leben,
Mächtig wie von tausend Nervgeweben
  Seelen fordert Philadelphia.

Ehrerbietig leiser rauschen
Dann die Lüfte, dir zu lauschen;
  Hingeschmiedet zum Gesang
  Stehn im ew'gen Wirbelgang,
Einzuziehn die Wonnefülle,
Lauschende Naturen stille.
  Zauberin! mit Tönen, wie
  Mich mit Blicken, zwingst du sie.

Seelenvolle Harmonien wimmeln,
  Ein wollüstig Ungestüm,
Aus den Saiten, wie aus ihren Himmeln
  Neugeborne Seraphim;

Wie, des Chaos Riesenarm entronnen,
Aufgejagt vom Schöpfungssturm, die Sonnen
Funkelnd fuhren aus der Nacht,
Strömt der Töne Zaubermacht.

Lieblich itzt, wie über glatten Kieseln
Silberhelle Fluthen rieseln,
Majestätisch prächtig nun,
Wie des Donners Orgelton,
Stürmend von hinnen itzt, wie sich von Felsen
Rauschende, schäumende Gießbäche wälzen,
Holdes Gesäusel bald,
Schmeichlerisch linde,
Wie durch den Espenwald
Buhlende Winde,

Schwerer nun und melancholisch düster,
Wie durch todter Wüsten Schauernachtgeflüster,
Wo verlornes Heulen schweift,
Thränenwellen der Cocytus schleift.
Mädchen, sprich! Ich frage, gib mir Kunde:
Stehst mit höhern Geistern du im Bunde?
Ist's die Sprache, lüg mir nicht,
Die man in Elysen spricht?

Die Entzückung an Laura.

Laura, über diese Welt zu flüchten
Wähn' ich — mich in Himmelmaienglanz zu lichten,
Wenn dein Blick in meine Blicke flimmt;
Aetherlüfte träum' ich einzusaugen,
Wenn mein Bild in deiner sanften Augen
Himmelblauem Spiegel schwimmt.

Leierklang aus Paradieses Fernen,
Harfenschwung aus angenehmern Sternen
   Ras' ich in mein trunknes Ohr zu ziehn;
Meine Muse fühlt die Schäferstunde,
Wenn von deinem wollustheißen Munde
   Silbertöne ungern fliehn.

Amoretten seh' ich Flügel schwingen,
Hinter dir die trunknen Fichten springen,
   Wie von Orpheus' Saitenruf belebt;
Rascher rollen um mich her die Pole,
Wenn im Wirbeltanze deine Sohle
   Flüchtig, wie die Welle, schwebt.

Deine Blicke — wenn sie Liebe lächeln,
Könnten Leben durch den Marmor fächeln,
   Felsenadern Pulse leihn;
Träume werden um mich her zu Wesen,
Kann ich nur in deinen Augen lesen:
   Laura, Laura mein!

Das Geheimniß der Reminiscenz.

An Laura.

Ewig starr an deinem Mund zu hangen,
Wer enthüllt mir dieses Gluthverlangen?
Wer die Wollust, deinen Hauch zu trinken,
In dein Wesen, wenn sich Blicke winken,
   Sterbend zu versinken?

Fliehen nicht, wie ohne Widerstreben
Sklaven an den Sieger sich ergeben,
Meine Geister hin im Augenblicke,
Stürmend über meines Lebens Brücke,
  Wenn ich dich erblicke?

Sprich! warum entlaufen sie dem Meister?
Suchen dort die Heimath meine Geister?
Oder finden sich getrennte Brüder,
Losgerissen von dem Band der Glieder,
  Dort bei dir sich wieder?

Waren unsre Wesen schon verflochten?
War es darum, daß die Herzen pochten?
Waren wir im Strahl erloschner Sonnen,
In den Tagen lang verrauschter Wonnen,
  Schon in Eins zerronnen?

Ja, wir waren's! — Innig mir verbunden
Warst du in Aeonen, die verschwunden;
Meine Muse sah es auf der trüben
Tafel der Vergangenheit geschrieben:
  Eins mit deinem Lieben!

Und in innig festverbundnem Wesen,
Also hab' ich's staunend dort gelesen,
Waren wir ein Gott, ein schaffend Leben,
Und uns ward, sie herrschend zu durchweben,
  Frei die Welt gegeben.

Uns entgegen gossen Nektarquellen
Ewig strömend ihre Wollustwellen;
Mächtig lösten wir der Dinge Siegel,
Zu der Wahrheit lichtem Sonnenhügel
  Schwang sich unser Flügel.

Weine, Laura! dieser Gott ist nimmer,
Du und ich des Gottes schöne Trümmer,
Und in uns ein unersättlich Dringen,
Das verlorne Wesen einzuschlingen,
    Gottheit zu erschwingen.

Darum, Laura, dieses Gluthverlangen,
Ewig starr an deinem Mund zu hangen,
Und die Wollust, deinen Hauch zu trinken,
In dein Wesen, wenn sich Blicke winken,
    Sterbend zu versinken.

Darum fliehn, wie ohne Widerstreben
Sklaven an den Sieger sich ergeben,
Meine Geister hin im Augenblicke,
Stürmend über meines Lebens Brücke,
    Wenn ich dich erblicke.

Darum nur entlaufen sie dem Meister,
Ihre Heimath suchen meine Geister,
Losgerafft vom Kettenband der Glieder,
Küssen sich die langgetrennten Brüder
    Wiederkennend wieder.

Und auch du — da mich dein Auge spähte,
Was verrieth der Wangen Purpurröthe?
Flohn wir nicht, als wären wir verwandter,
Freudig, wie zur Heimath ein Verbannter,
    Glühend an einander?

Melancholie an Laura.

Laura — Sonnenaufgangsgluth
Brennt in deinen goldnen Blicken,
  In den Wangen springt purpurisch Blut,
  Deiner Thränen Perlenfluth
Rennt noch Mutter das Entzücken —
  Dem der schöne Tropfen thaut,
  Der darin Vergött'rung schaut,
Ach, dem Jüngling, der belohnet wimmert,
Sonnen sind ihm aufgedämmert!

Deine Seele, gleich der Spiegelwelle
Silberklar und sonnenhelle,
  Maiet noch den trüben Herbst um dich;
  Wüsten, öd' und schauerlich,
Lichten sich in deiner Strahlenquelle;
Düstrer Zukunft Nebelferne
Goldet sich in deinem Sterne;
  Lächelst du der Reize Harmonie?
  Und ich weine über sie. —

Untergrub denn nicht der Erde Veste
  Lange schon das Reich der Nacht?
Unsre stolz aufthürmenden Paläste,
  Unsrer Städte majestät'sche Pracht
Ruhen all' auf modernden Gebeinen;
  Deine Nelken saugen süßen Duft
Aus Verwesung; deine Quellen weinen
  Aus dem Becken einer — Menschengruft.

Blick empor — die schwimmenden Planeten,
Laß dir, Laura, seine Welten reden!

Unter ihrem Zirkel flohn
Tausend bunte Lenze schon,
Thürmten tausend Throne sich,
Heulten tausend Schlachten fürchterlich.
  In den eisernen Fluren
  Suche ihre Spuren!
Früher, später reif zum Grab,
Laufen, ach, die Räder ab
  An Planetenuhren.

Blinze dreimal — und der Sonnen Pracht
Löscht im Meer der Todtennacht!
Frage mich, von wannen deine Strahlen lodern!
  Prahlst du mit des Auges Gluth?
  Mit der Wangen frischem Purpurblut,
Abgeborgt von mürben Modern?
  Wuchernd fürs geliehne Roth,
  Wuchernd, Mädchen, wird der Tod
Schwere Zinsen fodern!

Rede, Mädchen, nicht dem Starken Hohn!
  Eine schönre Wangenröthe
Ist doch nur des Todes schönrer Thron;
  Hinter dieser blumigten Tapete
Spannt den Bogen der Verderber schon —
Glaub' es — glaub' es, Laura, deinem Schwärmer:
  Nur der Tod ist's, dem dein schmachtend Auge winkt:
  Jeder deiner Strahlenblicke trinkt
Deines Lebens karges Lämpchen ärmer;
  Meine Pulse, prahlest du,
Hüpfen noch so jugendlich von dannen —
  Ach! die Kreaturen des Tyrannen
Schlagen tückisch der Verwesung zu.

Auseinander bläst der Tod geschwind
Dieses Lächeln, wie der Wind
Regenbogenfarbiges Geschäume.
    Ewig fruchtlos suchst du seine Spur;
    Aus dem Frühling der Natur,
Aus dem Leben, wie aus seinem Keime,
Wächst der ew'ge Würger nur.

Weh! entblättert seh' ich deine Rosen liegen,
    Bleich erstorben deinen süßen Mund,
    Deiner Wangen wallendes Rund
Werden rauhe Winterstürme pflügen,
    Düstrer Jahre Nebelschein
Wird der Jugend Silberquelle trüben,
Dann wird Laura — Laura nicht mehr lieben,
    Laura nicht mehr liebenswürdig sein.

Mädchen — stark wie Eiche stehet noch dein Dichter.
    Stumpf an meiner Jugend Felsenkraft
    Niederfällt des Todtenspeeres Schaft;
Meine Blicke — brennend wie die Lichter
    Seines Himmels — feuriger mein Geist,
Denn die Lichter seines ew'gen Himmels,
Der im Meere eignen Weltgewimmels
    Felsen thürmt und niederreißt;
Kühn durch's Weltall steuern die Gedanken,
Fürchten nichts — als seine Schranken.

Glühst du, Laura? Schwillt die stolze Brust?
Lern' es, Mädchen, dieser Trank der Lust,
    Dieser Kelch, woraus mir Gottheit düftet —
    Laura — ist vergiftet!
Unglückselig! unglückselig! die es wagen,
    Götterfunken aus dem Staub zu schlagen.

Ach! die kühnste Harmonie
Wirft das Saitenspiel zu Trümmer,
Und der lohe Aetherstrahl G e n i e
Nährt sich nur vom Lebenslampenschimmer —
Wegbetrogen von des Lebens Thron,
Frohnt ihm jeder Wächter schon!
Ach! schon schwören sich, mißbraucht zu frechen Flammen,
Meine Geister wider mich zusammen!
Laß — ich fühl's — laß, Laura, noch zween kurze
Lenze fliegen — und dies Moderhaus
Wiegt sich schwankend über mir zum Sturze,
Und in eignem Strahle lösch' ich aus. — —

Weinst du, Laura? — Thräne, sei verneinet,
Die des Alters Straflos mir erweinet!
Weg! versiege, Thräne, Sünderin!
Laura will, daß meine Kraft entweiche,
Daß ich zitternd unter dieser Sonne schleiche,
Die des Jünglings Adlergang gesehn? —
Daß des Busens lichte Himmelsflamme
Mit erfrornem Herzen ich verdamme,
Daß die Augen meines Geists verblinden,
Daß ich fluche meinen schönsten Sünden?
Nein! versiege, Thräne, Sünderin! —
Brich die Blume in der schönsten Schöne,
Lösch', o Jüngling mit der Trauermiene,
Meine Fackel weinend aus;
Wie der Vorhang an der Trauerbühne
Niederrauschet bei der schönsten Scene,
Fliehn die Schatten — und noch schweigend horcht das Haus. —

Die Kindesmörderin.

Horch — die Glocken hallen dumpf zusammen,
Und der Zeiger hat vollbracht den Lauf.
Nun, so sei's denn — Nun, in Gottes Namen!
Grabgefährten, brecht zum Richtplatz auf.
Nimm, o Welt! die letzten Abschiedsküsse!
Diese Thränen nimm, o Welt, noch hin!
Deine Gifte — o, sie schmeckten süße! —
Wir sind quitt, du Herzvergifterin!

Fahret wohl, ihr Freuden dieser Sonne,
Gegen schwarzen Moder umgetauscht!
Fahre wohl, du Rosenzeit voll Wonne,
Die so oft das Mädchen lustberauscht!
Fahret wohl, ihr goldgewebten Träume,
Paradieseskinder, Phantasien!
Weh! sie starben schon im Morgenkeime,
Ewig nimmer an das Licht zu blühn.

Schön geschmückt mit rosenrothen Schleifen,
Deckte mich der Unschuld Schwanenkleid,
In der blonden Locken loses Schweifen
Waren junge Rosen eingestreut.
Wehe! — die Geopferte der Hölle
Schmückt noch itzt das weißliche Gewand;
Aber ach! — der Rosenschleifen Stelle
Nahm ein schwarzes Todtenband.

Weinet um mich, die ihr nie gefallen,
Denen noch der Unschuld Lilien blühn,
Denen zu dem weichen Busenwallen
Heldenstärke die Natur verliehn!

Wehe! — menschlich hat dieß Herz empfunden!
   Und Empfindung soll mein Richtschwert sein!
Weh! vom Arm des falschen Manns umwunden,
   Schlief Luisens Tugend ein.

Ach, vielleicht umflattert eine Andre,
   Mein vergessen, dieses Schlangenherz,
Ueberfließt, wenn ich zum Grabe wandre,
   An dem Putztisch in verliebtem Scherz?
Spielt vielleicht mit seines Mädchens Locke,
   Schlingt den Kuß, den sie entgegenbringt,
Wenn, versprißt auf diesem Todesblocke,
   Hoch mein Blut vom Rumpfe springt.

Joseph! Joseph! auf entfernte Meilen
   Folge dir Luisens Todtenchor,
Und des Glockenthurmes dumpfes Heulen
   Schlage schrecklich mahnend an dein Ohr —
Wenn von eines Mädchens weichem Munde
  . Dir der Liebe sanft Gelispel quillt,
Bohr' es plötzlich eine Höllenwunde
   In der Wollust Rosenbild!

Ha, Verräther! nicht Luisens Schmerzen?
   Nicht des Weibes Schande, harter Mann?
Nicht das Knäblein unter meinem Herzen?
   Nicht was Löw und Tiger schmelzen kann?
Seine Segel fliegen stolz vom Lande!
   Meine Augen zittern dunkel nach;
Um die Mädchen an der Seine Strande
   Winselt er sein falsches Ach!

Und das Kindlein — in der Mutter Schoße
Lag es da in süßer, goldner Ruh',
In dem Reiz der jungen Morgenrose
Lachte mir der holde Kleine zu —
Tödtlichlieblich sprach aus allen Zügen
Sein geliebtes theures Bild mich an,
Den bekommnen Mutterbusen wiegen
Liebe und — Verzweiflungswahn.

Weib, wo ist mein Vater? lallte
Seiner Unschuld stumme Donnersprach';
Weib, wo ist dein Gatte? hallte
Jeder Winkel meines Herzens nach —
Weh! umsonst wirst, Waise, du ihn suchen,
Der vielleicht schon andre Kinder herzt,
Wirst der Stunde unsers Glückes fluchen,
Wenn dich einst der Name Bastard schwärzt.

Deine Mutter — o, im Busen Hölle!
Einsam sitzt sie in dem All der Welt,
Durstet ewig an der Freudenquelle,
Die dein Anblick fürchterlich vergällt.
Ach, mit jedem Laut von dir erklingen
Schmerzgefühle des vergangnen Glücks,
Und des Todes bittre Pfeile dringen
Aus dem Lächeln deines Kinderblicks.

Hölle, Hölle, wo ich dich vermisse,
Hölle, wo mein Auge dich erblickt!
Eumenidenruthen deine Küsse,
Die von seinen Lippen mich entzückt!

Seine Eide donnern aus dem Grabe wieder,
  Ewig, ewig würgt sein Meineid fort,
Ewig — hier umstrickte mich die Hyder —
  Und vollendet war der Mord.

Joseph! Joseph! auf entfernte Meilen
  Jage dir der grimme Schatten nach,
Mög' mit kalten Armen dich ereilen,
  Donnre dich aus Wonneträumen wach;
Im Geflimmer sanfter Sterne zucke
  Dir des Kindes grasser Sterbeblick,
Es begegne dir im blut'gen Schmucke,
  Geißle dich vom Paradies zurück.

Seht! da lag's entseelt zu meinen Füßen, —
  Kalt hinstarrend, mit verworrnem Sinn
Sah ich seines Blutes Ströme fließen,
  Und mein Leben floß mit ihm dahin; —
Schrecklich pocht schon des Gerichtes Bote,
  Schrecklicher mein Herz!
Freudig eilt' ich, in dem kalten Tode
  Auszulöschen meinen Flammenschmerz.

Joseph! Gott im Himmel kann verzeihen,
  Dir verzeiht die Sünderin.
Meinen Groll will ich der Erde weihen,
  Schlage, Flamme, durch den Holzstoß hin! —
Glücklich! glücklich! Seine Briefe lodern,
  Seine Eide frißt ein siegend Feu'r,
Seine Küsse! wie sie hochauf lodern! —
  Was auf Erden war mir einst so theu'r?

Trauet nicht den Rosen eurer Jugend,
Trauet, Schwestern, Männerschwüren nie!
Schönheit war die Falle meiner Tugend,
Auf der Richtstatt hier verfluch' ich sie! —
Zähren? Zähren in des Würgers Blicken?
Schnell die Binde um mein Angesicht!
Henker, kannst du keine Lilje knicken?
Bleicher Henker, zittre nicht!

Die Größe der Welt.

Die der schaffende Geist einst aus dem Chaos schlug,
Durch die schwebende Welt flieg' ich des Windes Flug,
    Bis am Strande
      Ihrer Wogen ich lande,
Anker werf', wo kein Hauch mehr weht,
Und der Markstein der Schöpfung steht.

Sterne sah ich bereits jugendlich auferstehn,
Tausendjährigen Gangs durchs Firmament zu gehn,
    Sah sie spielen
      Nach den lockenden Zielen;
Irrend suchte mein Blick umher,
Sah die Räume schon — sternenleer.

Anzufeuern den Flug weiter zum Reich des Nichts,
Steur' ich muthiger fort, nehme den Flug des Lichts,
    Neblicht trüber
      Himmel an mir vorüber,
Weltsysteme, Fluthen im Bach,
Strudeln dem Sonnenwandrer nach.

Sieh, den einsamen Pfad wandelt ein Pilger mir
Rasch entgegen — „Halt an! Waller, was suchst du hier?"
„„Zum Gestade
Seiner Welt meine Pfade!
Segle hin, wo kein Hauch mehr weht,
Und der Markstein der Schöpfung steht!"""

„Steh! du segelst umsonst — vor dir Unendlichkeit!"
„„Steh! du segelst umsonst — Pilger, auch hinter mir! —
Senke nieder,
Adlergedank', dein Gefieder!
Kühne Seglerin, Phantasie,
Wirf ein muthloses Anker hie."""

Elegie auf den Tod eines Jünglings. [1]

Banges Stöhnen, wie vorm nahen Sturme,
 Hallet her vom öden Trauerhaus,
Todtentöne fallen von des Münsters Thurme!
 Einen Jüngling trägt man hier heraus,
Einen Jüngling — noch nicht reif zum Sarge,
 In des Lebens Mai gepflückt,
Pochend mit der Jugend Nervenmarke,
 Mit der Flamme, die im Auge zückt —
Einen Sohn, die Wonne seiner Mutter
 (O das lehrt ihr jammernd Ach) —
Meinen Busenfreund, ach! meinen Bruder —
 Auf, was Mensch heißt, folge nach!

Prahlt ihr, Fichten, die ihr hoch, veraltet,
 Stürmen stehet und den Donner neckt?

[1] Der Name des Jünglings war Johann Christian Weckherlin.

Und ihr Berge, die ihr Himmel haltet,
Und ihr Himmel, die ihr Sonnen hegt?
Prahlt der Greis noch, der auf stolzen Werken
Wie auf Wogen zur Vollendung steigt?
Prahlt der Held noch, der auf aufgewälzten Thatenbergen
In des Nachruhms Sonnentempel fleugt?
Wenn der Wurm schon naget in den Blüthen,
Wer ist Thor, zu wähnen, daß er nie verdirbt?
Wer dort oben hofft noch und hienieden
Auszubauern — wenn der Jüngling stirbt?

Lieblich hüpften, voll der Jugendfreude,
Seine Tage hin im Rosenkleide,
Und die Welt, die Welt war ihm so süß —
Und so freundlich, so bezaubernd winkte
Ihm die Zukunft, und so golden blinkte
Ihm des Lebens Paradies;
Noch, als schon das Mutterauge thränte,
Unter ihm das Todtenreich schon gähnte,
Ueber ihm der Parzen Faden riß,
Erd' und Himmel seinem Blick entsanken,
Floh er ängstlich vor dem Grabgedanken —
Ach, die Welt ist Sterbenden so süß!

Stumm und taub ist's in dem engen Hause,
Tief der Schlummer der Begrabenen;
Bruder! ach, in ewig tiefer Pause
Feiern alle deine Hoffnungen;
Oft erwärmt die Sonne deinen Hügel,
Ihre Gluth empfindest du nicht mehr;
Seine Blumen wiegt des Westwinds Flügel,
Sein Gelispel hörest du nicht mehr;
Liebe wird dein Auge nie vergolden,
Nie umhalsen deine Braut wirst du,

Nie, wenn unsre Thränen stromweis rollten, —
  Ewig, ewig sinkt dein Auge zu.

Aber wohl dir! — köstlich ist dein Schlummer,
  Ruhig schläft sich's in dem engen Haus;
Mit der Freude stirbt hier auch der Kummer,
  Röcheln auch der Menschen Qualen aus.
Ueber dir mag die Verleumdung geifern,
  Die Verführung ihre Gifte spei'n,
Ueber dich der Pharisäer eifern,
  Fromme Mordsucht dich der Hölle weihn,
Gauner durch Apostel=Masken schielen,
  Und die Bastardtochter der Gerechtigkeit,
Wie mit Würfeln, so mit Menschen spielen,
  Und so fort, bis hin zur Ewigkeit.

Ueber dir mag auch Fortuna gaukeln,
  Blind herum nach ihren Buhlen spähn,
Menschen bald auf schwanken Thronen schaukeln,
  Bald herum in wüsten Pfützen drehn;
Wohl dir, wohl in deiner schmalen Zelle!
  Diesem komischtragischen Gewühl,
Dieser ungestümen Glückeswelle,
  Diesem possenhaften Lottospiel,
Diesem faulen fleißigen Gewimmel,
  Dieser arbeitsvollen Ruh,
Bruder! — diesem teufelvollen Himmel
  Schloß dein Auge sich auf ewig zu.

Fahr denn wohl, du Trauter unsrer Seele,
  Eingewiegt von unsern Segnungen!
Schlummre ruhig in der Grabeshöhle,
  Schlummre ruhig bis auf Wiedersehn

Bis auf diesen leichenvollen Hügeln
   Die allmächtige Posaune klingt,
Und nach aufgerissnen Todesriegeln
   Gottes Sturmwind diese Leichen in Bewegung schwingt —
Bis, befruchtet von Jehovahs Hauche,
   Gräber kreißen — auf sein mächtig Dräu'n
In zerschmelzender Planeten Rauche
   Ihren Raub die Grüfte wiederkäu'n —

Nicht in Welten, wie die Weisen träumen,
   Auch nicht in des Pöbels Paradies,
Nicht in Himmeln, wie die Dichter reimen, —
   Aber wir ereilen dich gewiß.
Daß es wahr sei, was den Pilger freute?
Daß noch jenseits ein Gedanke sei?
Daß die Tugend übers Grab geleite?
   Daß es mehr denn eitle Phantasei? — —
Schon enthüllt sind dir die Räthsel alle!
   Wahrheit schlürfst dein hochentzückter Geist,
Wahrheit, die in tausendfachem Strahle
   Von des großen Vaters Kelche fleußt. —

Zieht denn hin, ihr schwarzen, stummen Träger!
   Tischt auch den dem großen Würger auf!
Höret auf, geheulergossne Kläger!
   Thürmet auf ihm Staub auf Staub zu Hauf!
Wo der Mensch, der Gottes Rathschluß prüfte?
   Wo das Aug', den Abgrund durchzuschaun?
Heilig, heilig, heilig bist du, Gott der Grüfte!
   Wir verehren dich mit Graun
Erde mag zurück in Erde stäuben,
   Fliegt der Geist doch aus dem morschen Haus!
Seine Asche mag der Sturmwind treiben,
   Seine Liebe dauert ewig aus.

Die Schlacht.

Schwer und dumpfig,
Eine Wetterwolke,
Durch die grüne Ebne schwankt der Marsch.
Zum wilden eisernen Würfelspiel
Streckt sich unabsehlich das Gefilde.
Blicke kriechen niederwärts,
An die Rippen pocht das Männerherz,
Vorüber an hohlen Todtengesichtern
Niederjagt die Front der Major:
Halt!
Und Regimenter fesselt das starre Commando.

Lautlos steht die Front.

Prächtig im glühenden Morgenroth
Was blitzt dort her vom Gebirge?
Seht ihr des Feindes Fahnen wehn?
Wir sehn des Feindes Fahnen wehn,
Gott mit euch, Weib und Kinder!
Lustig! hört ihr den Gesang?
Trommelwirbel, Pfeifenklang
Schmettert durch die Glieder;
Wie braust es fort im schönen, wilden Tact!
Und braust durch Mark und Bein.

Gott befohlen, Brüder!
In einer andern Welt wieder!

Schon fleugt es fort wie Wetterleucht,
Dumpf brüllt der Donner schon dort,
Die Wimper zuckt, hier kracht er laut,
Die Losung braust von Heer zu Heer —

Laß brausen in Gottes Namen fort,
Freier schon athmet die Brust.

> Der Tod ist los — schon wogt sich der Kampf,
> Eisern im wolkigten Pulverdampf,
> Eisern fallen die Würfel.

Nah umarmen die Heere sich;
Fertig! heult's von Ploton zu Ploton;
Auf die Kniee geworfen
Feuern die Vordern, viele stehen nicht mehr auf,
Lücken reißt die streifende Kartätsche,
Auf Vormanns Rumpfe springt der Hintermann,
Verwüstung rechts und links und um und um,
Bataillone niederwälzt der Tod.

> Die Sonne löscht aus, heiß brennt die Schlacht,
> Schwarz brütet auf dem Heer die Nacht —
> Gott befohlen, Brüder!
> In einer andern Welt wieder!

Hoch spritzt an den Nacken das Blut,
Lebende wechseln mit Todten, der Fuß
Strauchelt über den Leichnamen —
„Und auch du, Franz?" — „„Grüße mein Lottchen, Freund!""
Wilder immer wüthet der Streit;
„Grüßen will ich" — Gott! Kameraden, seht!
Hinter uns wie die Kartätsche springt! —
„Grüßen will ich dein Lottchen, Freund!
„Schlummre sanft! wo die Kugelsaat
„Regnet, stürz' ich Verlassner hinein."

> Hieher, dorthin schwankt die Schlacht,
> Finstrer brütet auf dem Heer die Nacht —
> Gott befohlen, Brüder!
> In einer andern Welt wieder!

Horch! was strampft im Galopp vorbei?
  Die Adjutanten fliegen,
Dragoner rasseln in den Feind,
  Und seine Donner ruhen.
Victoria, Brüder!
  Schrecken reißt die feigen Glieder,
Und seine Fahne sinkt. —

Entschieden ist die·scharfe Schlacht,
Der Tag blickt siegend durch die Nacht!
Horch! Trommelwirbel, Pfeifenklang
Stimmen schon Triumphgesang!
Lebt wohl, ihr gebliebenen Brüder!
In einer andern Welt wieder!

Rousseau.

Monument von unsrer Zeiten Schande,
Ew'ge Schmachschrift deiner Mutterlande,
  Rousseau's Grab, gegrüßet seist du mir!
Fried' und Ruh den Trümmern deines Lebens!
Fried' und Ruhe suchtest du vergebens,
  Fried' und Ruhe fandst du hier!

Wann wird doch die alte Wunde narben?
Einst war's finster, und die Weisen starben!
  Nun ist's lichter, und der Weise stirbt.
Sokrates ging unter durch Sophisten,
Rousseau leidet, Rousseau fällt durch Christen,
  Rousseau — der aus Christen Menschen wirbt.

Die Freundschaft.

Aus den Briefen Julius' an Raphael, einem noch ungedrückten Roman.

Freund! genügsam ist der Wesenlenker —
Schämen sich kleinmeisterische Denker,
  Die so ängstlich nach Gesetzen spähn —
Geisterreich und Körperweltgewühle
Wälzet eines Rades Schwung zum Ziele;
  Hier sah es mein Newton gehn.

Sphären lehrt es, Sklaven eines Zaumes,
Um das Herz des großen Weltenraumes
  Labyrinthenbahnen ziehn —
Geister in umarmenden Systemen
Nach der großen Geistersonne strömen,
  Wie zum Meere Bäche fliehn.

War's nicht dies allmächtige Getriebe,
Das zum ew'gen Jubelbund der Liebe
  Unsre Herzen aneinander zwang?
Raphael, an deinem Arm — o Wonne!
Wag' auch ich zur großen Geistersonne
  Freudigmuthig den Vollendungsgang.

Glücklich! glücklich! dich hab' ich gefunden,
Hab' aus Millionen dich umwunden,
  Und aus Millionen mein bist du —
Laß das Chaos diese Welt umrütteln,
Durcheinander die Atomen schütteln;
  Ewig fliehn sich unsre Herzen zu.

Muß ich nicht aus deinen Flammenaugen
Meiner Wolluſt Widerſtrahlen ſaugen?
　Nur in dir beſtaun' ich mich —
Schöner malt ſich mir die ſchöne Erde,
Heller ſpiegelt in des Freunds Geberde,
　Reizender der Himmel ſich.

Schwermuth wirft die bangen Thränenlaſten,
Süßer von des Leidens Sturm zu raſten,
　In der Liebe Buſen ab;
Sucht nicht ſelbſt das folternde Entzücken
In des Freunds beredten Strahlenblicken
　Ungeduldig ein wollüſt'ges Grab?

Stünd' im All der Schöpfung ich alleine,
Seelen träumt' ich in die Felſenſteine,
　Und umarmend küßt' ich ſie —
Meine Klagen ſtöhnt' ich in die Lüfte,
Freute mich, antworteten die Klüfte,
　Thor genug! der ſüßen Sympathie.

Todte Gruppen ſind wir — wenn wir haſſen,
Götter — wenn wir liebend uns umfaſſen!
　Lechzen nach dem ſüßen Feſſelzwang —
Aufwärts durch die tauſendfachen Stufen
Zahlenloſer Geiſter, die nicht ſchufen,
　Waltet göttlich dieſer Drang.

Arm in Arme, höher ſtets und höher,
Vom Mongolen bis zum griech'ſchen Seher,
　Der ſich an den letzten Seraph reiht,
Wallen wir, einmüth'gen Ringeltanzes,
Bis ſich dort im Meer des ew'gen Glanzes
　Sterbend untertauchen Maß und Zeit —

Freundlos war der große Weltenmeister,
Fühlte Mangel — darum schuf er Geister,
Sel'ge Spiegel seiner Seligkeit!
Fand das höchste Wesen schon kein Gleiches,
Aus dem Kelch des ganzen Seelenreiches,
Schäumt ihm — die Unendlichkeit.

Gruppe aus dem Tartarus.

Horch — wie Murmeln des empörten Meeres,
   Wie durch hohler Felsen Becken weint ein Bach,
Stöhnt dort dumpfigtief ein schweres, leeres,
   Qualerpreßtes Ach!

Schmerz verzerret
Ihr Gesicht; Verzweiflung sperret
   Ihren Rachen fluchend auf.
Hohl sind ihre Augen, ihre Blicke
Spähen bang nach des Cocytus Brücke,
   Folgen thränend seinem Trauerlauf,

Fragen sich einander ängstlich leise,
   Ob noch nicht Vollendung sei? —
Ewigkeit schwingt über ihnen Kreise,
   Bricht die Sense des Saturns entzwei.

Elysium.

Vorüber die stöhnende Klage!
Elysiums Freudengelage
   Ersäufen jegliches Ach —

Elysiums Leben
Ewige Wonne, ewiges Schweben,
Durch lachende Fluren ein flötender Bach.

Jugendlich milde
Beschwebt die Gefilde
    Ewiger Mai;
Die Stunden entfliehen in goldenen Träumen,
Die Seele schwillt aus in unendlichen Räumen,
    Wahrheit reißt hier den Schleier entzwei.

Unendliche Freude
Durchwallet das Herz.
Hier mangelt der Name dem trauernden Leide,
Sanfter Entzücken nur heißet hier Schmerz.

Hier strecket der wallende Pilger die matten
Brennenden Glieder im säuselnden Schatten,
    Leget die Bürde auf ewig dahin —
Seine Sichel entfällt hier dem Schnitter,
Eingesungen von Harfengezitter,
    Träumt er geschnittene Halme zu sehn.

Dessen Fahne Donnerstürme wallte,
Dessen Ohren Mordgebrüll umhallte,
    Berge bebten unter dessen Donnergang,
Schläft hier linde bei des Baches Rieseln,
Der wie Silber spielet über Kieseln;
    Ihm verhallet wilder Speere Klang.

Hier umarmen sich getreue Gatten,
Küssen sich auf grünen sammtnen Matten,
    Liebgekost vom Balsamwest;

Ihre Krone findet hier die Liebe,
Sicher vor des Todes strengem Hiebe
Feiert sie ein ewig Hochzeitfest.

Der Flüchtling.

Frisch athmet des Morgens lebendiger Hauch;
Purpurisch-zuckt durch düstrer Tannen Ritzen
Das junge Licht und äugelt aus dem Strauch;
In goldnen Flammen blitzen
Der Berge Wolkenspitzen.
Mit freudig melodisch gewirbeltem Lied
Begrüßen erwachende Lerchen die Sonne,
Die schon in lachender Wonne
Jugendlich schön in Auroras Umarmungen glüht.

Sei, Licht, mir gesegnet;
Dein Strahlenguß regnet
Erwärmend hernieder auf Anger und Au.
Wie silberfarb flittern
Die Wiesen, wie zittern
Tausend Sonnen in perlendem Thau!

In säuselnder Kühle
Beginnen die Spiele
Der jungen Natur.
Die Zephyre kosen
Und schmeicheln um Rosen,
Und Düfte beströmen die lachende Flur.

Wie hoch aus den Städten die Rauchwolken dampfen!
Laut wiehern und schnauben und knirschen und strampfen

Die Rosse, die Farren;
Die Wagen erknarren
Ins ächzende Thal.
Die Waldungen leben,
Und Adler und Falken und Habichte schweben,
Und wiegen die Flügel im blendenden Strahl.

Den Frieden zu finden,
Wohin soll ich wenden
Am elenden Stab?
Die lachende Erde
Mit Jünglingsgeberde
Für mich nur ein Grab!

Steig' empor, o Morgenroth, und röthe
Mit purpurnem Kusse Hain und Feld!
Säusle nieder, Abendroth, und flöte
Sanft in Schlummer die erstorbne Welt;
Morgen — ach! du röthest
Eine Todtenflur,
Ach! und du, o Abendroth! umflötest
Meinen langen Schlummer nur.

Die Blumen.

Kinder der verjüngten Sonne,
Blumen der geschmückten Flur,
Euch erzog zu Lust und Wonne,
Ja, euch liebte die Natur.
Schön das Kleid mit Licht gesticket,
Schön hat Flora euch geschmücket
Mit der Farben Götterpracht.

Holde Frühlingskinder, klaget!
Seele hat sie euch versaget,
   Und ihr selber wohnt in Nacht.

Nachtigall und Lerche singen
   Euch der Liebe selig Loos,
Gaukelnde Sylphiden schwingen
   Buhlend sich auf eurem Schooß.
Wölbte eures Kelches Krone
Nicht die Tochter der Dione
   Schwellend zu der Liebe Pfühl?
Zarte Frühlingskinder, weinet!
Liebe hat sie euch verneinet,
   Euch das selige Gefühl.

Aber hat aus Nanny's Blicken
   Mich der Mutter Spruch verbannt,
Wenn euch meine Hände pflücken
   Ihr zum zarten Liebespfand,
Leben, Sprache, Seelen, Herzen,
Stumme Boten süßer Schmerzen,
   Goß euch dies Berühren ein,
Und der mächtigste der Götter
Schließt in eure stillen Blätter
   Seine hohe Gottheit ein.

An den Frühling.

Willkommen, schöner Jüngling!
   Du Wonne der Natur!
Mit deinem Blumenkörbchen
   Willkommen auf der Flur!

Ei! ei! da bist ja wieder!
　Und bist so lieb und schön!
Und freun wir uns so herzlich,
　Entgegen dir zu gehn.

Denkst auch noch an mein Mädchen?
　Ei, Lieber, denke doch!
Dort liebte mich das Mädchen,
　Und's Mädchen liebt mich noch!

Fürs Mädchen manches Blümchen
　Erbat ich mir von dir —
Ich komm' und bitte wieder,
　Und du? — du gibst es mir.

Willkommen, schöner Jüngling!
　Du Wonne der Natur!
Mit deinem Blumenkörbchen
　Willkommen auf der Flur!

An Minna.

Träum' ich? ist mein Auge trüber?
　Nebelt's mir ums Angesicht?
Meine Minna geht vorüber?
　Meine Minna kennt mich nicht?
Die am Arme seichter Thoren
　Blähend mit dem Fächer ficht,
Eitel in sich selbst verloren —
　Meine Minna ist es nicht.

Von dem Sommerhute nicken
  Stolze Federn, mein Geschenk,
Schleifen, die den Busen schmücken,
  Rufen: Minna, sei gedenk!
Blumen, die ich selbst erzogen,
  Zieren Brust und Locken noch —
Ach die Brust, die mir gelogen!
  Und die Blumen blühen doch!

Geh, umhüpft von leeren Schmeichlern!
  Geh! vergiß auf ewig mich.
Ueberliefert feilen Heuchlern,
  Eitles Weib, veracht' ich dich.
Geh! dir hat ein Herz geschlagen,
  Dir ein Herz, das edel schlug,
Groß genug, den Schmerz zu tragen,
  Daß es einer Thörin schlug.

Schönheit hat dein Herz verdorben,
  Dein Gesichtchen! — Schäme dich!
Morgen ist sein Glanz erstorben,
  Seine Rose blättert sich.
Schwalben, die im Lenze minnen,
  Fliehen, wenn der Nordwind weht;
Buhler scheucht dein Herbst von hinnen,
  Einen Freund hast du verschmäht.

In den Trümmern deiner Schöne
  Seh' ich dich verlassen gehn,
Weinend in die Blumenscene
  Deines Mai's zurücke sehn.

Die mit heißem Liebesgeize
    Deinem Kuß entgegenflohn,
Zischen dem erloschnen Reize,
    Lachen deinem Winter Hohn.

Schönheit hat dein Herz verdorben,
    Dein Gesichtchen! — Schäme dich!
Morgen ist sein Glanz erstorben,
    Seine Rose blättert sich —
Ha! wie will ich dann dich höhnen!
Höhnen? Gott bewahre mich!
Weinen will ich bittre Thränen,
    Weinen, Minna! über dich.

Der Triumph der Liebe.

Eine Hymne.

Selig durch die Liebe
Götter — durch die Liebe
    Menschen Göttern gleich!
Liebe macht den Himmel
Himmlischer — die Erde
    Zu dem Himmelreich.

Einstens hinter Pyrrhas Rücken,
    Stimmen Dichter ein,
Sprang die Welt aus Felsenstücken,
    Menschen aus dem Stein.

Stein und Felsen ihre Herzen,
　Ihre Seelen Nacht,
Von des Himmels Flammenkerzen
　Nie in Gluth gefacht.

Noch mit sanften Rosenketten
Banden junge Amoretten
　Ihre Seelen nie —
Noch mit Liedern ihren Busen
Huben nicht die weichen Musen,
　Nie mit Saitenharmonie.

Ach! noch wanden keine Kränze
　Liebende sich um!
Traurig flüchteten die Lenze
　Nach Elysium.

Ungegrüßet stieg Aurora
　Aus dem Schooß des Meers,
Ungegrüßet sank die Sonne
　In den Schooß des Meers.

Wild umirrten sie die Haine
Unter Lunas Nebelscheine,
　Trugen eisern Joch.
Sehnend an der Sternenbühne
Suchte die geheime Thräne
　Keine Götter noch.

*

Und sieh! der blauen Fluth entquillt
Die Himmelstochter sanft und mild,
　Getragen von Najaden
　Zu trunkenen Gestaden.

Ein jugendlicher Maienschwung
Durchwebt, wie Morgendämmerung,
  Auf das allmächt'ge Werde
  Luft, Himmel, Meer und Erde.

Des holden Tages Auge lacht
In düstrer Wälder Mitternacht;
  Balsamische Narcissen
  Blühn unter ihren Füßen.

Schon flötete die Nachtigall
  Den ersten Sang der Liebe,
Schon murmelte der Quellen Fall
  In weiche Busen Liebe.

Glückseliger Pygmalion!
Es schmilzt, es glüht dein Marmor schon!
  Gott Amor, Ueberwinder!
  Umarme deine Kinder!

       *

Selig durch die Liebe
Götter — durch die Liebe
  Menschen Göttern gleich!
Liebe macht den Himmel
Himmlischer — die Erde
  Zu dem Himmelreich.

       *

Unter goldnem Nektarschaum,
Ein wollüst'ger Morgentraum,
  Ewig Lustgelage,
  Fliehn der Götter Tage.

Thronend auf erhabnem Sitz,
Schwingt Kronion seinen Blitz;
Der Olympus schwankt erschroden,
Wallen zürnend seine Loden —

Göttern läßt er seine Throne,
Niedert sich zum Erdensohne,
   Seufzt arkadisch durch den Hain,
Zahme Donner untern Füßen,
Schläft, gewiegt von Ledas Küssen,
   Schläft der Riesentödter ein.

Majestät'sche Sonnenrosse
   Durch des Lichtes weiten Raum
   Leitet Phöbus' goldner Zaum;
Völker stürzt sein rasselndes Geschosse.
   Seine weißen Sonnenrosse,
   Seine rasselnden Geschosse,
Unter Lieb' und Harmonie,
Ha! wie gern vergaß er sie!

Vor der Gattin des Kroniden
Beugen sich die Uraniden.
   Stolz vor ihrem Wagenthrone
   Brüstet sich das Pfauenpaar;
Mit der goldnen Herrscherkrone
Schmückt sie ihr ambrosisch Haar.

Schöne Fürstin! ach, die Liebe
Zittert, mit dem süßen Triebe
   Deiner Majestät zu nahn;

Und von ihren stolzen Höhen
Muß die Götterkönigin
Um des Reizes Gürtel flehen
Bei der Herzenfeßlerin.

*

Selig durch die Liebe
Götter — durch die Liebe
Menschen Göttern gleich!
Liebe macht den Himmel
Himmlischer — die Erde
Zu dem Himmelreich.

*

Liebe sonnt das Reich der Nacht!
Amors süßer Zaubermacht
Ist der Orkus unterthänig;
Freundlich blickt der schwarze König,
Wenn ihm Ceres' Tochter lacht.
Liebe sonnt das Reich der Nacht.

Himmlisch in die Hölle klangen
Und den wilden Hüter zwangen
Deine Lieder, Thracier —
Minos, Thränen im Gesichte,
Mildete die Qualgerichte,
Zärtlich um Megärens Wangen
Küßten sich die wilden Schlangen,
Keine Geißel klatschte mehr;
Aufgejagt von Orpheus' Leier
Flog von Tityos der Geier;

Leifer hin am Ufer rauschten
Lethe und Cocytus, lauschten
   Deinen Liedern, Thracier!
   Liebe sangst du, Thracier!

*

Selig durch die Liebe
Götter — durch die Liebe
   Menschen Göttern gleich!
Liebe macht den Himmel
Himmlischer — die Erde
   Zu dem Himmelreich.

*

Durch die ewige Natur
Düftet ihre Blumenspur,
   Weht ihr goldner Flügel.
   Winkte mir vom Mondenlicht
   Aphroditens Auge nicht,
   Nicht vom Sonnenhügel,
   Lächelte vom Sternenmeer
   Nicht die Göttin zu mir her,
Stern' und Sonn' und Mondenlicht
   Regten mir die Seele nicht.
   Liebe, Liebe lächelt nur
   Aus dem Auge der Natur,
   Wie aus einem Spiegel!

Liebe rauscht der Silberbach,
Liebe lehrt ihn sanfter wallen;
   Seele haucht sie in das Ach

Klagenreicher Nachtigallen —
Liebe, Liebe lispelt nur
Auf der Laute der Natur.

Weisheit mit dem Sonnenblick,
Große Göttin, tritt zurück,
  Weiche vor der Liebe!
Nie Erobrern, Fürsten nie
Beugtest du ein Sklavenknie,
  Beug' es itzt der Liebe!

Wer die steile Sternenbahn
Ging dir heldenkühn voran
  Zu der Gottheit Sitze?
Wer zerriß das Heiligthum,
Zeigte dir Elysium
  Durch des Grabes Ritze?
Lockte sie uns nicht hinein,
Möchten wir unsterblich sein?
Suchten auch die Geister
Ohne sie den Meister?
  Liebe, Liebe leitet nur
  Zu dem Vater der Natur,
Liebe nur die Geister.

Selig durch die Liebe
Götter — durch die Liebe
  Menschen Göttern gleich!
Liebe macht den Himmel
Himmlischer — die Erde
  Zu dem Himmelreich.

Das Glück und die Weisheit.

Entzweit mit einem Favoriten,
　　Flog einst Fortun' der Weisheit zu:
„Ich will dir meine Schätze bieten,
　　Sei meine Freundin du!

Mit meinen reichsten, schönsten Gaben
　　Beschenkt' ich ihn so mütterlich,
Und sieh, er will noch immer haben,
　　Und nennt noch geizig mich.

Komm, Schwester, laß uns Freundschaft schließen,
　　Du marterst dich an deinem Pflug;
In deinen Schooß will ich sie gießen,
　　Hier ist für dich und mich genug.“

Sophia lächelt diesen Worten
　　Und wischt den Schweiß vom Angesicht:
„Dort eilt dein Freund, sich zu ermorden,
　　Versöhnet euch, ich brauch' dich nicht.“

Männerwürde.

Ich bin ein Mann! Wer ist es mehr?
　　Wer's sagen kann, der springe
Frei unter Gottes Sonn' einher
　　Und hüpfe hoch und singe.

Zu Gottes schönem Ebenbild
　　Kann ich den Stempel zeigen,
Zum Born, woraus der Himmel quillt,
　　Darf ich hinunter steigen.

Und wohl mir, daß ich's darf und kann!
Geht's Mädchen mir vorüber,
Ruft's laut in mir: Du bist ein Mann!
Und küsse sie so lieber.

Und röther wird das Mädchen dann,
Und's Mieder wird ihr enge.
Das Mädchen weiß, ich bin ein Mann,
Drum wird ihr's Mieder enge.

Wie wird sie erst um Gnade schrein,
Ertapp' ich sie im Bade?
Ich bin ein Mann, das fällt ihr ein,
Wie schrie sie sonst um Gnade!

Ich bin ein Mann, mit diesem Wort,
Begegn' ich ihr alleine,
Jag' ich des Kaisers Tochter fort,
So lumpicht ich erscheine.

Und dieses goldne Wörtchen macht
Mir manche Fürstin holde.
Mich ruft sie — habt indessen Wacht
Ihr Buben dort im Golde!

Ich bin ein Mann, das könnt ihr schon
An meiner Leier riechen,
Sie braust dahin im Siegeston,
Sonst würde sie ja kriechen.

Aus eben diesem Schöpferfluß,
Woraus wir Menschen werden,
Quillt Götterkraft und Genius,
Was mächtig ist auf Erden.

Tyrannen haßt mein Talisman
  Und schmettert sie zu Boden,
Und kann er's nicht, führt er die Bahn
  Freiwillig zu den Todten.

Den Perser hat mein Talisman
  Am Granikus bezwungen,
Roms Wollüstlinge Mann für Mann
  Auf deutschen Sand gerungen.

Seht ihr den Römer stolz und kraus
  In Afrika dort sitzen?
Sein Aug' speit Feuerflammen aus,
  Als säht ihr Hella blitzen.

Da kommt ein Bube wohlgemuth,
  Giebt manches zu verstehen.
„Sprich, du hätt'st auf Karthagos Schutt
  Den Marius gesehen!"

So spricht der stolze Römersmann
  Noch groß in seinem Falle.
Er ist nichts weiter als ein Mann,
  Und vor ihm zittern alle.

Drauf thäten seine Enkel sich
  Ihr Erbtheil gar abdrehen,
Und huben jedermänniglich
  Anmuthig an zu krähen.

Schmach dem kombabischen Geschlecht!
  Die Elenden, sie haben
Verscherzt ihr hohes Männerrecht,
  Des Himmels beste Gaben.

Gedichte.   4

Und schlendern elend durch die Welt
　Wie Kürbisse von Buben
Zu Menschenköpfen ausgehöhlt,
　Die Schädel leere Stuben!

Wie Wein von einem Chemikus
　Durch die Retort' getrieben,
Zum Teufel ist der Spiritus,
　Das Phlegma ist geblieben.

Und fliehen jedes Weibsgesicht,
　Und zittern es zu sehen —
Und dürften sie, und können nicht,
　Da möchten sie vergehen.

Drum fliehn sie jeden Ehrenmann,
　Sein Glück wird sie betrüben;
Wer keinen Menschen machen kann,
　Der kann auch keinen lieben.

Drum tret' ich frei und stolz einher
　Und brüste mich und singe:
Ich bin ein Mann, wer ist es mehr?
　Der hüpfe hoch und springe.

An einen Moralisten.

Was zürnst du unsrer frohen Jugendweise
Und lehrst, daß Lieben Tändeln sei?
Du starrest in des Winters Eise
Und schmählest auf den goldnen Mai.

Einst, als du noch das Nymphenvolk bekriegtest,
    Ein Held des Carnevals den deutschen Wirbel flogst,
Ein Himmelreich in beiden Armen wiegtest
    Und Nektarduft von Mädchenlippen sogst,

Ha, Seladon! wenn damals aus den Achsen
    Gewichen wär' der Erde schwerer Ball —
Im Liebesknäul mit Julien verwachsen,
    Du hättest überhört den Fall!

O denk zurück nach deinen Rosentagen
    Und lerne: die Philosophie
Schlägt um, wie unsre Pulse anders schlagen;
    Zu Göttern schaffst du Menschen nie.

Wohl, wenn ins Eis des klügelnden Verstandes
    Das warme Blut ein bißchen muntrer springt!
Laß den Bewohnern eines bessern Landes,
    Was nie dem Sterblichen gelingt.

Zwingt doch der irdische Gefährte
    Den gottgebornen Geist in Kerkermauern ein,
Er wehrt mir, daß ich Engel werde,
    Ich will ihm folgen, Mensch zu sein.

Graf Eberhard der Greiner von Württemberg.

Kriegslied.

Ihr — ihr dort außen in der Welt,
    Die Nasen eingespannt!
Auch manchen Mann, auch manchen Held,
    Im Frieden gut und stark im Feld,
        Gebar das Schwabenland.

Prahlt nur mit Karl und Eduard,
    Mit Friedrich, Ludewig!
Karl, Friedrich, Ludwig, Eduard
Ist uns der Graf, der Eberhard,
    Ein Wettersturm im Krieg.

Und auch sein Bub, der Ulerich,
    War gern, wo's eisern klang;
Des Grafen Bub, der Ulerich,
Kein Fußbreit rückwärts zog er sich,
    Wenn's drauf und drunter sprang.

Die Reutlinger, auf unsern Glanz
    Erbittert, kochten Gift,
Und buhlten um den Siegeskranz
Und wagten manchen Schwertertanz
    Und gürteten die Hüft'.

Er griff sie an — und siegte nicht
    Und kam gepantscht nach Haus;
Der Vater schnitt ein falsch Gesicht,
Der junge Kriegsmann floh das Licht,
    Und Thränen drangen 'raus.

Das wurmt ihm — Ha! ihr Schurken wart!
    Und trug's in seinem Kopf.
Auswetzen, bei des Vaters Bart!
Auswetzen wollt' er diese Schart'
    Mit manchem Städtlerschopf.

Und Fehd' entbrannte bald darauf
    Und zogen Roß und Mann
Bei Döffingen mit hellem Hauf,
Und heller ging's dem Junker auf,
    Und hurrah! heiß ging's an.

Und unsers Heeres Losungswort
  War die verlorne Schlacht;
Das riß uns wie die Windsbraut fort
Und schmiß uns tief in Blut und Mord
  Und in die Lanzennacht.

Der junge Graf, voll Löwengrimm,
  Schwung seinen Heldenstab,
Wild vor ihm ging das Ungestüm,
Geheul und Winseln hinter ihm
  Und um ihn her das Grab.

Doch weh! ach weh! ein Säbelhieb
  Sunk schwer auf sein Genick.
Schnell um ihn her der Helden Trieb,
Umsonst! umsonst! erstarret blieb
  Und sterbend brach sein Blick.

Bestürzung hemmt des Sieges Bahn,
  Laut weinte Feind und Freund —
Hoch führt der Graf die Reiter an:
Mein Sohn ist wie ein andrer Mann!
  Marsch, Kinder! In den Feind!

Und Lanzen sausen feuriger,
  Die Rache spornt sie all,
Rasch über Leichen ging's daher,
Die Städtler laufen kreuz und quer
  Durch Wald und Berg und Thal.

Und zogen wir mit Hörnerklang
  Ins Lager froh zurück,
Und Weib und Kind im Rundgesang
Beim Walzer und beim Becherklang
  Lustfeiern unser Glück.

Doch unſer Graf — was thät er itzt?
  Vor ihm der todte Sohn.
Allein in ſeinem Zelte ſitzt
Der Graf, und eine Thräne blitzt
  Im Aug' auf ſeinen Sohn.

Drum hangen wir ſo treu und warm
  Am Grafen, unſerm Herrn.
Allein iſt er ein Heldenſchwarm,
Der Donner raſ't in ſeinem Arm,
  Er iſt des Landes Stern.

Drum ihr dort außen in der Welt,
  Die Naſen eingeſpannt!
Auch manchen Mann, auch manchen Held,
Im Frieden gut und ſtark im Feld,
  Gebar das Schwabenland.

Gedichte

der

zweiten Periode.

An die Freude.

Freude, schöner Götterfunken,
 Tochter aus Elysium,
Wir betreten feuertrunken,
 Himmlische, dein Heiligthum.
Deine Zauber binden wieder,
 Was die Mode streng getheilt;
Alle Menschen werden Brüder,
 Wo dein sanfter Flügel weilt.

Chor.

Seid umschlungen, Millionen!
 Diesen Kuß der ganzen Welt!
 Brüder — überm Sternenzelt
Muß ein lieber Vater wohnen.

Wem der große Wurf gelungen,
 Eines Freundes Freund zu sein,
Wer ein holdes Weib errungen,
 Mische seinen Jubel ein!
Ja — wer auch nur eine Seele
 Sein nennt auf dem Erdenrund!
Und wer's nie gekonnt, der stehle
 Weinend sich aus diesem Bund.

Chor.

Was den großen Ring bewohnet,
Huldige der Sympathie!
Zu den Sternen leitet sie,
Wo der Unbekannte thronet.

Freude trinken alle Wesen
An den Brüsten der Natur;
Alle Guten, alle Bösen
Folgen ihrer Rosenspur.
Küsse gab sie uns und Reben,
Einen Freund, geprüft im Tod;
Wollust ward dem Wurm gegeben,
Und der Cherub steht vor Gott.

Chor.

Ihr stürzt nieder, Millionen?
Ahnest du den Schöpfer, Welt?
Such' ihn überm Sternenzelt!
Ueber Sternen muß er wohnen.

Freude heißt die starke Feder
In der ewigen Natur.
Freude, Freude treibt die Räder
In der großen Weltenuhr.
Blumen lockt sie aus den Keimen,
Sonnen aus dem Firmament,
Sphären rollt sie in den Räumen,
Die des Sehers Rohr nicht kennt.

Chor.

Froh, wie seine Sonnen fliegen
Durch des Himmels pracht'gen Plan,
Wandelt, Brüder, eure Bahn,
Freudig, wie ein Held zum Siegen.

Aus der Wahrheit Feuerspiegel
   Lächelt sie den Forscher an.
Zu der Tugend steilem Hügel
   Leitet sie des Dulders Bahn.
Auf des Glaubens Sonnenberge
   Sieht man ihre Fahnen wehn,
Durch den Riß gesprengter Särge
   Sie im Chor der Engel stehn.

Chor.

Duldet muthig, Millionen!
   Duldet für die beßre Welt!
   Droben überm Sternenzelt
Wird ein großer Gott belohnen.

Göttern kann man nicht vergelten,
   Schön ist's, ihnen gleich zu sein.
Gram und Armuth soll sich melden,
   Mit den Frohen sich erfreun.
Groll und Rache sei vergessen,
   Unserm Todfeind sei verziehn,
Keine Thräne soll ihn pressen,
   Keine Reue nage ihn.

Chor.

Unser Schuldbuch sei vernichtet!
   Ausgesöhnt die ganze Welt!
   Brüder — überm Sternenzelt
Richtet Gott, wie wir gerichtet.

Freude sprudelt in Pokalen,
   In der Traube goldnem Blut
Trinken Sanftmuth Kannibalen,
   Die Verzweiflung Heldenmuth — —

Brüder, fliegt von euren Sitzen,
   Wenn der volle Römer kreist,
Laßt den Schaum zum Himmel spritzen:
   Dieses Glas dem guten Geist!

Chor.
Den der Sterne Wirbel loben,
   Den des Seraphs Hymne preist,
   Dieses Glas dem guten Geist
Ueberm Sternenzelt dort oben!

Festen Muth in schwerem Leiden,
   Hilfe, wo die Unschuld weint,
Ewigkeit geschwornen Eiden,
   Wahrheit gegen Freund und Feind,
Männerstolz vor Königsthronen, —
   Brüder, gält' es Gut und Blut —
Dem Verdienste seine Kronen,
   Untergang der Lügenbrut!

Chor.
Schließt den heil'gen Zirkel dichter,
   Schwört bei diesem goldnen Wein,
   Dem Gelübde treu zu sein,
Schwört es bei dem Sternenrichter!

Die unüberwindliche Flotte.
Nach einem ältern Dichter.

Sie kömmt — sie kömmt, des Mittags stolze Flotte,
   Das Weltmeer wimmert unter ihr,
Mit Kettenklang und einem neuen Gotte
   Und tausend Donnern naht sie dir —
Ein schwimmend Heer furchtbarer Citadellen

(Der Ocean sah ihresgleichen nie)
Unüberwindlich nennt man sie,
Zieht sie einher auf den erschrocknen Wellen;
Den stolzen Namen weiht
Der Schrecken, den sie um sich speit.
Mit majestätisch stillem Schritte
Trägt seine Last der zitternde Neptun;
Weltuntergang in ihrer Mitte,
Naht sie heran, und alle Stürme ruhn.

Dir gegenüber steht sie da,
Glückfel'ge Insel — Herrscherin der Meere,
Dir drohen diese Gallionenheere,
Großherzige Britannia!
Weh deinem freigebornen Volke!
Da steht sie, eine wetterschwangre Wolke.
Wer hat das hohe Kleinod dir errungen,
Das zu der Länder Fürstin dich gemacht?
Hast du nicht selbst, von stolzen Königen gezwungen,
Der Reichsgesetze weisestes erdacht?
Das große Blatt, das deine Könige zu Bürgern,
Zu Fürsten deine Bürger macht?
Der Segel stolze Obermacht,
Hast du sie nicht von Millionen Würgern
Erstritten in der Wasserschlacht?
Wem dankst du sie — erröthet, Völker dieser Erde —
Wem sonst, als deinem Geist und deinem Schwerte?

Unglückliche — blick hin auf diese feuerwerfenden Kolossen,
Blick hin und ahne deines Ruhmes Fall!
Bang schaut auf dich der Erdenball,
Und aller freien Männer Herzen schlagen,
Und alle guten, schönen Seelen klagen
Theilnehmend deines Ruhmes Fall.

Gott, der Allmächt'ge, sah herab,
Sah deines Feindes stolze Löwenflaggen wehen,
Sah drohend offen dein gewisses Grab —
Soll, sprach er, soll mein Albion vergehen,
Erlöschen meiner Helden Stamm,
Der Unterdrückung letzter Felsendamm
Zusammenstürzen, die Tyrannenwehre
Vernichtet sein von dieser Hemisphäre?
Nie, rief er, soll der Freiheit Paradies,
Der Menschenwürde starker Schirm verschwinden!
Gott, der Allmächt'ge, blies,
Und die Armada flog nach allen Winden.

Die zwei letzten Verse sind eine Anspielung auf die Medaille, welche
Elisabeth zum Andenken ihres Sieges schlagen ließ. Es wird auf derselben
eine Flotte vorgestellt, welche im Sturm untergeht, mit der bescheidenen In-
schrift: Afflavit Deus et dissipati sunt.

Der Kampf.

Nein, länger werd' ich diesen Kampf nicht kämpfen,
    Den Riesenkampf der Pflicht.
Kannst du des Herzens Flammentrieb nicht dämpfen,
    So fordre, Tugend, dieses Opfer nicht.

Geschworen hab' ich's, ja, ich hab's geschworen,
    Mich selbst zu bändigen.
Hier ist dein Kranz, er sei auf ewig mir verloren!
    Nimm ihn zurück und laß mich sündigen.

Zerrissen sei, was wir bedungen haben!
    Sie liebt mich — deine Krone sei verscherzt!
Glückselig, wer, in Wonnetrunkenheit begraben,
    So leicht, wie ich, den tiefen Fall verschmerzt!

Sie sieht den Wurm an meiner Jugend Blume nagen
   Und meinen Lenz entflohn,
Bewundert still mein heldenmüthiges Entsagen,
   Und großmuthsvoll beschließt sie meinen Lohn.

Mißtraue, schöne Seele, dieser Engelgüte!
   Dein Mitleid waffnet zum Verbrechen mich.
Gibt's in des Lebens unermeßlichem Gebiete,
   Gibt's einen andern, schönern Lohn, als dich?

Als das Verbrechen, das ich ewig fliehen wollte?
   Tyrannisches Geschick!
Der einz'ge Lohn, der meine Tugend krönen sollte,
   Ist meiner Tugend letzter Augenblick!

Resignation.

Auch ich war in Arkadien geboren,
   Auch mir hat die Natur
An meiner Wiege Freude zugeschworen;
Auch ich war in Arkadien geboren,
   Doch Thränen gab der kurze Lenz mir nur.

Des Lebens Mai blüht einmal und nicht wieder,
   Mir hat er abgeblüht.
Der stille Gott — o weinet, meine Brüder —
Der stille Gott taucht meine Fackel nieder,
   Und die Erscheinung flieht.

Da steh' ich schon auf deiner finstern Brücke,
   Furchtbare Ewigkeit.
Empfange meinen Vollmachtbrief zum Glücke!
Ich bring' ihn unerbrochen dir zurücke,
   Ich weiß nichts von Glückseligkeit.

Vor deinem Thron erheb' ich meine Klage,
  Verhüllte Richterin.
Auf jenem Stern ging eine frohe Sage,
Du thronest hier mit des Gerichtes Wage
  Und nennest dich Vergelterin.

Hier, spricht man, warten Schrecken auf den Bösen,
  Und Freuden auf den Redlichen.
Des Herzens Krümmen werdest du entblößen,
Der Vorsicht Räthsel werdest du mir lösen,
  Und Rechnung halten mit dem Leidenden.

Hier öffne sich die Heimath dem Verbannten,
  Hier endige des Dulders Dornenbahn.
Ein Götterkind, das sie mir Wahrheit nannten,
Die Meisten flohen, Wenige nur kannten,
  Hielt meines Lebens raschen Zügel an.

„Ich zahle dir in einem andern Leben,
  Gib deine Jugend mir!
Nichts kann ich dir als diese Weisung geben."
Ich nahm die Weisung auf das andre Leben,
  Und meiner Jugend Freuden gab ich ihr.

„Gib mir das Weib, so theuer deinem Herzen,
  Gib deine Laura mir!
Jenseits der Gräber wuchern deine Schmerzen." —
Ich riß sie blutend aus dem wunden Herzen,
  Und weinte laut, und gab sie ihr.

„Die Schuldverschreibung lautet an die Todten,"
  Hohnlächelte die Welt;
„Die Lügnerin, gedungen von Despoten,
Hat für die Wahrheit Schatten dir geboten,
  Du bist nicht mehr, wenn dieser Schein verfällt."

Frech witzelte das Schlangenheer der Spötter:
  „Vor einem Wahn, den nur Verjährung weiht,
Erzitterst du? Was sollen deine Götter,
Des kranken Weltplans schlau erdachte Retter,
  Die Menschenwitz des Menschen Nothdurft leiht?"

„Was heißt die Zukunft, die uns Gräber decken?
  Die Ewigkeit, mit der du eitel prangst?
Ehrwürdig nur, weil Hüllen sie verstecken,
Der Riesenschatten unsrer eignen Schrecken
  Im hohlen Spiegel der Gewissensangst."

„Ein Lügenbild lebendiger Gestalten,
  Die Mumie der Zeit,
Vom Balsamgeist der Hoffnung in den kalten
Behausungen des Grabes hingehalten,
  Das nennt dein Fieberwahn Unsterblichkeit?"

„Für Hoffnungen — Verwesung straft sie Lügen —
  Gabst du gewisse Güter hin?
Sechstausend Jahre hat der Tod geschwiegen,
Kam je ein Leichnam aus der Gruft gestiegen,
  Der Meldung that von der Vergelterin?" —

Ich sah die Zeit nach deinen Ufern fliegen,
  Die blühende Natur
Blieb hinter ihr, ein welker Leichnam, liegen,
Kein Todter kam aus seiner Gruft gestiegen,
  Und fest vertraut' ich auf den Götterschwur.

All meine Freuden hab' ich dir geschlachtet,
  Jetzt werf' ich mich vor deinen Richterthron.
Der Menge Spott hab' ich beherzt verachtet,
Nur deine Güter hab' ich groß geachtet,
  Vergelterin, ich fordre meinen Lohn.

„Mit gleicher Liebe lieb' ich meine Kinder!"
Rief unsichtbar ein Genius.
„Zwei Blumen, rief er, hört es, Menschenkinder,
Zwei Blumen blühen für den weisen Finder,
Sie heißen Hoffnung und Genuß."

„Wer dieser Blumen eine brach, begehre
Die andre Schwester nicht.
Genieße, wer nicht glauben kann. Die Lehre
Ist ewig, wie die Welt. Wer glauben kann, entbehre!
Die Weltgeschichte ist das Weltgericht."

„Du hast gehofft, dein Lohn ist abgetragen,
Dein Glaube war dein zugewognes Glück.
Du konntest deine Weisen fragen,
Was man von der Minute ausgeschlagen,
Gibt keine Ewigkeit zurück."

Die Götter Griechenlands.

Da ihr noch die schöne Welt regieret,
An der Freude leichtem Gängelband
Selige Geschlechter noch geführet,
Schöne Wesen aus dem Fabelland!
Ach, da euer Wonnedienst noch glänzte,
Wie ganz anders, anders war es da!
Da man deine Tempel noch bekränzte,
Venus Amathusia!

Da der Dichtung zauberische Hülle
Sich noch lieblich um die Wahrheit wand, —
Durch die Schöpfung floß da Lebensfülle,
Und was nie empfinden wird, empfand.

An der Liebe Busen sie zu drücken,
Gab man höhern Adel der Natur,
Alles wies den eingeweihten Blicken,
Alles eines Gottes Spur.

Wo jetzt nur, wie unsre Weisen sagen,
Seelenlos ein Feuerball sich dreht,
Lenkte damals seinen goldnen Wagen
Helios in stiller Majestät.
Diese Höhen füllten Oreaden,
Eine Dryas lebt' in jenem Baum,
Aus den Urnen lieblicher Najaden
Sprang der Ströme Silberschaum.

Jener Lorbeer wand sich einst um Hilfe,
Tantals Tochter schweigt in diesem Stein,
Syrinx Klage tönt' aus jenem Schilfe,
Philomelas Schmerz aus diesem Hain.
Jener Bach empfing Demeters Zähre,
Die sie um Persephonen geweint,
Und von diesem Hügel rief Cythere
Ach, umsonst! dem schönen Freund.

Zu Deukalions Geschlechte stiegen
Damals noch die Himmlischen herab;
Pyrrhas schöne Töchter zu besiegen,
Nahm der Leto Sohn den Hirtenstab.
Zwischen Menschen, Göttern und Heroen
Knüpfte Amor einen schönen Bund,
Sterbliche mit Göttern und Heroen
Huldigten in Amathunt.

Finstrer Ernst und trauriges Entsagen
War aus eurem heitern Dienst verbannt;
Glücklich sollten alle Herzen schlagen,
Denn euch war der Glückliche verwandt.
Damals war nichts heilig, als das Schöne,
Keiner Freude schämte sich der Gott,
Wo die keusch erröthende Camöne,
Wo die Grazie gebot.

Eure Tempel lachten gleich Palästen,
Euch verherrlichte das Heldenspiel
An des Isthmus kronenreichen Festen,
Und die Wagen donnerten zum Ziel.
Schön geschlungne, seelenvolle Tänze
Kreisten um den prangenden Altar,
Eure Schläfe schmückten Siegeskränze,
Kronen euer duftend Haar.

Das Evoe muntrer Thyrsusschwinger
Und der Panther prächtiges Gespann
Meldeten den großen Freudebringer,
Faun und Satyr taumeln ihm voran;
Um ihn springen rasende Mänaden,
Ihre Tänze loben seinen Wein,
Und des Wirthes braune Wangen laden
Lustig zu dem Becher ein.

Damals trat kein gräßliches Gerippe
Vor das Bett des Sterbenden. Ein Kuß
Nahm das letzte Leben von der Lippe,
Seine Fackel senkt' ein Genius.

Selbst des Orkus strenge Richterwage
Hielt der Enkel einer Sterblichen,
Und des Thrakers seelenvolle Klage
Rührte die Erinnyen.

Seine Freuden traf der frohe Schatten
In Elysiens Hainen wieder an,
Treue Liebe fand den treuen Gatten,
Und der Wagenlenker seine Bahn;
Linus' Spiel tönt die gewohnten Lieder,
In Alcestens Arme sinkt Admet,
Seinen Freund erkennt Orestes wieder,
Seine Pfeile Philoktet.

Höhre Preise stärkten da den Ringer
Auf der Tugend arbeitvoller Bahn;
Großer Thaten herrliche Vollbringer
Klimmten zu den Seligen hinan.
Vor dem Wiederforderer der Todten
Neigte sich der Götter stille Schaar;
Durch die Fluthen leuchtet dem Piloten
Vom Olymp das Zwillingspaar.

Schöne Welt, wo bist du? Kehre wieder,
Holdes Blüthenalter der Natur!
Ach, nur in dem Feenland der Lieder
Lebt noch deine fabelhafte Spur.
Ausgestorben trauert das Gefilde,
Keine Gottheit zeigt sich meinem Blick,
Ach, von jenem lebenwarmen Bilde
Blieb der Schatten nur zurück.

Alle jene Blüthen sind gefallen
Von des Nordes schauerlichem Wehn;
Einen zu bereichern unter allen,
Mußte diese Götterwelt vergehn.
Traurig such' ich an dem Sternenbogen,
Dich, Selene, find' ich, dort nicht mehr;
Durch die Wälder ruf' ich, durch die Wogen,
Ach, sie wiederhallen leer!

Unbewußt der Freuden, die sie schenket,
Nie entzückt von ihrer Herrlichkeit,
Nie gewahr des Geistes, der sie lenket,
Sel'ger nie durch meine Seligkeit,
Fühllos selbst für ihres Künstlers Ehre,
Gleich dem todten Schlag der Pendeluhr,
Dient sie knechtisch dem Gesetz der Schwere,
Die entgötterte Natur.

Morgen wieder neu sich zu entbinden,
Wühlt sie heute sich ihr eignes Grab,
Und an ewig gleicher Spindel winden
Sich von selbst die Monde auf und ab.
Müßig kehrten zu dem Dichterlande
Heim die Götter, unnütz einer Welt,
Die, entwachsen ihrem Gängelbande,
Sich durch eignes Schweben hält.

Ja, sie kehrten heim, und alles Schöne,
Alles Hohe nahmen sie mit fort,
Alle Farben, alle Lebenstöne,
Und uns blieb nur das entseelte Wort.

Aus der Zeitfluth weggerissen, schweben
Sie gerettet auf des Pindus Höhn;
Was unsterblich im Gesang soll leben,
Muß im Leben untergehn.

Die Götter Griechenlands.

Für die Freunde der ersten Ausgabe abgedruckt.

Da ihr noch die schöne Welt regiertet,
An der Freude leichtem Gängelband
Glücklichere Menschenalter führtet,
Schöne Wesen aus dem Fabelland!
Ach! da euer Wonnedienst noch glänzte,
Wie ganz anders, anders war es da!
Da man deine Tempel noch bekränzte,
Venus Amathusia!

Da der Dichtkunst malerische Hülle
Sich noch lieblich um die Wahrheit wand,
Durch die Schöpfung floß da Lebensfülle,
Und was nie empfinden wird, empfand.
An der Liebe Busen sie zu drücken,
Gab man höhern Adel der Natur,
Alles wies den eingeweihten Blicken,
Alles eines Gottes Spur.

Wo jetzt nur, wie unsre Weisen sagen,
Seelenlos ein Feuerball sich dreht,
Lenkte damals seinen goldnen Wagen
Helios in stiller Majestät.

Diese Höhen füllten Oreaden,
Eine Dryas starb mit jenem Baum,
Aus den Urnen lieblicher Najaden
Sprang der Ströme Silberschaum.

Jener Lorbeer wand sich einst um Hilfe,
Tantals Tochter schweigt in diesem Stein.
Syrinx Klage tönt aus jenem Schilfe,
Philomelens Schmerz in diesem Hain.
Jener Bach empfing Demeters Zähre,
Die sie um Persephonen geweint,
Und von diesem Hügel rief Cythere
Ach vergebens! ihrem schönen Freund.

Zu Deukalions Geschlechte stiegen
Damals noch die Himmlischen herab;
Pyrrhas schöne Tochter zu besiegen,
Nahm Hyperion den Hirtenstab.
Zwischen Menschen, Göttern und Heroen
Knüpfte Amor einen schönen Bund,
Sterbliche mit Göttern und Heroen
Huldigten in Amathunt.

Betend an der Grazien Altären
Kniete da die holde Priesterin,
Sandte stille Wünsche an Cytheren
Und Gelübde an die Charitin.
Hoher Stolz, auch droben zu gebieten,
Lehrte sie den göttergleichen Rang,
Und des Reizes heil'gen Gürtel hüten,
Der den Donn'rer selbst bezwang.

Himmlisch und unsterblich war das Feuer,
Das in Pindars stolzen Hymnen floß,
Niederströmte in Arions Leier,
In den Stein des Phidias sich goß.
Beßre Wesen, edlere Gestalten
Kündigten die hohe Abkunft an,
Götter, die vom Himmel niederwallten,
Sahen hier ihn wieder aufgethan.

Werther war von eines Gottes Güte,
Theurer jede Gabe der Natur.
Unter Iris schönem Bogen blühte
Reizender die perlenvolle Flur.
Prangender erschien die Morgenröthe
In Himerens rosigtem Gewand,
Schmelzender erklang die Flöte
In des Hirtengottes Hand.

Liebenswerther malte sich die Jugend,
Blühender in Ganymedas Bild,
Heldenkühner, göttlicher die Tugend
Mit Tritoniens Medusenschild.
Sanfter war, da Hymen es noch knüpfte,
Heiliger der Herzen ew'ges Band,
Selbst des Lebens zarter Faden schlüpfte
Weicher durch der Parzen Hand.

Das Evoe muntrer Thyrsusschwinger
Und der Panther prächtiges Gespann
Meldeten den großen Freudebringer,
Faun und Satyr taumeln ihm voran:

Um ihn springen rasende Mänaden,
Ihre Tänze loben seinen Wein,
Und die Wangen des Bewirthers laden
Lustig zu dem Becher ein.

Höher war der Gabe Werth gestiegen,
Die der Geber freundlich mit genoß,
Näher war der Schöpfer dem Vergnügen,
Das im Busen des Geschöpfes floß.
Nennt der meinige sich dem Verstande?
Birgt ihn etwa der Gewölke Zelt?
Mühsam späh' ich im Ideenlande,
Fruchtlos in der Sinnenwelt.

Eure Tempel lachten gleich Palästen,
Euch verherrlichte das Heldenspiel
An des Isthmus kronenreichen Festen,
Und die Wagen donnerten zum Ziel.
Schön geschlungne, seelenvolle Tänze
Kreisten um den prangenden Altar,
Eure Schläfe schmückten Siegeskränze,
Kronen euer duftend Haar.

Seiner Güter schenkte man das beste,
Seiner Lämmer liebstes gab der Hirt,
Und der Freudetaumel seiner Gäste
Lohnte dem erhabnen Wirth.
Wohin tret' ich? Diese traur'ge Stille
Kündigt sie mir meinen Schöpfer an?
Finster, wie er selbst, ist seine Hülle,
Mein Entsagen — was ihn feiern kann.

Damals trat kein gräßliches Gerippe
Vor das Bett des Sterbenden. Ein Kuß
Nahm das letzte Leben von der Lippe,
Still und traurig senkt' ein Genius
Seine Fackel. Schöne, lichte Bilder
Scherzten auch um die Nothwendigkeit,
Und das ernste Schicksal blickte milder
Durch den Schleier sanfter Menschlichkeit.

Nach der Geister schrecklichen Gesetzen
Richtete kein heiliger Barbar,
Dessen Augen Thränen nie benetzen,
Zarte Wesen, die ein Weib gebar.
Selbst des Orkus strenge Richterwage
Hielt der Enkel einer Sterblichen,
Und des Thrakers seelenvolle Klage
Rührte die Erinnyen.

Seine Freuden traf der frohe Schatten
In Elysiens Hainen wieder an,
Treue Liebe fand den treuen Gatten,
Und der Wagenlenker seine Bahn;
Orpheus' Spiel tönt die gewohnten Lieder,
In Alcestens Arme sinkt Admet,
Seinen Freund erkennt Orestes wieder,
Seine Waffen Philoktet.

Aber ohne Wiederkehr verloren
Bleibt, was ich auf dieser Welt verließ,
Jede Wonne hab' ich abgeschworen,
Alle Bande, die ich selig pries.

Fremde, nie verstandene Entzücken
Schaudern mich aus jenen Welten an,
Und für Freuden, die mich jetzt beglücken,
Tausch' ich neue, die ich missen kann.

Höhre Preise stärkten da den Ringer
Auf der Tugend arbeitvoller Bahn;
Großer Thaten herrliche Vollbringer
Klimmten zu den Seligen hinan.
Vor dem Wiederforderer der Todten
Neigte sich der Götter stille Schaar;
Durch die Fluthen leuchtet dem Piloten
Vom Olymp das Zwillingspaar.

Schöne Welt, wo bist du? — Kehre wieder,
Holdes Blüthenalter der Natur!
Ach nur in dem Feenland der Lieder
Lebt noch deine goldne Spur.
Ausgestorben trauert das Gefilde,
Keine Gottheit zeigt sich meinem Blick,
Ach! von jenem lebenwarmen Bilde
Blieb nur das Gerippe mir zurück.

Alle jene Blüthen sind gefallen
Von des Nordes winterlichem Wehn,
Einen zu bereichern, unter allen,
Mußte diese Götterwelt vergehn.
Traurig such' ich an dem Sternenbogen,
Dich, Selene, find' ich dort nicht mehr;
Durch die Wälder ruf' ich, durch die Wogen,
Ach! sie wiederhallen leer!

Unbewußt der Freuden, die sie schenket,
Nie entzückt von ihrer Trefflichkeit,
Nie gewahr des Armes, der sie lenket,
Reicher nie durch meine Dankbarkeit,
Fühllos selbst für ihres Künstlers Ehre,
Gleich dem todten Schlag der Pendeluhr,
Dient sie knechtisch dem Gesetz der Schwere,
Die entgötterte Natur!

Morgen wieder neu sich zu entbinden,
Wühlt sie heute sich ihr eignes Grab,
Und an ewig gleicher Spindel winden
Sich von selbst die Monde auf und ab.
Müßig kehrten zu dem Dichterlande
Heim die Götter, unnütz einer Welt,
Die, entwachsen ihrem Gängelbande,
Sich durch eignes Schweben hält.

Freundlos, ohne Bruder, ohne Gleichen,
Keiner Göttin, keiner Ird'schen Sohn,
Herrscht ein Andrer in des Aethers Reichen,
Auf Saturnus' umgestürztem Thron.
Selig, eh sich Wesen um ihn freuten,
Selig im entvölkerten Gefild,
Sieht er in dem langen Strom der Zeiten
Ewig nur — sein eignes Bild.

Bürger des Olymps konnt' ich erreichen,
Jenem Gotte, den sein Marmor·preist,
Konnte einst der hohe Bildner gleichen;
Was ist neben dir der höchste Geist

Derer, welche Sterbliche gebaren?
Nur der Würmer erster, edelster.
Da die Götter menschlicher noch waren,
Waren Menschen göttlicher.

Dessen Strahlen mich darnieder schlagen,
Werk und Schöpfer des Verstandes, dir
Nachzuringen gib mir Flügel, Wagen
Dich zu wägen — oder nimm von mir,
Nimm die ernste strenge Göttin wieder,
Die den Spiegel blendend vor mir hält,
Ihre sanftre Schwester sende nieder,
Spare jene für die andre Welt.

Die berühmte Frau.

Epistel eines Ehemanns an einen andern.

Beklagen soll ich dich? Mit Thränen bittrer Reue
Wird Hymens Band von dir verflucht?
Warum? weil deine Ungetreue
In eines Andern Armen sucht,
Was ihr die deinigen versagen?
Freund, höre fremde Leiden an,
Und lerne deine leichter tragen.

Dich schmerzt, daß sich in deine Rechte
Ein Zweiter theilt? — Beneidenswerther Mann!
Mein Weib gehört dem ganzen menschlichen Geschlechte.
Vom Belt bis an der Mosel Strand,
Bis an die Apenninenwand,
Bis in die Vaterstadt der Moden,

Wird sie in allen Buden feil geboten,
Muß sie auf Diligencen, Paketbooten
Von jedem Schulfuchs, jedem Hasen
Kunstrichterlich sich mustern lassen,
Muß sie der Brille des Philisters stehn,
Und wie's ein schmutz'ger Aristarch befohlen,
Auf Blumen oder heißen Kohlen
Zum Ehrentempel oder Pranger gehn.
Ein Leipziger — daß Gott ihn strafen wollte!
Nimmt topographisch sie wie eine Festung auf,
Und bietet Gegenden dem Publicum zu Kauf,
Wovon ich billig doch allein nur sprechen sollte.

Dein Weib — Dank den kanonischen Gesetzen!
Weiß deiner Gattin Titel doch zu schätzen.
Sie weiß warum? und thut sehr wohl daran.
Mich kennt man nur als Ninons Mann.
Du klagst, daß im Parterr' und an den Pharotischen,
Erscheinst du, alle Zungen zischen?
O Mann des Glücks! Wer einmal das von sich
Zu rühmen hätte! — Mich, Herr Bruder, mich,
Beschert mir endlich eine Molkenkur
Das rare Glück — den Platz an ihrer Linten,
Mich merkt kein Aug', und alle Blicke winken
Auf meine stolze Hälfte nur.

Kaum ist der Morgen grau,
So kracht die Treppe schon von blau und gelben Röcken,
Mit Briefen, Ballen, unfrankirten Päcken,
Signirt: An die berühmte Frau.
Sie schläft so süß! — Doch darf ich sie nicht schonen.
„Die Zeitungen, Madam, aus Jena und Berlin!"
Rasch öffnet sich das Aug' der holden Schläferin,

Ihr erster Blick fällt auf Recensionen.
Das schöne blaue Auge — m i r
Nicht einen Blick! — durchirrt ein elendes Papier,
(Laut hört man in der Kinderstube weinen)
Sie legt es endlich weg, und fragt nach ihren Kleinen.

Die Toilette wartet schon,
Doch halbe Blicke nur beglücken ihren Spiegel.
Ein mürrisch ungeduldig Drohn
Gibt der erschrocknen Zofe Flügel.
Von ihrem Putztisch sind die Grazien entflohn,
Und an der Stelle holder Amorinen
Sieht man Erinnyen den Lockenbau bedienen.

Carrossen rasseln jetzt heran,
Und Miethlakaien springen von den Tritten,
Dem düftenden Abbé, dem Reichsbaron, dem Britten,
Der — nur nichts Deutsches lesen kann,
Großing und Compagnie, dem Z** Wundermann
Gehör bei der Berühmten zu erbitten.
Ein Ding, das demuthsvoll sich in die Ecke drückt
Und Ehmann heißt, wird vornehm angeblickt.
Hier darf ihr — wird d e i n Hausfreund so viel wagen?
Der dümmste Fat, der ärmste Wicht,
Wie sehr er s i e bewundre, sagen;
Und darf's vor meinem Angesicht!
Ich steh dabei, und, will ich artig heißen,
Muß ich ihn bitten, mitzuspeisen.

Bei Tafel, Freund, beginnt erst meine Noth,
Da geht es über meine Flaschen!
Mit Weinen von Burgund, die mir der Arzt verbot,
Muß ich die Kehlen ihrer Lober waschen.

Mein schwer verdienter Bissen Brod
Wird hungriger Schmaroßer Beute;
O diese leidige, vermaledeite
Unsterblichkeit ist meines Nierensteiners Tod!
Den Wurm an alle Finger, welche drucken!
Was, meinst du, sei mein Dank? Ein Achselzucken,
Ein Mienenspiel, ein ungeschliffenes Beklagen —
Erräthst du's nicht? O ich versteh's genau!
Daß diesen Brillant von einer Frau
Ein solcher Pavian davon getragen.

    Der Frühling kommt. Auf Wiesen und auf Feldern
Streut die Natur den bunten Teppich hin,
Die Blumen kleiden sich in angenehmes Grün,
Die Lerche singt, es lebt in allen Wäldern.
— Ihr ist der Frühling wonneleer.
Die Sängerin der süßesten Gefühle,
Der schöne Hain, der Zeuge unsrer Spiele,
Sagt ihrem Herzen jetzt nichts mehr.
Die Nachtigallen haben nicht gelesen,
Die Lilien bewundern nicht.
Der allgemeine Jubelruf der Wesen
Begeistert sie — zu einem Sinngedicht.
Doch nein! Die Jahrszeit ist so schön — zum Reisen,
Wie drängend voll mag's jetzt in Pyrmont sein!
Auch hört man überall das Karlsbad preisen.
Husch ist sie dort — in jenem bunten Reihn,
Wo Ordensbänder und Doktorenkragen,
Celebritäten aller Art,
Vertraulich, wie in Charons Kahn, gepaart,
Zur Schau sich geben und zu Markte tragen,
Wo, eingeschickt von fernen Meilen,
Zerrißne Tugenden von ihren Wunden heilen,

Dort, Freund — o lerne dein Verhängniß preisen!
Dort wandelt meine Frau und läßt mir sieben Waisen.

O meiner Liebe erstes Flitterjahr!
Wie schnell — ach, wie so schnell bist du entflogen!
Ein Weib, wie keines ist, und keines war,
Mir von des Reizes Göttinnen erzogen,
Mit hellem Geist, mit aufgethanem Sinn
Und weichen, leicht beweglichen Gefühlen —
So sah ich sie, die Herzenfeßlerin,
Gleich einem Maitag mir zur Seite spielen;
Das süße Wort: Ich liebe dich!
Sprach aus dem holden Augenpaare —
So führt' ich sie zum Traualtare,
O wer war glücklicher, als ich!
Ein Blüthenfeld beneidenswerther Jahre
Sah lachend mich aus diesem Spiegel an;
Mein Himmel war mir aufgethan.
Schon sah ich schöne Kinder um mich scherzen,
In ihrem Kreis die Schönste sie,
Die Glücklichste von allen sie,
Und mein durch Seelenharmonie,
Durch ewig festen Bund der Herzen.
Und nun erscheint — o mög' ihn Gott verdammen!
Ein großer Mann — ein schöner Geist.
Der große Mann thut eine That! — und reißt
Mein Kartenhaus von Himmelreich zusammen.

Wen hab' ich nun? — Beweinenswerther Tausch!
Erwacht aus diesem Wonnerausch,
Was ist von diesem Engel mir geblieben?
Ein starker Geist in einem zarten Leib,
Ein Zwitter zwischen Mann und Weib,

Gleich ungeschickt zum Herrschen und zum Lieben;
Ein Kind mit eines Riesen Waffen,
Ein Mittelding von Weisen und von Affen!
Um kümmerlich dem stärkern nachzukriechen,
Dem schöneren Geschlecht entflohn,
Herabgestürzt von einem Thron,
Des Reizes heiligen Mysterien entwichen,
Aus Cythereas goldnem Buch [1] gestrichen
Für — einer Zeitung Gnadenlohn.

.

Einer jungen Freundin ins Stammbuch.

Ein blühend Kind, von Grazien und Scherzen
Umhüpft, so, Freundin, spielt um dich die Welt;
Doch so, wie sie sich malt in deinem Herzen,
In deiner Seele schönen Spiegel fällt,
So ist sie nicht. Die stillen Huldigungen,
Die deines Herzens Adel dir errungen,
Die Wunder, die du selbst gethan,
Die Reize, die dein Dasein ihm gegeben,
Die rechnest du für Reize diesem Leben,
Für schöne Menschlichkeit uns an.
Dem holden Zauber nie entweihter Jugend,
Dem Talisman der Unschuld und der Tugend,
Den will ich sehn, der diesem trotzen kann.

Froh taumelst du im süßen Ueberzählen
Der Blumen, die um deine Pfade blühn,
Der Glücklichen, die du gemacht, der Seelen,
Die du gewonnen hast, dahin.

[1] Goldnes Buch; so wird in einigen italienischen Republiken das Verzeichniß genannt, in welchen die adeligen Familien eingeschrieben stehen.

Sei glücklich in dem lieblichen Betruge,
Nie stürze von des Traumes stolzem Fluge
Ein trauriges Erwachen dich herab.
Den Blumen gleich, die deine Beete schmücken,
So pflanze sie — nur den entfernten Blicken!
Betrachte sie, doch pflücke sie nicht ab.
Geschaffen, nur die Augen zu vergnügen,
Welk werden sie zu deinen Füßen liegen.
Je näher dir, je näher ihrem Grab!

Im Oktober 1788.

Daß du mein Auge wecktest zu diesem goldenen Lichte,
    Daß mich dein Aether umfließt;
Daß ich zu deinem Aether hinauf einen Menschenblick richte,
    Der ihn edler genießt;
Daß du einen unsterblichen Geist, der dich, Göttliche, denket,
    Und in die schlagende Brust,
Gütige, mir des Schmerzens wohlthätige Warnung geschenket
    Und die belohnende Lust;
Daß du des Geistes Gedanken, des Herzens Gefühle zu tönen
    Mir ein Saitenspiel gabst,
Kränze des Ruhms und das buhlende Glück deinen stolzeren Söhnen,
    Mir ein Saitenspiel gabst;
Daß dem trunkenen Sinn von hoher Begeist'rung beflügelt,
    Schöner das Leben sich malt,
Schöner in der Dichtung Krystall die Wahrheit sich spiegelt,
    Heller die dämmernde strahlt:
Große Göttin, dafür soll, bis die Parzen mich fodern,
    Dieses Herzens Gefühl,

Zarter Kindlichkeit voll, in dankbarem Strahle dir lodern,
 Soll aus dem goldenen Spiel
Unerschöpflich dein Preis, erhabne Bildnerin, fließen,
 Soll dieser denkende Geist
An dein mütterlich Herz mit reiner Umarmung sich schließen,
 Bis der Tod sie zerreißt.

Die Künstler.

Wie schön, o Mensch, mit deinem Palmenzweige
Stehst du an des Jahrhunderts Neige
In edler stolzer Männlichkeit,
Mit aufgeschloßnem Sinn, mit Geistesfülle,
Voll milden Ernsts, in thatenreicher Stille,
Der reifste Sohn der Zeit,
Frei durch Vernunft, stark durch Gesetze,
Durch Sanftmuth groß und reich durch Schätze,
Die lange Zeit dein Busen dir verschwieg,
Herr der Natur, die deine Fesseln liebet,
Die deine Kraft in tausend Kämpfen übet,
Und prangend unter dir aus der Verwild'rung stieg!

Berauscht von dem errungnen Sieg,
Verlerne nicht, die Hand zu preisen,
Die an des Lebens ödem Strand
Den weinenden verlaßnen Waisen,
Des wilden Zufalls Beute, fand,
Die frühe schon der künft'gen Geisterwürde
Dein junges Herz im Stillen zugekehrt,
Und die befleckende Begierde
Von deinem zarten Busen abgewehrt,

Die Gütige, die deine Jugend
In hohen Pflichten spielend unterwies
Und das Geheimniß der erhabnen Tugend
In leichten Räthseln dich errathen ließ,
Die, reifer nur ihn wieder zu empfangen,
In fremde Arme ihren Liebling gab;
O falle nicht mit ausgeartetem Verlangen
Zu ihren niedern Dienerinnen ab!
Im Fleiß kann dich die Biene meistern,
In der Geschicklichkeit ein Wurm dein Lehrer sein,
Dein Wissen theilest du mit vorgezognen Geistern,
Die Kunst, o Mensch, hast du allein.

Nur durch das Morgenthor des Schönen
Drangst du in der Erkenntniß Land.
An höhern Glanz sich zu gewöhnen,
Uebt sich am Reize der Verstand.
Was bei dem Saitenklang der Musen
Mit süßem Beben dich durchdrang,
Erzog die Kraft in deinem Busen,
Die sich dereinst zum Weltgeist schwang.

Was erst, nachdem Jahrtausende verflossen,
Die alternde Vernunft erfand,
Lag im Symbol des Schönen und des Großen,
Voraus geoffenbart dem kindischen Verstand.
Ihr holdes Bild hieß uns die Tugend lieben,
Ein zarter Sinn hat vor dem Laster sich gesträubt,
Eh noch ein Solon das Gesetz geschrieben,
Das matte Blüthen langsam treibt.
Eh vor des Denkers Geist der kühne
Begriff des ew'gen Raumes stand,
Wer sah hinauf zur Sternenbühne,
Der ihn nicht ahnend schon empfand?

Die, eine Glorie von Orionen
Ums Angesicht, in hehrer Majestät,
Nur angeschaut von reineren Dämonen,
Verzehrend über Sternen geht,
Geflohn auf ihrem Sonnenthrone,
Die furchtbar herrliche Urania,
Mit abgelegter Feuerkrone
Steht sie — als Schönheit vor uns da.
Der Anmuth Gürtel umgewunden,
Wird sie zum Kind, daß Kinder sie verstehn.
Was wir als Schönheit hier empfunden,
Wird einst als Wahrheit uns entgegen gehn.

Als der Erschaffende von seinem Angesichte
Den Menschen in die Sterblichkeit verwies,
Und eine späte Wiederkehr zum Lichte
Auf schwerem Sinnenpfad ihn finden hieß,
Als alle Himmlischen ihr Antlitz von ihm wandten,
Schloß sie, die Menschliche, allein
Mit dem verlassenen Verbannten
Großmüthig in die Sterblichkeit sich ein.
Hier schwebt sie, mit gesenktem Fluge,
Um ihren Liebling, nah am Sinnenland,
Und malt mit lieblichem Betruge
Elysium auf seine Kerkerwand.

Als in den weichen Armen dieser Amme
Die zarte Menschheit noch-geruht,
Da schürte heil'ge Mordsucht keine Flamme,
Da rauchte kein unschuldig Blut.
Das Herz, das sie an sanften Banden lenket,
Verschmäht der Pflichten knechtisches Geleit;
Ihr Lichtpfad, schöner nur geschlungen, senket
Sich in die Sonnenbahn der Sittlichkeit.

Die ihrem keuschen Dienste leben,
Versucht kein niedrer Trieb, bleicht kein Geschick;
Wie unter heilige Gewalt gegeben,
Empfangen sie das reine Geisterleben,
Der Freiheit süßes Recht, zurück.

Glückselige, die sie — aus Millionen
Die reinsten — ihrem Dienst geweiht,
In deren Brust sie würdigte zu thronen,
Durch deren Mund die Mächtige gebeut,
Die sie auf ewig flammenden Altären
Erkor, das heil'ge Feuer ihr zu nähren,
Vor deren Aug' allein sie hüllenlos erscheint,
Die sie in sanftem Bund um sich vereint!
Freut euch der ehrenvollen Stufe,
Worauf die hohe Ordnung euch gestellt!
In die erhabne Geisterwelt
War't ihr der Menschheit erste Stufe!

Eh' ihr das Gleichmaß in die Welt gebracht,
Dem alle Wesen freudig dienen —
Ein unermeßner Bau im schwarzen Flor der Nacht,
Nächst um ihn her mit mattem Strahl beschienen,
Ein streitendes Gestaltenheer,
Die seinen Sinn in Sklavenbanden hielten,
Und ungesellig, rauh wie er,
Mit tausend Kräften auf ihn zielten,
— So stand die Schöpfung vor dem Wilden.
Durch der Begierde blinde Fessel nur
An die Erscheinungen gebunden,
Entfloh ihm, ungenossen, unempfunden,
Die schöne Seele der Natur.

Und wie sie fliehend jetzt vorüber fuhr,
Ergriffet ihr die nachbarlichen Schatten
Mit zartem Sinn, mit stiller Hand,
Und lerntet in harmon'schem Band
Gesellig sie zusammen gatten.
Leichtschwebend fühlte sich der Blick
Vom schlanken Wuchs der Ceder aufgezogen,
Gefällig strahlte der Krystall der Wogen
Die hüpfende Gestalt zurück.
Wie konntet ihr des schönen Winks verfehlen,
Womit euch die Natur hilfreich entgegen kam?
Die Kunst, den Schatten ihr nachahmend abzustehlen,
Wies euch das Bild, das auf der Woge schwamm,
Von ihrem Wesen abgeschieden,
Ihr eignes liebliches Phantom,
Warf sie sich in den Silberstrom,
Sich ihrem Räuber anzubieten.
Die schöne Bildkraft ward in eurem Busen wach.
Zu edel schon, nicht müßig zu empfangen,
Schuft ihr im Sand — im Thon den holden Schatten nach,
Im Umriß ward sein Dasein aufgefangen.
Lebendig regte sich des Wirkens süße Lust,
Die erste Schöpfung trat aus eurer Brust.

Von der Betrachtung angehalten,
Von eurem Späheraug' umstrickt,
Verriethen die vertraulichen Gestalten
Den Talisman, wodurch sie euch entzückt.
Die wunderwirkenden Gesetze,
Des Reizes ausgeforschte Schätze,
Verknüpfte der erfindende Verstand
Zu leichtem Bund in Werken eurer Hand.
Der Obeliske stieg, die Pyramide,

Die Herme stand, die Säule sprang empor,
Des Waldes Melodie floß aus dem Haberrohr,
Und Siegesthaten lebten in dem Liede.

Die Auswahl einer Blumenflur,
Mit weiser Wahl in einen Strauß gebunden —
So trat die erste Kunst aus der Natur;
Jetzt wurden Sträuße schon in einen Kranz gewunden,
Und eine zweite, höhre Kunst erstand
Aus Schöpfungen der Menschenhand.
Das Kind der Schönheit, sich allein genug,
Vollendet schon aus eurer Hand gegangen,
Verliert die Krone, die es trug,
Sobald es Wirklichkeit empfangen.
Die Säule muß, dem Gleichmaß unterthan,
An ihre Schwestern nachbarlich sich schließen,
Der Held im Heldenheer zerfließen.
Des Mäoniden Harfe stimmt voran.

Bald drängten sich die staunenden Barbaren
Zu diesen neuen Schöpfungen heran.
Seht, riefen die erfreuten Schaaren,
Seht an, das hat der Mensch gethan!
In lustigen, geselligeren Paaren
Riß sie des Sängers Leier nach,
Der von Titanen sang und Riesenschlachten,
Und Löwentödtern, die, so lang der Sänger sprach,
Aus seinen Hörern Helden machten.
Zum erstenmal genießt der Geist,
Erquickt von ruhigeren Freuden,
Die aus der Ferne nur ihn weiden,
Die seine Gier nicht in sein Wesen reißt.
Die im Genusse nicht verscheiden.

Jetzt wand sich von dem Sinnenschlafe
Die freie schöne Seele los;
Durch euch entfesselt, sprang der Sklave
Der Sorge in der Freude Schooß.
Jetzt fiel der Thierheit dumpfe Schranke,
Und Menschheit trat auf die entwölkte Stirn,
Und der erhabne Fremdling, der Gedanke,
Sprang aus dem staunenden Gehirn.
Jetzt stand der Mensch und wies den Sternen
Das königliche Angesicht;
Schon dankte nach erhabnen Fernen
Sein sprechend Aug' dem Sonnenlicht.
Das Lächeln blühte auf der Wange;
Der Stimme seelenvolles Spiel
Entfaltete sich zum Gesange;
Im feuchten Auge schwamm Gefühl,
Und Scherz mit Huld in anmuthsvollem Bunde
Entquollen dem beseelten Munde.

Begraben in des Wurmes Triebe,
Umschlungen von des Sinnes Lust,
Erkanntet ihr in seiner Brust
Den edeln Keim der Geisterliebe.
Daß von des Sinnes niederm Triebe
Der Liebe beßrer Keim sich schied,
Dankt er dem ersten Hirtenlied.
Geadelt zur Gedankenwürde,
Floß die verschämtere Begierde
Melodisch aus des Sängers Mund.
Sanft glühten die bethauten Wangen;
Das überlebende Verlangen
Verkündigte der Seelen Bund.

Der Weisen Weisestes, der Milden Milde,
Der Starken Kraft, der Edeln Grazie,
Vermählet ihr in einem Bilde
Und stellet es in eine Glorie.
Der Mensch erbebte vor dem Unbekannten,
Er liebte seinen Wiederschein;
Und herrliche Heroen brannten,
Dem großen Wesen gleich zu sein.
Den ersten Klang vom Urbild alles Schönen —
Ihr ließet ihn in der Natur ertönen.

Der Leidenschaften wilden Drang,
Des Glückes regellose Spiele,
Der Pflichten und Instincte Zwang
Stellt ihr mit prüfendem Gefühle,
Mit strengem Richtscheit nach dem Ziele.
Was die Natur auf ihrem großen Gange
In weiten Fernen auseinander zieht,
Wird auf dem Schauplatz, im Gesange,
Der Ordnung leicht gefaßtes Glied.
Vom Eumenidenchor geschrecket,
Zieht sich der Mord, auch nie entdecket,
Das Loos des Todes aus dem Lied.
Lang, eh die Weisen ihren Ausspruch wagen,
Löst eine Ilias des Schicksals Räthselfragen
Der jugendlichen Vorwelt auf;
Still wandelte von Thespis' Wagen
Die Vorsicht in den Weltenlauf.

Doch in den großen Weltenlauf
Ward euer Ebenmaß zu früh getragen.
Als des Geschickes dunkle Hand,
Was sie vor eurem Auge schnürte,

Vor eurem Aug' nicht auseinander band,
Das Leben in die Tiefe schwand,
Eh' es den schönen Kreis vollführte —
Da führtet ihr aus kühner Eigenmacht
Den Bogen weiter durch der Zukunft Nacht;
Da stürztet ihr euch ohne Beben
In des Avernus schwarzen Ocean,
Und trafet das entflohne Leben
Jenseits der Urne wieder an;
Da zeigte sich mit umgestürztem Lichte,
An Kastor angelehnt, ein blühend Polluxbild;
Der Schatten in des Mondes Angesichte,
Eh sich der schöne Silberkreis erfüllt.

Doch höher stets, zu immer höhern Höhen
Schwang sich der schaffende Genie.
Schon sieht man Schöpfungen aus Schöpfungen erstehen,
Aus Harmonieen Harmonie.
Was hier allein das trunkne Aug' entzückt,
Dient unterwürfig dort der höhern Schöne;
Der Reiz, der diese Nymphe schmückt,
Schmilzt sanft in eine göttliche Athene;
Die Kraft, die in des Ringers Muskel schwillt,
Muß in des Gottes Schönheit lieblich schweigen;
Das Staunen seiner Zeit, das stolze Jovisbild,
Im Tempel zu Olympia sich neigen.

Die Welt, verwandelt durch den Fleiß,
Das Menschenherz, bewegt von neuen Trieben,
Die sich in heißen Kämpfen üben,
Erweitern euren Schöpfungskreis.
Der fortgeschrittne Mensch trägt auf erhobnen Schwingen
Dankbar die Kunst mit sich empor,

Und neue Schönheitswelten springen
Aus der bereicherten Natur hervor.
Des Wissens Schranken gehen auf,
Der Geist, in euren leichten Siegen
Geübt, mit schnell gezeitigtem Vergnügen
Ein künstlich All von Reizen zu durcheilen,
Stellt der Natur entlegenere Säulen,
Ereilet sie auf ihrem dunkeln Lauf.
Jetzt wägt er sie mit menschlichen Gewichten,
Mißt sie mit Maßen, die sie ihm geliehn;
Verständlicher in seiner Schönheit Pflichten
Muß sie an seinem Aug' vorüber ziehn.
In selbstgefäll'ger jugendlicher Freude
Leiht er den Sphären seine Harmonie,
Und preiset er das Weltgebäude,
So prangt es durch die Symmetrie.

In allem, was ihn jetzt umlebet,
Spricht ihn das holde Gleichmaß an.
Der Schönheit goldner Gürtel webet
Sich mild in seine Lebensbahn;
Die selige Vollendung schwebet
In euren Werken siegend ihm voran.
Wohin die laute Freude eilet,
Wohin der stille Kummer flieht,
Wo die Betrachtung denkend weilet,
Wo er des Elends Thränen sieht,
Wo tausend Schrecken auf ihn zielen,
Folgt ihm ein Harmonieenbach,
Sieht er die Huldgöttinnen spielen,
Und ringt in still verfeinerten Gefühlen
Der lieblichen Begleitung nach.
Sanft, wie des Reizes Linien sich winden,

Wie die Erscheinungen um ihn
In weichem Umriß in einander schwinden,
Flieht seines Lebens leichter Hauch dahin.
Sein Geist zerrinnt im Harmonieenmeere,
Das seine Sinne wollustreich umfließt,
Und der hinschmelzende Gedanke schließt
Sich still an die allgegenwärtige Cythere.
Mit dem Geschick in hoher Einigkeit,
Gelassen hingestützt auf Grazien und Musen,
Empfängt er das Geschoß, das ihn bedräut,
Mit freundlich dargebotnem Busen
Vom sanften Bogen der Nothwendigkeit.

Vertraute Lieblinge der sel'gen Harmonie,
Erfreuende Begleiter durch das Leben,
Das Edelste, das Theuerste, was sie,
Die Leben gab, zum Leben uns gegeben,
Daß der entjochte Mensch jetzt seine Pflichten denkt,
Die Fessel liebet, die ihn lenkt,
Kein Zufall mehr mit ehrnem Scepter ihm gebeut,
Dies dankt euch — eure Ewigkeit,
Und ein erhabner Lohn in eurem Herzen.
Daß um den Kelch, worin uns Freiheit rinnt,
Der Freude Götter lustig scherzen,
Der holde Traum sich lieblich spinnt,
Dafür seid liebevoll umfangen!

Dem prangenden, dem heitern Geist,
Der die Nothwendigkeit mit Grazie umzogen,
Der seinen Aether, seinen Sternenbogen
Mit Anmuth uns bedienen heißt,
Der, wo er schreckt, noch durch Erhabenheit entzücket
Und zum Verheeren selbst sich schmücket,
Dem großen Künstler ahmt ihr nach.

Wie auf dem spiegelhellen Bach
Die bunten Ufer tanzend schweben,
Das Abendroth, das Blüthenfeld,
So schimmert auf dem dürft'gen Leben
Der Dichtung muntre Schattenwelt.
Ihr führet uns im Brautgewande
Die fürchterliche Unbekannte,
Die unerweichte Parze vor.
Wie eure Urnen die Gebeine,
Deckt ihr mit holdem Zauberscheine
Der Sorgen schauervollen Chor.
Jahrtausende hab' ich durcheilet,
Der Vorwelt unabsehlich Reich:
Wie lacht die Menschheit, wo ihr weilet!
Wie traurig liegt sie hinter euch!

Die einst mit flüchtigem Gefieder
Voll Kraft aus euren Schöpferhänden stieg,
In eurem Arm fand sie sich wieder,
Als durch der Zeiten stillen Sieg
Des Lebens Blüthe von der Wange,
Die Stärke von den Gliedern wich,
Und traurig, mit entnervtem Gange,
Der Greis an seinem Stabe schlich.
Da reichtet ihr aus frischer Quelle
Dem Lechzenden die Lebenswelle;
Zweimal verjüngte sich die Zeit,
Zweimal von Samen, die ihr ausgestreut.

Vertrieben von Barbarenheeren,
Entrisset ihr den letzten Opferbrand
Des Orients entheiligten Altären
Und brachtet ihn dem Abendland.
Da stieg der schöne Flüchtling aus dem Osten,

Der junge Tag im Westen neu empor,
Und auf Hesperiens Gefilden sproßten
Verjüngte Blüthen Joniens hervor.
Die schönere Natur warf in die Seelen
Sanft spiegelnd einen schönen Wiederschein,
Und prangend zog in die geschmückten Seelen
Des Lichtes große Göttin ein.
Da sah man Millionen Ketten fallen,
Und über Sklaven sprach jetzt Menschenrecht;
Wie Brüder friedlich mit einander wallen,
So mild erwuchs das jüngere Geschlecht.
Mit innrer hoher Freudenfülle
Genießt ihr das gegebne Glück,
Und tretet in der Demuth Hülle
Mit schweigendem Verdienst zurück.

Wenn auf des Denkens freigegebnen Bahnen
Der Forscher jetzt mit kühnem Glücke schweift
Und, trunken von siegrufenden Päanen,
Mit rascher Hand schon nach der Krone greift;
Wenn er mit niederm Söldnerslohne
Den edeln Führer zu entlassen glaubt,
Und neben dem geträumten Throne
Der Kunst den ersten Sklavenplatz erlaubt: —
Verzeiht ihm — der Vollendung Krone
Schwebt glänzend über eurem Haupt.
Mit euch, des Frühlings erster Pflanze,
Begann die seelenbildende Natur;
Mit euch, dem freud'gen Erntekranze,
Schließt die vollendende Natur.

Die von dem Thon, dem Stein bescheiden aufgestiegen,
Die schöpferische Kunst, umschließt mit stillen Siegen
Des Geistes unermeßnes Reich.

Was in des Wissens Land Entdecker nur erstiegen,
Entdecken sie, ersiegen sie für euch.
Der Schätze, die der Denker aufgehäufet,
Wird er in euren Armen erst sich freun,
Wenn seine Wissenschaft, der Schönheit zugereifet,
Zum Kunstwerk wird geadelt sein —
Wenn er auf einen Hügel mit euch steiget,
Und seinem Auge sich, in mildem Abendschein,
Das malerische Thal — auf einmal zeiget.
Je reicher ihr den schnellen Blick vergnüget,
Je höhre, schönre Ordnungen der Geist
In einem Zauberbund durchflieget,
In einem schwelgenden Genuß umkreist;
Je weiter sich Gedanken und Gefühle
Dem üppigeren Harmonieenspiele,
Dem reichern Strom der Schönheit aufgethan —
Je schönre Glieder aus dem Weltenplan,
Die jetzt verstümmelt seine Schöpfung schänden,
Sieht er die hohen Formen dann vollenden,
Je schönre Räthsel treten aus der Nacht,
Je reicher wird die Welt, die er umschließet,
Je breiter strömt das Meer, mit dem er fließet,
Je schwächer wird des Schicksals blinde Macht,
Je höher streben seine Triebe,
Je kleiner wird er selbst, je größer seine Liebe.
So führt ihn, in verborgnem Lauf,
Durch immer reinre Formen, reinre Töne,
Durch immer höhre Höhn und immer schönre Schöne
Der Dichtung Blumenleiter still hinauf —
Zuletzt, am reifen Ziel der Zeiten,
Noch eine glückliche Begeisterung,
Des jüngsten Menschenalters Dichterschwung,
Und — in der Wahrheit Arme wird er gleiten.

Sie selbst, die sanfte Cypria,
Umleuchtet von der Feuerkrone,
Steht dann vor ihrem münd'gen Sohne
Entschleiert — als Urania,
So schneller nur von ihm erhaschet,
Je schöner er von ihr geflohn!
So süß, so selig überraschet
Stand einst Ulyssens edler Sohn,
Da seiner Jugend himmlischer Gefährte
Zu Jovis Tochter sich verklärte.

Der Menschheit Würde ist in eure Hand gegeben,
Bewahret sie!
Sie sinkt mit euch! Mit euch wird sie sich heben!
Der Dichtung heilige Magie
Dient einem weisen Weltenplane,
Still lenke sie zum Oceane
Der großen Harmonie!

Von ihrer Zeit verstoßen, flüchte
Die ernste Wahrheit zum Gedichte
Und finde Schutz in der Camönen Chor.
In ihres Glanzes höchster Fülle,
Furchtbarer in des Reizes Hülle,
Erstehe sie in dem Gesange
Und räche sich mit Siegesklange
An des Verfolgers feigem Ohr.

Der freisten Mutter freie Söhne,
Schwingt euch mit festem Angesicht
Zum Strahlensitz der höchsten Schöne!
Um andre Kronen buhlet nicht!

Die Schwester, die euch hier verschwunden,
Holt ihr im Schooß der Mutter ein;
Was schöne Seelen schön empfunden,
Muß trefflich und vollkommen sein.
Erhebet euch mit kühnem Flügel
Hoch über euren Zeitenlauf!
Fern dämmre schon in eurem Spiegel
Das kommende Jahrhundert auf.
Auf tausendfach verschlungnen Wegen
Der reichen Mannichfaltigkeit
Kommt dann umarmend euch entgegen
Am Thron der hohen Einigkeit!
Wie sich in sieben milde Strahlen
Der weiße Schimmer lieblich bricht,
Wie sieben Regenbogenstrahlen
Zerrinnen in das weiße Licht,
So spielt in tausendfacher Klarheit
Bezaubernd um den trunknen Blick,
So fließt in einen Bund der Wahrheit,
In einen Strom des Lichts zurück!

Die Zerstörung von Troja.

Freie Uebersetzung des zweiten Buchs der Aeneide.

1.

Still war's, und jedes Ohr hing an Aeneens Munde,
Der also anhub vom erhabnen Pfühl:
O Königin, du weckst der alten Wunde
Unnennbar schmerzliches Gefühl!
Von Trojas kläglichem Geschick verlangst du Kunde,
Wie durch der Griechen Hand die thränenwerthe fiel,
Die Drangsal' alle soll ich offenbaren,
Die ich gesehn und meistens selbst erfahren.

2.

Wer, selbst ein Myrmidon und Kampfgenoß
Des grausamen Ulyß, erzählte thränenlos!
Und schon entflieht die feuchte Nacht, es laden
Zum Schlaf die niedergehenden Pleiaden.
Doch treibt dich so gewaltige Begier,
Der Teukrer letzten Kampf und mein Geschick zu hören,
Sei's denn! wie sehr auch die Erinnrung mir
Die Seele schaudernd mag empören!

3.

Der Griechen Fürsten, aufgerieben
Vom langen Krieg, vom Glück zurückgetrieben,
Erbauen endlich durch Minervens Kunst
Ein Roß aus Fichtenholz, zum Berge aufgerichtet,

Beglückte Wiederkehr, wie ihre List erdichtet,
Dadurch zu flehen von der Götter Gunst.
Der Kern der Tapfersten birgt sich in dem Gebäude,
Und Waffen sind sein Eingeweide.

4.

Die Insel Tenedos ist aller Welt bekannt,
Von Priams Stadt getrennt durch wen'ge Meilen,
An Gütern reich, so lange Troja stand,
Jetzt ein verrätherischer Strand,
Wo im Vorüberzug die Kaufmannsschiffe weilen.
Dort birgt der Griechen Heer sich auf verlassnem Sand.
Wir wähnen es auf ewig abgezogen
Und mit des Windes Hauch Mycenen zugeflogen.

5.

Alsbald spannt von dem langen Harme
Die ganze Stadt der Teukrier sich los;
Heraus stürzt alles Volk in frohem Jubelschwarme,
Das Lager zu besehn, aus dem sein Leiden floß.
Dort, heißt es, wütheten der Myrmidonen Arme,
Hier schwang Achill das schreckliche Geschoß,
Dort lag der Schiffe zahlenlos Gedränge,
Hier tobete das Handgemenge.

6.

Mit Staunen weilt der überraschte Blick
Beim Wunderbau des ungeheuren Rosses,
Thymöt, sei's böser Wille, sei's Geschick,
Wünscht es im innern Raum des Schlosses.
Doch bang vor dem versteckten Feind
Räth Kapys an, und wer es redlich meint,
Den schlimmen Fund dem Meer, dem Feuer zu vertrauen,
Wo nicht, doch erst sein Innres zu beschauen.

7.

Die Stimmen schwankten noch in ungewissem Streite,
Als ihn der Priester des Neptun vernahm,
Laokoon, mit mächtigem Geleite
Von Pergams Thurm erhitzt herunter kam.
Raft ihr, Dardanier? ruft er voll banger Sorgen,
Unglückliche, ihr glaubt, die Feinde sei'n geflohn?
Ein griechisches Geschenk, und kein Betrug verborgen?
So schlecht kennt ihr Laertens Sohn?   ..

8.

Wenn in dem Rosse nicht versteckte Feinde lauern,
So droht es sonst Verderben unsern Mauern,
So ist es aufgethürmt, die Stadt zu überblicken,
So sollen sich die Mauern bücken
Vor seinem stürzenden Gewicht,
So ist's ein anderer von ihren tausend Ränken,
Der hier sich birgt. Trojaner, trauet nicht!
Die Griechen fürchte ich, und doppelt, wenn sie schenken.

9.

Dies sagend, treibt er den gewalt'gen Speer
Mit starken Kräften in des Rosses Lende,
Es schüttert durch und durch, und weit umher
Antworten dumpf die vollgestopften Wände,
Und hätte nicht das Schicksal ihm gewehrt,
Nicht eines Gottes Macht umnebelt seine Sinne,
Jetzt hätte den Betrug sein Eisen aufgestört,
Noch stünde Ilium und Pergams feste Zinne.

10.

Indessen wird durch eine Schaar von Hirten,
Die Hände auf dem Rücken zugeschnürt,
Mit lärmendem Geschrei ein Jüngling hergeführt.
Der Jüngling spielte den Verirrten

Und bot freiwillig sich den Banden dar,
Durch falsche Botschaft Troja zu verderben,
Mit dreister Stirn, gefaßt auf jegliche Gefahr
Und gleich bereit zum Lügen oder Sterben.

11.

Ihn zu betrachten, sammelt um und um
Die wilde Jugend sich aus Ilium,
Wetteifernd höhnt mit herbem Spotte
Den eingebrachten Fang die rachbegier'ge Rotte,
Und wehrlos bloßgestellt so vieler Feinde Grimm,
Fliegt er mit ängstlich scheuem Blicke
Die Reihen durch. Jetzt, Königin, vernimm
Aus einer Frevelthat der Griechen ganze Tücke!

12.

Weh! ruft er aus, wo öffnet sich ein Port,
Wo thut ein Meer sich auf, mich zu empfangen?
Wo bleibt mir Elenden ein Zufluchtsort?
Dem Schwert der Griechen kaum entgangen,
Seh' ich der Trojer Haß nach meinem Blut verlangen!
Schnell umgestimmt von diesem Wort,
Legt sich der wilde Sturm der Schaaren,
Und man ermahnt ihn, fortzufahren.

13.

Weß Stamms er sei, was ihn hieher gebracht,
Ihm Lebenshoffnung ließ, selbst in des Feindes Macht?
Soll er bekennen. Furcht und Angst verschwanden.
Was es auch sei, ruft er, dir, König, sei's gestanden!
Empfange den Beweis von Sinons Redlichkeit.
Ich läugne nicht, zum Volk der Griechen zu gehören.
Hat mein Verhängniß gleich dem Elend mich geweiht,
Zum Lügner soll es nimmer mich entehren.

14.

Trug das Gerücht vielleicht den Namen und die Thaten
Des großen Palamed zu deinem Ohr,
Der, boshaft angeklagt, weil er den Krieg mißrathen,
Sein Leben durch der Griechen Spruch verlor,
Den sie im Grabe schmerzlich jetzt beklagen?
Mit diesem hat, er ist mir anverwandt,
Seit dieses Krieges ersten Tagen
Der dürst'ge Vater mich nach Asien gesandt.

15.

So lange Palamed der Herrschaft sich erfreute,
Und in dem Rath der Könige mit saß,
Stand ich geehrt und glücklich ihm zur Seite.
Doch das verging, als ihn Ulyssens Haß,
Wer kennt den Schwätzer nicht? dem Orkus übergeben.
Da floß in Trauer hin mein unbemerktes Leben,
Und der verhaltnen Rache Schmerz
Zernagte still mein wundes Herz.

16.

Weh mir, daß ich sie nicht verschwieg,
Zu laut zu seinem Rächer mich erklärte,
Wenn einst ein Gott aus diesem Krieg
Siegreiche Heimkehr mir gewährte!
Mit eitler Rede weckt' ich schweren Groll.
Seitdem ermüdete, mir Feinde zu erwecken,
Ulysses nicht, und wußte rachevoll
Mit immer neuen Ränken mich zu schrecken.

17.

Auch ruht' er nimmermehr, bis Kalchas — doch warum
Mit widrigem Bericht fruchtlos die Zeit verlieren?
Verurtheilt alle, die ihn führen,
Der Name Grieche schon in Ilium,

Wohlan, so würgt mich ohne Schonen!
Das wird dem Ithaker willkommne Botschaft sein,
Das wird die Söhne Atreus' hoch erfreun,
Und herrlich werden sie's euch lohnen.

18.

Ohn' Ahnung des Betrugs, der aus dem Griechen spricht,
Steigt unsre Neugier, ihm den Aufschluß abzufragen,
Und er, mit schlau verstelltem Zagen,
Vollendet so den täuschenden Bericht:
Oft, spricht er, war der Wunsch lebendig bei dem Heere,
Der langen Kriegesnoth sich endlich zu entziehn,
Von Troja heimlich zu entfliehn.
O daß es doch geschehen wäre!

19.

Stets hinderten die frohe Wiederkehr
Der rauhe Süd und das empörte Meer.
Dies Roß von Fichtenholz stand längst schon aufgethürmet,
Als, vom Orkan gepeitscht, die finstre Luft gestürmet.
Verlegen sendet man zuletzt Eurypylus,
Zu fragen an des Schicksals Throne,
Nach Delphi zu Latonens Sohne;
Der kommt zurück mit diesem traur'gen Schluß:

20.

Mit Blut erkauftet ihr die Herfahrt von den Winden,
Und eine Jungfrau fiel an Deliens Altar;
Mit Blut allein könnt ihr den Rückweg finden,
Ein Grieche bringe sich zum Todesopfer dar.
Eiskalte Angst durchlief die zitternden Gebeine,
Als in dem Lager diese Post erklang,
Und jedes Auge fragte bang,
Wen wohl der Zorn der Gottheit meine?

21.

Jetzt riß Ulyß mit lärmendem Geschrei
Den Seher Kalchas in des Heeres Mitte,
Und dringt in ihn mit ungestümer Bitte,
Zu sagen, wessen Haupt zum Tod bezeichnet sei?
Schon ließen Viele mich, mit ahnungsvollem Grauen,
Des Schalks verruchten Plan und mein Verderben schauen.
Zehn Tage schließt der Priester schlau sich ein,
Um keinen aus dem Volk dem Untergang zu weihn.

22.

Zuletzt, als könnt' er dem beredten Flehn
Ulyssens nicht mehr widerstehn,
Läßt er geschickt den Namen sich entreißen,
Und zeichnet mich dem Mördereisen.
Man stimmt ihm bei, und froh sieht jeder die Gefahr,
Die alle gleich bedroht, auf einen abgeleitet.
Der Unglückstag ist da, die Binde schmückt mein Haar,
Man streut das Mehl, das Opfer ist bereitet.

23.

Ja, da entriß ich mich dem Tod, zerbrach die Bande
Und harrete des Nachts in eines Sumpfes Rohr,
Bis die Armee, wenn sie zum Vaterlande
Vielleicht sich eingeschifft, vom Ufer sich verlor.
Nie werd' ich, ach! die Heimath mehr begrüßen,
Nie Vater, Kinder mehr in diese Arme schließen,
Und mein Entrinnen rächt vielleicht die Wuth
Der Danaer an diesem theuren Blut.

24.

Und nun, bei allen himmlischen Dämonen,
Die in des Herzens tiefste Falten sehn,
Wenn Treu' und Glaube noch auf Erden irgend wohnen,
Laß so viel Leiden dir zu Herzen gehn!

Hab' du Erbarmen mit dem Unglücksvollen,
Der, was er nicht verschuldete, erfuhr! —
Wir sehen jammernd seine Thränen rollen,
Es siegt in uns die Stimme der Natur.

25.

Sogleich läßt Priamus der Hände Band ihm lösen,
Und spricht ihm Trost mit milden Worten ein.
Du bist, spricht er, ein Danaer gewesen;
Wer du auch seist, hinfort wirst du der Unsre sein.
Und jetzt laß Wahrheit mich auf meine Fragen hören:
Warum, wozu das ungeheure Roß?
Wer gab es an? Warum so riesengroß?
Zu welchem Brauch? Sprich! Welchem Gott zu Ehren?

26.

Er sprach's, und jener Bösewicht, gewandt
In jeder List, Pelasger im Betrügen,
Hebt himmelan die losgebundne Hand.
Dich, ruft er, ew'ges Licht, dich, Rächer aller Lügen,
Dich, Opferherd, dem ich durch Flucht entrann,
Dich, frevelhafter Stahl, den Mordgier auf mich zückte,
Dich, priesterliches Band, das meine Schläfe schmückte,
Euch ruf' ich jetzt zu Zeugen an!

27.

Von jeder Pflicht, die mich an Griechen band,
Erklär' ich mich auf ewig losgezählet.
Für Sinon gibt's hinfort kein Vaterland,
Ich mache laut, was ihre List verhehlet.
Gedenke du nur deines Wortes, Fürst,
Und schone, Troja, den, der Rettung dir geschenket,
Ist's anders wahr, was du jetzt hören wirst,
Und werth, daß man es überdenket.

28.

Von jeher barg im Krieg mit Ilium
Minervens Schutz der Myrmidonen Schwäche;
Doch seit Ulyß, der Schalk, und Diomed, der Freche,
Der Göttin Bild aus ihrem Heiligthum
Zu reißen sich erkühnt, die Hüter zu durchbohren,
Der Jungfrau Stirne selbst mit mordbefleckter Hand
Verwegen zu berühren, schwand
Der Griechen Glück dahin, ging ihre Kraft verloren.

29.

Auf immer war Athenens Gunst entwichen,
Bald zeigte sich in fürchterlichen
Erscheinungen der Göttin Strafgericht.
Kaum steht das Bild im Lager still, so blitzen
Die offnen Augen, und die Glieder schwitzen,
Und dreimal scheint (entsetzliches Gesicht!)
Die Göttin sich vom Boden zu erheben,
Und Schild und Lanze schütternd zu erbeben.

30.

Ein Gott gebeut jetzt durch des Sehers Mund,
Auf schneller Flucht die Heimath zu gewinnen,
Denn nimmer fallen durch der Griechen Bund,
So spricht das Schicksal, Pergams feste Zinnen,
Sie hätten denn aufs neu' der Heimath Strand berührt,
In wiederholter Fei'r die Götter zu befragen,
Zum alten Heiligthum das Bild zurückgetragen,
Das sie auf krummen Schiffen weggeführt.

31.

Jetzt zwar sind sie nach Argos heimgefahren,
Doch führt sie Kalchas bald mit neuen Kriegerschaaren
Und Göttern furchtbarer zurück. Dies Roß
Ward aufgethürmt, den Zorn der Pallas zu versöhnen,

Und nicht umsonst seht ihr's so riesengroß.
Es sollte der Koloß das enge Thor verhöhnen,
Nie sollt' euch der Besitz des Wunderbilds erfreun,
Nie sollt' es eurer Stadt den alten Schutz erneun.

32.

Denn wagtet ihr's, Minervens Heiligthum
Mit Frevlerhänden zu versehren,
So traf der Göttin Fluch ganz Ilium.
(Möcht' ihn ein Gott auf ihre Häupter kehren!)
Doch hättet ihr mit eigner Hand
Dies Roß in eure Stadt gezogen,
So wälzte Asien zu uns des Krieges Wogen,
Und weh' dann über Griechenland!

33.

Von dieser Lügen schlau gewebten Banden
Ward unser redlich Herz umstrickt,
Der Zweifel wird in jeder Brust erstickt;
Die dem Tydiden männlich widerstanden,
Die der thessalische Achill nicht zwang,
Nicht zehenjähr'ge Kriegeslasten,
Nicht das Gewühl von tausend Masten,
Weint ein Betrüger in den Untergang.

34.

Jetzt aber stellt sich den entsetzten Blicken
Ein unerwartet, schrecklich Schauspiel dar.
Es stand, den Opferfarren zu zerstücken,
Laokoon am festlichen Altar.
Da kam (mir bebt die Zung', es auszudrücken)
Von Tenedos ein gräßlich Schlangenpaar,
Den Schweif gerollt in fürchterlichem Bogen,
Dahergeschwommen auf den stillen Wogen.

35.

Die Brüste steigen aus dem Wellenbade,
Hoch aus den Wassern steigt der Kämme blut'ge Gluth
Und nachgeschleift in ungeheurem Nade
Netzt sich der lange Rücken in der Fluth,
Laut rauschend schäumt es unter ihrem Pfade,
Im blut'gen Auge flammt des Hungers Wuth,
Am Rachen wetzen zischend sich die Zungen,
So kommen sie ans Land gesprungen.

36.

Der bloße Anblick bleicht schon alle Wangen,
Und auseinander flieht die furchtentseelte Schaar;
Der pfeilgerade Schuß der Schlangen
Erwählt sich nur den Priester am Altar.
Der Knaben zitternd Paar sieht man sie schnell umwinden,
Den ersten Hunger stillt der Söhne Blut;
Der Unglückseligen Gebeine schwinden
Dahin von ihres Bisses Wuth.

37.

Zum Beistand schwingt der Vater sein Geschoß;
Doch in dem Augenblick ergreifen
Die Ungeheu'r ihn selbst, er steht bewegungslos,
Geklemmt von ihres Leibes Reifen;
Zwei Ringe sieht man sie um seinen Hals und noch
Zwei andre schnell um Brust und Hüfte stricken,
Und furchtbar überragen sie ihn doch
Mit ihren hohen Hälsen und Genicken.

38.

Der Knoten furchtbares Gewinde
Gewaltsam zu zerreißen, strengt
Der Arme Kraft sich an; des Geifers Schaum besprengt
Und schwarzes Gift die priesterliche Binde.

Des Schmerzens Höllenqual durchdringt
Der Wolken Schooß mit berstendem Geheule,
So brüllt der Stier, wenn er, gefehlt vom Beile
Und blutend, dem Altar entspringt.

39.

Die Drachen bringt ein blitzgeschwinder Schuß
Zum Heiligthum der furchtbarn Tritonide;
Dort legen sie sich zu der Göttin Fuß,
Beschirmt vom weiten Umkreis der Aegide.
Entsetzen bleibt in jeder Brust zurück,
Gerechte Büßung heißt Laokoons Geschick,
Der frech und kühn das Heilige und Hehre
Verletzt mit frevelhaftem Speere.

40.

Zum Tempel, ruft das Volk, mit dem geweihten Bilde!
Und flehet an der Göttin Milde!
Sogleich strengt jeder Arm sich an,
Die Mauer wird getheilt, die Stadt ist aufgethan,
Und auf der Walze künstlichen Wogen
Rollt es dahin, von Strängen fortgezogen;
Verderbenträchtig, schwanger mit dem Blitz
Der Waffen, rollt's in Priams Königssitz.

41.

Und hochbeglückt, den Strang berührt zu haben,
Der es bewegt, begleiten Jungfrauen und Knaben
Mit heil'gen Liedern die verehrte Last.
O meine Vaterstadt, so reich an Siegeskronen!
O heil'ges Land, wo so viel Götter thronen!
In deiner Mitte steht der fürchterliche Gast.
Viermal hat es am Eingang still gehalten,
Und viermal klang das Erz in seines Bauches Falten.

42.

Uns warnt es nicht! Von wüthender Begierde
Verblendet, setzen wir die unglückschwangre Bürde
Beim Tempel ab. Apolls Orakel spricht
Weissagend aus Kassandrens Munde,
Es spricht von Trojas letzter Stunde;
Wir glauben selbst der Gottheit nicht.
Von festlich grünem Laub muß jeder Tempel wehen,
Und — morgen ist's um uns geschehen!

43.

Indessen wandelt sich des Himmels Bogen,
Und Nacht stürzt auf des Meeres Wogen,
Mit breitem Schatten hüllt sie Land und Hain
Und den Betrug der Myrmidonen ein.
An Trojas Mauern fängt es an zu schweigen,
Der Schlummer spannt die müden Glieder los;
Da naht, den Mond allein zum stillen Zeugen,
Der Griechen Flotte sich von Tenedos.

44.

Geleitet von dem Feuerbrande,
Der aus dem königlichen Schiffe blitzt,
Dringt sie hinan zum wohlbekannten Strande,
Und, von der Götter Grimm beschützt,
Eröffnet Sinon still den Bauch der Fichte;
Gehorsam gibt das aufgethane Roß
Die Krieger von sich, die sein Leib verschloß,
Und hocherfreut entspringen sie zum Lichte.

45.

Herab am Seile gleiten schnell die Fürsten
Thessandrus, Sthenelus, Machaon, Akamas;
Ihm folgt mit Blicken, die nach Blute dürsten,
Ulyß, Neoptolem, drauf Thoas, Menelas,

Zuletzt Epeus, der das Roß gefügt;
Sie stürzen in die Stadt, die Wein und Schlaf besiegt;
Die Wachen würgt ihr Stahl, indeß schon die Genossen,
Durchs Thor eindringend, zu den Fürsten stoßen.

46.

Schon neigte aus der Götter Hand
Des ersten Schlummers Wohlthat sich hernieder,
Und schloß mit süßem Zauberband
Die kummerschweren Augenlider.
Da sah ich Hektors Schattenbild
Im Traumgesichte mir erscheinen,
In tiefe Trauer eingehüllt,
Ergossen in ein lautes Weinen.

47.

So wie ihn einst durch des Skamanders Feld
Des rauhen Siegers Zweigespann gerissen,
Von blut'gem Staub geschwärzt und mit durchbohrten Füßen,
Ihr Götter, wie von Schmach entstellt!
Der Hektor nicht mehr, der, gleich einem Gotte
In des Peliden Rüstung heimgekehrt,
Den Feuerbrand von der Trojaner Herd
Geschleudert hatte in der Griechen Flotte.

48.

Den Bart befleckt, der Locken schönes Wallen
Gehemmt von blut'gem Leime, stand er da,
Den Leib besät mit jenen Wunden allen,
Die Trojas Mauer ihn empfangen sah.
Den hohen Schatten zu besprechen,
Gebietet mir des Herzens feur'ger Drang;
Die Wange brennt von heißen Thränenbächen,
Und von den Lippen flieht der Trauerklang:

49.

O Trojas Hoffnung, die uns nie betrogen,
O du, nach dem das Herz geschmachtet hat!
O sei willkommen, Licht der Vaterstadt!
Warum und wo hast du so lang verzogen?
So viele Kämpfe mußten wir bestehn,
Von so viel Noth und Herzensangst ermatten,
So viel geliebte Leichname bestatten,
Eh dich die Freunde wieder sehn!

50.

O sprich, und welcher Frevel durft' es wagen,
Der Augen sonnenheitern Schein
Mit Blut und Staub unwürdig zu entweihn?
Was sollen diese Wundenmäler sagen?
Doch keinen Laut verlor der Geist,
Des Fragers eitle Neugier zu vergnügen,
Bis unter tief geholten Odemzügen
Ein schweres Ach der Zunge Band durchreißt.

51.

Fort, Göttinsohn! Fort, fort aus diesem Brand!
Die Mauern sind in Feindes Hand,
Die stolze Troja stürzt von ihren Höhen,
Genug, genug ist für das Vaterland,
Genug für Priams Thron geschehen!
Wär's eines Mannes tapfre Hand,
Die Trojas letztes Schicksal wendet,
So hätt' es dieser Arm vollendet.

52.

Die Heiligthümer sind dir übergeben,
Nimm zu Gefährten sie auf deiner flücht'gen Bahn!
Für sie wirst du ein neues Ilium erheben
Nach langer Irrfahrt auf dem Ocean.

Er spricht's und holt in schneller Eile
Mir vom Altar mit eigner Hand
Der mächt'gen Vesta heil'ge Säule,
Den Priesterschmuck, den ew'gen Feuerbrand.

53.

Und draußen hört man schon ein tausendstimmig Heulen
Mit wachsendem Getön die bangen Lüfte theilen,
Es dringt der Waffen eisernes Gebrause
Bis zu Anchisens, meines Vaters, Hause,
Das hinter Bäumen einsam sich verlor;
Es donnert aus dem Schlummer mich empor,
Den höchsten Standort wähl' ich mir im Hause
Und stehe da mit offnem Ohr.

54.

So fallen Feuerflammen ins Getreide,
Gejagt vom Wind, so stürzt der Wetterbach
Sich rauschend nieder von des Berges Heide;
Zertreten liegt, soweit er Bahn sich brach,
Der Schweiß der Rinder und des Schnitters Freude,
Und umgerißne Wälder stürzen nach;
Es horcht der Hirt, unwissend, wo es dröhne,
Vom fernen Fels verwundert dem Getöne.

55.

Jetzt lag es kund und aufgethan,
Wie Danaer auf Treu' und Glauben halten!
Das Truggeweb' sieht man jetzt schrecklich sich entfalten;
Schon liegt, besiegt vom prasselnden Vulcan,
Deiphobus' erhabne Burg im Staube,
Schon wird Ukalegons, ihr Nachbar, ihm zum Raube,
Und des sigäischen Sundes Fluth
Scheint wieder von des Feuers Gluth.

56.

Von lautem Kriegsgeschrei erzittern jetzt die Zinnen,
Und schreklich schmettert des Achaiers Horn.
Sinnlos bewaffn' ich mich. Bewaffnet was beginnen?
Ein Heer zu sammeln schnell, treibt mich der edle Zorn,
Und mit der Freunde Schaar die Feste zu gewinnen.
Verzweiflung selbst ist des Entschlusses Sporn.
Will, ruf' ich aus, das Schicksal mit uns enden,
So stirbt sich's schön, die Waffen in den Händen.

57.

Indem seh' ich, entflohn der Feinde Pfeilen,
Den Priester des Apoll bei mir vorüber eilen;
Die überwundnen Götter in der Hand,
Am Arm den kleinen Sohn, flieht er betäubt zum Strand.
Halt, rief ich, o halt an, mich zu belehren,
Mein Panthus, was beschließt das zürnende Geschick?
Welch festes Schloß wird uns noch Schutz gewähren?
Da gibt er seufzend mir zurück:

58.

Der Tage letzter ist vorhanden,
Gekommen ist die unabwendbar böse Zeit;
Einst gab es Teukrer, Troja hat gestanden,
Und seines Ruhmes Schimmer strahlte weit.
Der grimme Zeus gab alles dem Argeier,
Der waltet jetzt in der entflammten Stadt;
Bewaffnete ergießt das Ungeheuer,
Und Sinon schürt die Gluth, frohlockend seiner That.

59.

Und durch die zweifach offnen Thore wogen
Schon Tausende und Tausende einher,
Als aus dem räumigen Mycene nie gezogen;
Es stehen andre mit gestrecktem Speer,

Mordlustig hingepflanzt auf engen Wegen,
Des Eisens Blitz starrt jeder Brust entgegen.
Kaum thun die ersten Wachen Widerstand,
Und wagen das Gefecht mit ungewisser Hand.

60.

Von diesen Reden feurig aufgefodert,
Und fortgezogen von der Götter Macht,
Flieg' ich dahin, wo's höher, heller lodert,
Der Donner stürzender Paläste kracht,
Wo vom Geschrei und vom Geklirr der Eisen
Die Luft erbebt, wohin die Furien mich reißen;
Der günst'ge Mond gibt mir den trefflichen Epyt
Und Ripheus' Stärke zu Begleitern mit.

61.

Dymas und Hypanis beseelen gleiche Triebe,
Auch Mygdon's Sohn, Choröbus, folgt dem Zug,
Den für Kassandra die unsel'ge Liebe
Verhängnißvoll zu Trojas Ende trug.
Dem Vater seiner Braut bracht' er hilfreiche Schaaren
Und glaubte nicht dem warnungsvollen Laut,
Nicht den verkündigten Gefahren
Im Mund der gottbeseelten Braut.

62.

Wohlan, beginn ich zu der kampfbegier'gen Jugend,
Ihr Herzen, jetzt umsonst voll Heldentugend!
Gewichen sind, ihr seht's, aus allen ihren Sitzen
Die Götter, welche Troja schützen.
Treibt euch der Muth, dem kühnen Führer nachzugehn,
Kommt, der entflammten Troja beizustehn,
Kommt mit mir, kommt und fechtend endigt euer Leben!
Besiegte rettet nichts, als Rettung aufzugeben.

63.

Entflammet durch dies Wort ist ihres Eifers Gluth,
Und, Wölfen gleich, die durch den Nebel spürend schleichen,
Herausgestachelt von des Hungers Wuth,
Mit trocknem Gaum erwartet von der Brut,
Geht's zum gewissen Tod durch Schwerter und durch Leichen.
Der hohlen Nacht furchtbare Schatten streichen
Rings durch die Straßen; unser kühner Muth
Verschmäht, aus Trojas Mitte zu entweichen.

64.

O Nacht des Grauens, welcher Mund
Spricht deine Schrecken aus, die Todesnoth der Meinen!
Wer macht die Opfer, die du würgtest, kund!
Wo nehm' ich Thränen her, sie zu beweinen!
Sie fällt, die hohe Stadt, seit grauem Alterthum
Gewohnt zu herrschen und zu siegen.
Auf Straßen, Schwellen, selbst im Heiligthum
Der Götter sieht man Todtenkörper liegen.

65.

Doch glaube nicht, daß nur trojanisch Blut
Der Nächte schrecklichste getrunken.
Auch meines Volks erstorbner Muth
Glimmt auf in manchem Heldenfunken,
Und dann fließt auch des Siegers Blut.
Der Angst, der Qual, des Jammers Stimmen spalten
Des Hörers Ohr, wo nur das Auge ruht,
Des Todes schrecklich wechselnde Gestalten!

66.

Von Feinden warf zuerst mit einer großen Schaar
Androgeos sich uns entgegen.
Sein Irrthum stellt in uns der Freunde Heer ihm dar.
Auf, Brüder, eilt! ruft er. Woher so spät, ihr Trägen?

Die andern tragen schon das ganze Pergam fort;
Ihr habt erst jetzt den Schiffen euch entrissen?
Kaum endigt er, so sagt ihm ein verdächtig Wort,
Daß Feindeshaufen ihn umschließen.

67.

Sein Fuß erstarrt, und auf den Lippen stirbt die Stimme.
So zittert, wer, in Dornen tief versteckt,
Die Natter unverhofft mit rauhem Fußtritt weckt;
Ihr blauer Hals schwillt an, mit gift'gem Grimme
Knirscht sie empor, und bleich flieht er zurück.
So wendet bei geschärftem Blick
Androgeos erschrocken um. Wir dringen
In seine dichte Schaar, es mischen sich die Klingen.

68.

In Troja fremd und halb von Furcht entseelt, erliegen
Sie unserm Arm. Den Anfang krönt das Glück.
Auf, Freunde, ruft, erhitzt von diesen ersten Siegen,
Choröbus, voll von Muth. Es zeigt uns das Geschick
In diesem Zufall selbst den Weg zum Leben.
Vertauscht den Schild! Den griech'schen Helm aufs Haupt!
List oder Kraft — was wäre Feinden nicht erlaubt?
Die Todten werden Waffen geben.

69.

Er spricht's, und schleunig weht auf seinem Haupt
Des fremden Helmes Busch, Androgeos geraubt.
Er eilt, des Schildes Zierde zu vertauschen,
Und läßt ein griechisch Schwert von seinen Hüften rauschen.
Ihm folgt die ganze Jugend, und umhängt
Sich schnell die frisch gemachte Beute.
So stürzen wir mit Danaern vermengt,
Doch ohne unsern Gott, zum Streite.

70.

Begünstigt von der blinden Nacht,
Gelingt uns manche heiße Schlacht,
Und mancher Grieche fällt von unsern Streichen.
Schon fliehn sie schaarenweis, dem drohenden Geschick
Am sichern Bord der Schiffe zu entweichen;
Bis in des Rosses Bauch scheucht sie die Furcht zurück.
Ach, niemand schmeichle sich, im Dünkel großer Thaten,
Der Götter Gnade zu entrathen!

71.

Was zeigt sich uns! Selbst an Tritoniens Altar
Erkühnt man sich, Kassandra zu ergreifen.
Wir sehn mit aufgelöstem Haar
Die Tochter Priams aus dem Tempel schleifen;
Zum tauben Himmel fleht ihr glühend Angesicht,
Denn ach! die Fessel klemmt der Jungfrau zarte Hände.
Choröbus' Wahnsinn trägt es nicht,
Er sucht im Schlachtgewühl ein Heldenende.

72.

Ihm stürzt in dichtgeschlossnen Gliedern
Die ganze Schaar der Freunde nach;
Doch ach! von unsern eignen Brüdern
Kommt hier vom höchsten Tempeldach
Ein mördrisch Pfeilgewölk auf uns herabgeflogen.
Des Federbusches fremde Zier,
Der Schilde Zeichen, welche wir
Verwechselt, hatte sie betrogen.

73.

Die Priesterin uns abzuringen,
(Verrathen hat uns längst der Sterbenden Geschrei)
Umstürmt uns der Dolopen Schaar. Es dringen
Mit Ajax die Atriden selbst herbei.

So, wenn im Sturme sich die Winde heulend schlagen,
Der wilde Süd, des Nordes rauhe Macht,
Der muth'ge Ost, auf Titans raschem Wagen,
Es rauscht des Meeres Grund, des Waldes Eiche kracht.

74.

Jetzt sehn wir noch zu ganzen Heeren,
Die unsrer Waffen glücklicher Betrug
Vor kurzem noch im finstern Dunkel schlug,
Von ihrer Flucht zurückekehren.
Ihr schneller Blick erkennt in dunkler Schlacht
Des Helmes List, der Schilde falsche Zeichen.
Jetzt muß der Augen Wahn dem Klang der Stimmen weichen.
Jetzt siegt des Feindes Uebermacht.

75.

Es fällt zuerst, von Peneleus durchstochen,
Choröbus an Tritoniens Altar.
Es fällt, der das Gesetz der Tugend nie gebrochen,
Ripheus, der Redlichste, den Ilium gebar.
Die Götter richteten nicht so! Von Freundesstreichen
Liegt Hypanis, liegt Dymas hingestreckt;
Und kann der Priesterschmuck, der dich, o Panthus, deckt,
Kann selbst dein schuldlos Herz die Himmlischen erweichen?

76.

Bezeugt mir's, Trojas heil'ge Trümmer,
Du Flammengrab, das meine Stadt verschlang,
Daß ich an jenem Schreckenstage nimmer
Mich feig entzogen des Gefechtes Drang,
Und, war's mein Loos, an jenem Tag zu enden,
Daß ich's verdient mit meinen Würgerhänden!
Jetzt weich ich der Gewalt, mir folgt, vor Alter laß,
Iphyt und, schwer von Wunden, Pelias.

77.

Zu Priams Burg ruft uns der Stimmen lautster Hall.
Als raste nirgends sonst der Streitenden Gedränge,
Nicht durch ganz Jlium der Waffen wilder Schall,
Erblick' ich hier ein fürchterlich Gemenge,
Des Andrangs Ungestüm, ergrimmten Widerstand.
Den Feind seh' ich die hohen Dächer stürmen
Und mit der Schilde dichtgeschlossnem Band
Sich furchtbar vor den Eingang thürmen.

78.

Ich sehe Leitern an die Mauern legen,
Entschlossen klimmt der trotz'ge Sieger nach,
Die Linke hält den Schild der Pfeile Sturm entgegen,
Fest klammert sich die Rechte an das Dach,
Beschäftigt ist mein Volk, die Thürme abzutragen,
Und mit den Trümmern wird der Stürmende bedroht,
Die letzte Zuflucht ihrer Noth,
Wenn alles, alles fehlgeschlagen!

79.

Herabgestürzt seh' ich die übergold'ten Zinnen,
Denkmäler alter, königlicher Pracht.
Mit bloßem Schwert wird jeder Weg nach innen
Von einer dichten Schaar Dardanier bewacht.
Ein frischer Muth lebt auf in unsern Seelen,
Der schwerbedrängten Burg des Königs beizustehn,
Mit Stärke Stärke zu vermählen
Und der Besiegten Muth mitstreitend zu erhöhn.

80.

Noch führten zum Palast, der Menge unbekannt,
Geheime, abgelegne Thüren,
Durch deren nie entdecktes Band
Die Zimmer in einander sich verlieren.

Oft hatte, frei von des Gefolges Zwang,
Andromacha in Trojas schönen Tagen
Auf diesem unbemerkten Gang
Zum frohen Ahn den Enkel hingetragen.

81.

Mich bringt er jetzt zum höchsten Dach hinauf,
Von wo die Teukrier mit segenleeren Händen
Verlorne Pfeile niedersenden.
Zum jähen Thurm verfolg' ich meinen Lauf,
Der übers Dach empor zum Sternenhimmel schreitet;
Ganz Ilium liegt vor mir ausgebreitet,
Der feindlichen Gezelte ganzes Heer,
Das ganze schiffbedeckte Meer.

82.

Von Tod umringt, zerreißen wir voll Muth
Der Decke schon gewichne Fugen,
Und schleudern sie auf der Achiver Fluth
Mit sammt den Pfeilern, die sie trugen.
Herunter stürzen sie mit donnerndem Gekrach,
Und weh den Stürmenden, die sich darunter stellten!
Doch frische Krieger dringen nach,
Der Streit brennt fort, und alle Waffen gelten.

83.

Als wollt' er jeden Feind zermalmen,
Pflanzt Pyrrhus sich im Glanz der Rüstung vor das Thor,
Der Schlange gleich, genährt von bösen Halmen,
Die giftgeschwollen schlief im eisbedeckten Moor,
Und neu verjüngt jetzt von sich streift die Schale,
Den glatten Leib im Reif zusammenringt,
Sich mit erhobner Brust aufbäumt zum Sonnenstrahle,
Und dreier Zungen Blitz im Munde schwingt.

84.

Dicht an ihm steht der hohe Periphas,
Nächst dem Automedon, Achillens Wagenwender,
Es drängt sich Skyros' Jugend an den Paß,
Und nach dem Giebel fliegen Feuerbränder.
Vom Angel haut er selbst das erzbeschlagne Thor,
Und alle Bänder stürzt des Beiles Schwung zu Grunde,
Leicht wird das Holz durchbohrt, das seinen Schirm verlor,
Und weit geöffnet klafft des Thores Wunde.

85.

Des innern Hauses weiter Hof, die Schaar
Der Trojer, die den Eingang hüten,
Der alten Könige geheimste Säle bieten
Dem überraschten Blick sich dar,
Und aus den innersten Gemächern bringet
Der Männer Schrei, der Weiber jammernd Ach,
Die ganze Wölbung hallt das Klaggeheule nach,
Das in den Wolken wiederklinget.

86.

Man sieht der Mütter Heer die weite Burg durchschweifen,
Zum letzten Lebewohl die Säulen noch umgreifen
Und küssen den empfindungslosen Stein.
Ganz mit des Vaters Trotz bricht Pyrrhus schon herein.
Ihn hält kein Schloß, die Thüre liegt in Trümmern,
Vom Widder eingerannt, Gewalt macht Bahn,
Tod ist der erste Gruß; so fluthen sie heran,
Von Waffen rauscht's in allen Zimmern.

87.

So wüthet nicht der hochgeschwollne Bach,
Der schäumend seinen Damm durchbrach,
Der Felsen Kerkerwand mit wildem Grimm durchhauen.
Er stürzt ins Feld mit trüber Wogen Kraft,

Der Heerden Schaar auf den ertränkten Auen
Wird mit den Hürden fortgerafft.
Ich selbst sah, Mord im Blick, den Achilliden
Am Eingang stehn und bei ihm die Atriden.

88.

Ich sah auch Hekuba, sah ihre hundert Töchter,
Sah Priam selbst an den Altar gestreckt,
Den Vater blühender Geschlechter,
Noch mit dem Blut der Opfer frisch befleckt.
Es tritt der Feind die Saat von fünfzig Ehen,
Der Enkel schöne Hoffnung in den Staub,
Die goldne Säule stürzt, behangen mit Trophäen,
Und was dem Brand entging, das wird des Würgers Raub.

89.

Mitleidig, Fürstin, wirst du fragen,
Wie König Priam seine Tage schloß?
So wisse denn. Kaum hört' er Trojens Stunde schlagen
Und sah den Feind, der durch die Pforten sich ergoß,
So eilt' er, sich den Panzer anzuschnallen,
Der die entwöhnten Glieder niederzog,
Umhängt das Schwert, das längst der Scheide nicht entflog,
Und stürzt zur Schlacht, als Fürst zu fallen.

90.

Es stieg in des Palastes mittlerm Raume
Ein hoher Altar in des Aethers Plan,
Ihn fächelte von einem alten Lorbeerbaume
Die nachbarliche Kühlung an.
Gleich scheuen Tauben, die das donnerschwüle Wetter
Zusammentrieb, lag dorten Hekuba
Mit allen Töchtern knieend da,
Und schloß in ihren Arm die unerweichten Götter.

91.

Jetzt sah sie den Gemahl, bereit zur Gegenwehr,
Im jugendlichen Schmuck der Waffen sich bewegen.
Unglücklicher, wohin? ruft sie ihm bang entgegen,
Was für ein Wahnsinn reichte dir den Speer?
Und wäre selbst mein Hektor noch zugegen,
Jetzt helfen Schwert und Lanzen uns nicht mehr.
Hieher tritt! Dieses Heiligthum schützt alle,
Wo nicht, vermählt uns doch im Falle!

92.

Sie sprach's, und zog ihn zu sich hin und ließ
Im Priesterstuhl den Greis sich niederseßen;
Da kam, von Pyrrhus' mörderischem Spieß
Durchbohrt, sein Sohn Polit, bluttriefend, voll Entsetzen,
Der Feinde Haufen durch, den weiten Bogengang
Dahergerannt. Sein Blick sucht in der öden Leere
Der weiten Zimmer Schuß; den schon gewissen Fang
Verfolgt Neoptolem mit mordbegier'gem Speere.

93.

Schon hascht ihn sein furchtbarer Arm,
Und über ihm sieht schon den Stahl der Vater schweben;
Noch flieht er bis zu Priams Fuß, und warm
Entquillt in Strömen Bluts das junge Leben.
Nicht länger schweigt das Vaterherz;
Obgleich verurtheilt von des Mörders Grimme,
Erhebt er fürchterlich des Zornes Donnerstimme
Und heult in diese Worte seinen Schmerz:

94.

Für diese Frevelthat, für diesen bittern Hohn,
Für dies verfluchenswürdige Erkühnen,
Wenn noch Gerechtigkeit wohnt auf der Götter Thron,
Erwarte dich, wie solche Thaten ihn verdienen,

Dich, Ungeheu'r, ein grausenvoller Lohn!
Dich, dich, der mit verruchtem Bubenstücke,
Mit dem erwürgten lieben Sohn
Gefoltert hat die väterlichen Blicke!

95.

So, wahrlich, hielt's mit seinem Feinde nicht
Achill, den du zum Vater dir gelogen;
Es ehrte mit erröthendem Gesicht
Der Held mein Alter und der Liebe Pflicht,
Als ich zu ihm, ein Flehender, gezogen.
Er weigerte mir Hektors Leichnam nicht,
Des Todten Feier würdig zu begehen,
Und ließ mich Troja wiedersehen.

96.

Mit diesen Worten schleudert er den Schaft,
Der ohne Klang der schwachen Hand enteilet,
Und, aufgefangen von des Gegners Kraft,
Des Schildes Spitze kaum zertheilet.
Geh denn, erwiedert Pyrrhus ihm voll Hohn,
Sag dem Achill, wie sehr ihn meine Thaten schänden!
Verklage dort den tiefgesunknen Sohn!
Jetzt aber stirb von meinen Händen!

97.

Er reißt den Zitternden, dies sagend, zum Altare,
Der noch vom Blut des Kindes raucht,
Faßt mit der linken Hand die silbergrauen Haare,
Indeß die Rechte tief sich in den Busen taucht.
So endigt Priamus. Sein Aug' sah Troja brennen,
Die über Asien den Scepter ausgestreckt,
Jetzt ein gigant'scher Rumpf, am Meeresstrand entdeckt,
Es fehlt das Haupt, und niemand kann ihn nennen.

98.

Jetzt wird zum erstenmal von Furcht mein Herz erfüllt.
Des alten Königs letztes Blassen
Weckt mir des eignen theuren Vaters Bild,
Zeigt mir mein Haus im Schutt, Gemahlin, Kind verlassen;
Ich spähe ringsum, wer mir folgen kann.
Ach, matt vom Streit sind alle längst verschwunden,
Hier hatten sie vom Thurm den kühnen Sprung gethan,
Dort in den Flammen ihren Tod gefunden.

99.

So war ich denn der einzig Uebrige von allen,
Als meinem Blick, der durch die Gegend fleugt,
Des Brandes heller Schein in Vestas Tempelhallen
Die Tochter Tyndars sprachlos sitzend zeigt.
Der Griechen Furie, der Phrygier Verderben,
Bang, durch des Gatten strenges Strafgericht,
Bang, durch der Teukrier gerechte Wuth zu sterben,
Barg sie im Heiligthum ihr bleiches Angesicht.

100.

Mein Zorn entbrennt. Es reißt mich hin, sie zu durchbohren,
Zu rächen mein zerstörtes Vaterland.
Was? Troja setzte sie in Brand
Und zöge prangend ein in Lacedämons Thoren,
Die Teukrer hinter sich in sklavischem Gewand?
Sie sähe Gatten, Kinder, Eltern, Vaterland?
Sie dürfte mit das Siegesfest begehen?
Nein! Das wird nimmermehr geschehen!

101.

Mag's sein, daß des gestraften Weibes Blut
Des Mannes Schwert entehrt, den leichten Sieger schändet,
Genug, ich sättige der Rache heiße Gluth,
Der Frevel wird gestraft, gerächt der Freunde Blut,

Und eine Schuldige dem Orkus zugesendet.
So sprach aus mir des eiteln Grimmes Wuth,
Als plötzlich, schön, wie sie sich nimmer mir gezeiget,
Der Mutter Glanzgestalt sich zu mir neiget.

102.

Ganz Göttin, ganz umflossen von dem Lichte,
Worin sie steht vor Jovis Angesichte,
Durchschimmerte ihr Glanz die Dunkelheit.
Von welcher Wuth, mein Sohn, von welcher Wunde
Entbrennt dein Herz? ertönt's von ihrem Rosenmunde,
Indem ihr Arm zu stehen mir gebeut.
Wohin mit diesen wüthenden Geberden?
Was soll aus deiner Mutter werden?

103.

Du willst nicht lieber sehn, ob dein Askan noch lebt,
Wo du des Vaters graues Haupt verlassen,
In welchen Nöthen jetzt dein Weib Kreusa schwebt,
Die der Achaier Schwärme rings umfassen,
Längst, ohne mich, ein Raub des Feuers oder Schwerts?
Nicht die spartan'sche Helena laß büßen,
Nicht Paris klage an. Da! Zürne himmelwärts!
Die Götter sind's, die Trojas Fall beschließen!

104.

Blick' auf! Der Nebel sey zerstreut,
Der noch mit Finsterniß dein sterblich Aug' umhüllet:
Doch werde streng von dir erfüllet,
Was deine Mutter dir gebeut.
Du siehst, wie Qualm und Rauch in schwarzen Fluthen steiget,
Siehst Schutt auf Schutt und Stein auf Stein gehäuft;
Das ist Neptun, der Trojas Feste schleift
Und mit dem Dreizack ihre Mauern beuget.

105.

Am Skäerthor siehst du Saturnia,
Die Unbarmherzige, in rauhem Eisen blinken,
Siehst von den Schiffen sie stets neue Feinde winken;
Auf Pergams Thurm siehst du Tritonia,
In ihrer Hand der Gorgo Schreckniß, blitzen;
Du siehst — o fliehe, fliehe, theurer Sohn!
Des Himmels König selbst auf Ida's düsterm Thron
Den Feinden Kräfte leihn, die Himmlischen erhitzen.

106.

Gib auf die eitle Gegenwehr!
O säume nicht, noch zeitig zu entrinnen,
Noch unverletzt wirst du dein Haus gewinnen;
Ich bin mit dir. — Sie sprach's, und Nacht war um mich her.
Und mir erschienen, mit des Grimmes Falten,
Der hohen Götter feindliche Gestalten;
Verwüstung, Einsturz, Grausen um und um,
In Asche sank vor mir ganz Ilium.

107.

So, wenn der Pflüger Schaar, auf hoher Bergesheide,
Der Aexte mörderische Schneide
Auf den bejahrten Stamm der wilden Esche zückt,
Sie murrt erzürnt herab, die schwanke Krone nickt.
Erschüttert rauscht der dichtbelaubte Wipfel,
Bis, von der Wunden Macht besiegt,
Sie ächzend sich herunter wiegt,
Und sich zermalmend wälzt von des Gebirges Gipfel.

108.

Jetzt eil' ich fort. Durch Flammen, Schwert und Leichen
Führt unbeschädigt mich ein Gott, es weichen
Die Lanzen vor mir aus, das Feuer macht mir Bahn.
Schon hab' ich mich zur Wohnung durchgeschlagen;

Mit dem verehrten Vater fang' ich an,
Ihn will ich rettend erst auf das Gebirge tragen;
Umsonst bestürmt ihn seines Sohnes Flehn,
Mit Troja will er untergehn.

109.

Ihr andern, ruft er aus, in deren festen Brüsten
Der Jugend üppige Gesundheit glüht,
Spart euch für beßre Tage — flieht!
War's mir von Zeus bestimmt, des Lebens Rest zu fristen,
So war er Gott genug, den Flammen selbst zum Hohn,
Ein Haus mir zu verleihn. Genug, daß einmal schon
Dies graue Haupt den Fall Dardaniens betrauert,
Genug, daß es ihn einmal überdauert!

110.

So will ich es. Jetzt, Kinder, nehmt
Den letzten Abschied von Anchisen!
Den Weg zum Tode find' ich selbst, es schämt
Der Feind sich nicht, mein Blut mitleidig zu vergießen.
Er zieht mich aus, gleichviel, begraben oder nicht!
Die Götter hassen mich. Wozu noch länger tragen
Des siechen Lebens lastendes Gewicht,
An Thaten leer, seitdem mich Jovis Blitz geschlagen!

111.

Er sprach's, und unbeweglich blieb er stehn,
Ihn beugt nicht unser heißes Dringen,
Nicht seines Enkels, nicht Kreusens Händeringen,
Nicht unsrer Thränen Bund, die strömend zu ihm flehn,
Durch solchen Trotz doch nicht den Tod herbeizurufen,
Nicht uns, uns alle mit in seinen Fall zu ziehn;
Er bleibt auf seinem Nein, und weicht nicht von den Stufen,
Aufs neu muß ich dem Tod entgegen fliehn.

112.

Denn, Götter, welche Wahl ward mir gegeben!
Dich, Vater, ließ ich fliehend hinter mir?
Solch grausames Begehren kam von dir?
Ist's Jovis Schluß, soll nichts die Heimath überleben?
Beharrest du darauf, daß uns derselbe Tod
Vereinige, wohlan, der Wunsch ist zu erhören.
Schon naht, von Priams Blut und seines Sohnes roth,
Neoptolem, bereit, der Opfer Zahl zu mehren.

113.

Und darum führtest du durch Schwert und Feuer,
Erhabne Mutter, deinen Sohn? Ich soll den Feind
Auch hier noch wüthen sehn, soll alles, was mir theuer
Und heilig ist, in einem Fall vereint,
An seinem Speere sich verbluten sehen?
O Waffen, Waffen her! Der letzte Tag bricht an;
Laßt uns aufs neu dem Feinde stehen!
Nicht ungerochen stirbt, wer männlich fechten kann!

114.

Sogleich gürt' ich das Schwert mir um den Leib,
Und in des Schildes Griff muß sich die Linke fügen.
So geht's zum Thor. Ach, hier seh' ich mein theures Weib,
Den Kleinen zu mir neigend, vor mir liegen.
Zum Tod gehst du, ruft sie, so nimm auch uns mit fort!
Doch hoffst du Rettung noch von deinen Heldenarmen,
So bleib' und schütze diesen Ort!
Was wird aus uns? Wer wird der Deinen sich erbarmen?

115.

So ruft sie heulend und erfüllt
Das ganze Haus mit ihren Schmerzen,
Als unverhofft, da wir den kleinen Julus herzen,
Dem überraschten Blick ein Wunder sich enthüllt.

Sieh! Von des Knaben Scheitel quillt
Hellleuchtend eine Feuerflocke;
Sie wächst, indem sie niederfällt, und mild
Durchträuselt sie die unversehrte Locke.

116.

Schnell schütteln wir sie weg und eilen, für Askan
Besorgt, die heil'ge Gluth mit Wasser zu ersticken;
Anchises aber streckt die Hände himmelan
Und dankt hinauf mit freudehellen Blicken:
Jetzt endlich, großer Zeus, sind wir erhört!
O blick, wenn anders Bitten dich bewegen,
Mit Huld auf uns herab, und, sind wir's werth,
Verleih' uns Schutz, bekräft'ge diesen Segen!

117.

Er spricht es, und zur Linken kracht
Ein lauter Donnerschlag. In schönem Strahlenbogen
Kommt durch die weit erhellte Nacht
Ein funkelndes Gestirn geflogen;
In unserm Zenith stieg es auf und zog
Die Silberfurche hin nach Idas Triften,
Den Weg uns zeigend, den es flog;
Die ganze Gegend raucht von Schwefeldüften.

118.

Von dieser Zeichen Macht besiegt
Rafft sich Anchises auf, und betet zu dem Sterne.
Fort, ruft er, fort, die Zeit ist kostbar, fliegt!
Führt mich von bannen, sei's auch noch so ferne!
Euch, Götter, die dies Zeichen uns gesandt,
Vertrau' ich dieses Kind, vertrau' ich diese beiden,
In eurer Obhut steht das Vaterland.
Jetzt komm, mein Sohn! ich folge dir mit Freuden.

119.

Und lauter, immer lauter hört man schon
Des Brandes nahe Feuerflammen krachen.
Auf, Vater, ruf' ich, auf! Ich trage dich, den Schwachen,
Leicht drückt des Vaters theure Last den Sohn.
Was nun auch kommen mag, wir theilen Tod und Leben,
Die Hand will ich dem Kleinen geben,
In ein'ger Ferne folgt Kreusa still.
Ihr Knechte merkt, was ich verkünden will.

120.

Gleich vor der Stadt steht ihr an einem Felsenhange,
Den ein verlassner Cerestempel schmückt,
Daneben ein Cypressenbaum, seit lange
Mit Andacht von den Vätern angeblickt.
Dort treffen wir uns in verschiednen Schaaren!
Du, Vater, wirst die Heiligthümer wahren!
Wie dürfte sie, noch nicht genetzt von frischer Fluth,
Berühren diese Hand voll Blut!

121.

Sogleich wird ein Gewand den Schultern umgehangen,
Vom Rücken wallt noch eine Löwenhaut;
Ich neige mich, die Last des Vaters zu empfangen.
Der Rechten wird mein Julus anvertraut,
Der neben mir mit kürzern Schritten eilet,
Und hinter unserm Rücken weilet,
Zu hintergehn den lauernden Verdacht,
Kreusens Schritt — so fliehn wir durch die Nacht.

122.

Wie oft auch sonst im wildesten Gemenge
Der Schlacht mein Busen unerschüttert blieb,
Wie wenig mir der Feinde furchtbarstes Gedränge
Die Röthe von den Wangen trieb,

Jetzt machte jeder Laut mich beben,
Mir schauerte vor jedes Lüftchens Zug,
Besorgt für des Begleiters Leben,
Bang für die Bürde, die ich trug.

123.

Schon sehn wir uns mit raschen Schritten
Unfern dem Thore, frei von Feinds Gewalt,
Als ein Geräusch von Menschentritten
In die erschrocknen Ohren schallt,
Und nahe hinter uns im Dunkeln
Sah meines Vaters Schrecken Schilde funkeln
Und blank geschliffne Helme glühn.
Sie sind's, ruft er, o laß uns eilends fliehn!

124.

Noch heute weiß ich nicht, welch feindliches Geschick
Den Muth mir nahm, die Sinne mir verwirrte
In diesem unglücksvollen Augenblick.
In unwegsame Gegenden verirrte
Mein Fuß. Ach, hielt ein Gott Kreusen mir zurück?
Verlor sie sich auf unbekannten Pfaden?
Blieb sie ermattet stehn? Ich hab' es nie errathen;
Verschwunden war sie ewig meinem Blick!

125.

Und erst, als am bezeichneten Altar
Versammelt waren alle Seelen,
Ward ich den schrecklichen Verlust gewahr,
Sah ich von allen sie allein uns fehlen.
Wen im Olymp schalt nicht mein blutend Herz,
Wen klagt' mein Grimm nicht an auf Tellus' weitem Runde!
Was war mir gegen diesen Schmerz
Des Reiches Fall und Trojas letzte Stunde!

126.

In der Gefährten treuer Hand
Verlaß ich Julus und Anchisen
Und unsrer Götter heil'ges Pfand;
Im Thal wird ihnen Zuflucht angewiesen.
Ich selber wende mit dem blanken Stahl
Zur Stadt zurück. Gält's auch, ganz Troja zu durchspähen,
Mein Schluß steht fest, der Schrecken ganze Zahl
Und jegliche Gefahr von neuem zu bestehen.

127.

Erst eil' ich nach dem Thor, das Rettung uns gewährt,
Und meiner Tritte Spur muß mir den Rückweg zeigen,
Mir graut bei jedem Schritt, es schreckt mich selbst das Schweigen.
Vielleicht, daß sie zur Wohnung umgekehrt;
Drum eil' ich hin, was dort mich auch bedrohe.
Hier herrscht bereits der Feind, vom Wind gegeißelt wehn
Die Flammen schon bis an des Giebels Höhn,
Zum Himmel schlägt die fürchterliche Lohe.

128.

Des Königs Burg wird jetzt aufs neu von mir besucht.
Hier hüten Phönix und Ulyß, von allen
Achaiern auserwählt, in den geräum'gen Hallen,
Wo Junos Freiheit ist, des blut'gen Raubes Frucht.
Hier seh' ich unter Trojas reichen Schätzen,
Dem Feuer abgejagt, der Tempel goldne Zier.
In langen Reihn gelagert seh' ich hier
Der Mütter bleiches Heer, die Kinder voll Entsetzen.

129.

Kühn ließ ich durch die todtenstille Nacht,
Verlorne Müh! der Stimme Klang erschallen,
Ließ durch ganz Ilium den theuren Namen hallen;
In eitlem Suchen hab' ich Stunden hingebracht,

Als ein Gesicht, der ähnlich, die ich misse,
Nur größer von Gestalt, als sie im Leben war,
Dahertritt durch die Finsternisse.
Mir graust, der Athem stockt, zu Berge steigt mein Haar.

130.

Warum, ruft es mich an, mit Suchen dich ermüden?
Wozu, geliebtester Gemahl,
Des langen Forschens undankbare Qual?
Kreusens Schicksal hat ein Gott entschieden.
Nie, nie wirst du auf deinem irren Pfad
Von deiner Gattin dich begleitet sehen;
Dagegen setzt sich Jovis Rath,
Der droben herrscht in des Olympus Höhen.

131.

Ein Flüchtling wirst du lang den Wogen dich vertrauen,
Bis dein geduld'ger Muth Hesperien erringt,
Durch dessen segenvolle Auen
Der lyd'sche Tiberstrom die stillen Fluthen schlingt.
Dir winkt an seinen lachenden Gestaden
Ein Thron und einer Königstochter Hand;
Drum höre auf, in Thränen dich zu baden
Um das zerrissne Liebesband.

132.

Ich werde nicht der Griechen Städte steigen,
Nicht jubeln sehn der Stolzen Vaterland,
Nicht vor den Griechinnen die Sklavenkniee beugen,
Ich, Dardans Enkelin, der Venus anverwandt!
Es hält bei Priams umgestürztem Throne
Der Götter hohe Mutter mich zurück.
Leb wohl! Dich grüßt mein letzter Blick!
Leb wohl, und liebe mich in unserm theuren Sohne! —

133.

Auf meiner Zunge schwebt noch manches Wort,
Noch manchen Laut will ich von ihren Lippen saugen,
In dünne Lüfte war sie fort,
Ihr folgen weinend meine Augen;
Dreimal will ich in ihre Arme fliehn,
Dreimal entschlüpft das Bild dem feurigen Berühren,
Gleich leichten Nebeln, die am Hügel ziehn,
Ein Traum, den Titans Pferde rasch entführen.

134.

Schnell wend' ich jetzt (der Tag fing an zu grauen)
Zu den Gefährten um. Verwundert fand ich hier
Ein neues großes Heer von Jünglingen und Frauen,
Des Elends Kinder, gleichgesinnt mit mir,
Auf fremdem Strand sich anzubauen.
Entschlossen strömten sie mit Hab und Gut herbei,
Bereit, durch welche Fluthen es auch sei,
Sich meiner Führung zu vertrauen.

135.

Der Stern des Morgens stieg empor
Auf Idas hoher Wolkenspitze,
Und leuchtete der Sonne Wagen vor.
Gesperrt hielt der Achaier jedes Thor,
Und nirgends Hoffnung mehr, die väterlichen Sitze
Zu retten von der Feinde Fluth.
Ich weiche dem Geschick. Die Schultern beugen
Sich unter meines Vaters Last; mit Muth
Raff' ich mich auf, den Ida zu besteigen.

Dido.

Freie Uebersetzung des vierten Buchs der Aeneide.

1.

Doch lange schon im stillen Busen nährt
Die Königin die schwere Liebeswunde;
Ergriffen tief hat sie des Mannes Werth,
Des Volkes Glanz und seines Ruhmes Kunde;
An seinen Blicken hängt sie, seinem Munde,
Und, leise schleichend, an dem Herzen zehrt
Ein stilles Feuer; es entfloh der Friede,
Der goldne Schlaf von ihrem Augenlide.

2.

Kaum zog Aurorens Hand die feuchte Schattenhülle
Vom Horizont hinweg, als ihres Busens Fülle
Ins gleichgestimmte Herz der Schwester überwallt.
Ach, welche Zweifel sind's, die schlaflos mich durchbohren!
Geliebte, welcher Gast zog ein zu unsern Thoren!
Wie edel! Welche männliche Gestalt!
Wie groß sein Muth! Sein Arm, wie tapfer im Gefechte!
Gewiß, er stammt von göttlichem Geschlechte.

3.

Durch welche Prüfung ließ das Schicksal ihn nicht gehn!
Gemeine Seelen wird das feige Herz verklagen,
Du hörtest, welche Schlachten er geschlagen!
Ja, könnte Liebe je in dieser Brust erstehn,

Seit mein Eichäus in das Grab gestiegen,
Und wäre mein Entschluß, mein Abscheu zu besiegen
An Hymens Banden — soll ich dir's gestehn?
Der Einz'ge könnte schwach mich sehn.

4.

Ja, Anna, ohne Rückhalt soll vor dir
Das Herz der Schwester sich erschließen!
Seitdem ein Brudermord Eichäus mir,
Der meine erste Liebe war, entrissen,
Seit meiner Flucht war dies der erste Mann,
Der meinem Herzen Neigung abgewann,
Der erste, sag' ich dir, der mich zum Wanken brachte;
Neu ist die Gluth erwacht, die einst mich selig machte.

5.

Doch eher schlinge Tellus mich hinab,
Mich schleudre Jovis Blitz hinunter zu den Schatten,
Zu des Avernus bleichen Schatten,
Hinunter in das ewig finstre Grab,
Eh daß ich deine heiligen Gesetze,
Schamhaftigkeit, und meinen Eid verletze!
Er nahm mein Herz dahin, ihm war's zuerst geweiht,
Sein bleibt's in alle Ewigkeit.

6.

Sie spricht's, und ihren Schooß bethauen milde Zähren.
O über alles mir Geliebte! gibt
Die Schwester ihr zurück. Allein und ungeliebt
Willst du verblühn, den Kummer ewig nähren?
Die Wonne, die aus holden Kindern lacht,
Der Venus süße Freuden dir versagen?
Nach solchen Opfern, meinst du, fragen
Die Todten in des Abgrunds Nacht?

7.

Und sei's! Hat denn der vielen Freier einer
Dein kummerkrankes Herz zur Liebe je geneigt?
Von allen kriegerischen Fürsten keiner,
Die Afrika in seinem Schooß gezeugt.
Selbst der, vor dem die Libyer erbeben,
Den Tyrus längst gehaßt, selbst Jarbas konnt' es nicht;
Und einer Neigung willst du widerstreben,
Für die dein Herz so mächtig spricht?

8.

Vergaßest du, wo du dich eingewohnet,
Daß ohne Zaum hier der Numider jagt,
Der unbezwungne Getuler hier thronet,
Die Syrte dort die Landung dir versagt,
Hier unwirthbare Wüsten dich umgrausen,
Dort der Barcäer wilde Völker hausen,
Der Bruder selbst, deß Habsucht du entflohn,
Und Tyrus' Waffen dich von Osten her bedrohn?

9.

Glaub mir, die Götter, die dich lieben,
Lucina selber war's, die an Karthagos Strand
Die Schiffe dieser Fremdlinge getrieben.
Welch eine Stadt seh' ich durch dieses Eheband,
Welch einen Thron, o Schwester, sich erheben!
Zu welchen strahlenvollen Höhn
Wird der Karthager Name schweben,
Wenn solche Helden uns zur Seite stehn!

10.

Versöhne du nur erst der Götter Zorngericht
Durch frischer Opfer Blut. Die Fremdlinge zu halten,
Laß königlich des Gastrechts Fülle walten;
An Gründen, sie zu fesseln, fehlt es nicht.

Seht die zerbrochnen Schiff'! Seht, wie die Nebel rauchen,
Die See noch stürmt, Orion Regen zieht!
So mußte die zur Gluth den Funken aufzuhauchen,
Die Hoffnung naht, und das Erröthen flieht.

11.

Jetzt fragt sie das Geschick an blutigen Altären.
Dir, Phöbus, der das Künftige enthüllt,
Dir, städtegründende Demeter, quillt
Zweijähr'ger Rinder Blut, dir, Bromius, zu Ehren,
Vor Allen, Juno, dir, der Ehen Schützerin.
Vor dem Altar sieht man die schönste aller Frauen,
Den Becher in der Hand, Karthagos Königin,
Des weißen Rindes Haupt mit heil'ger Fluth bethauen.

12.

Bald geht sie vor der Götter Angesicht
An den noch dampfenden Altären auf und nieder,
Beschenkt die schon Beschenkten wieder
Und forscht, was rauchend noch das Eingeweide spricht.
Bethörtes Sehervolk! Befreien
Gebet und Opfer wohl das schwerbefangne Herz?
Am innern Mark zehrt der verhehlte Schmerz
Und spottet eurer Träumereien.

13.

Der Flammen unheilbare Pein
Treibt sie, die Thyrerstadt im Wahnsinn zu durcheilen.
So flieht die Hindin, die in Kretas Hain
Mit zwecklos abgeschossnen Pfeilen
Der ferne Jäger traf. In ihrem Fleisch das Rohr
Des Todes, das der Feind verlor,
Bethaut sie die durcheilten Felder
Mit ihrem Blut und Diktes finstre Wälder.

14.

Jetzt führt sie durch Karthago ihren Gast,
Zeigt prahlend ihm der Mauern stolze Last,
Und läßt vor seinem Blick die Größe Sidons prangen.
Ein flüchtiges Gespräch wird schüchtern angefangen,
Schnell reißt die Furcht es wieder ab. Kaum bricht
Der Abend ein, so winkt das Mahl; sie fodert
Von Trojens Fall aufs neu von ihm Bericht
Und nährt die Gluth, die in dem Herzen lodert.

15.

Trennt endlich sie der strenge Ruf der Nacht,
Und winkt der Sterne sinkend Licht zum Schlummer,
So nährt sie einsam ihren Kummer,
Und sein verlaßnes Polster wird bewacht.
Abwesend hört sie ihn, verschlingt sie seine Züge,
Herzt in Askan des theuren Vaters Bild,
Ob sie vielleicht die Leidenschaft betrüge,
Die glühend ihren Busen füllt.

16.

Der Thürme hochgeführte Lasten
Erlahmen bald in ihrem muntern Lauf;
Kein Wall, kein Giebel steigt mehr auf,
Und tausend fleiß'ge Hände rasten.
Der Jugend müß'ger Arm entwöhnt sich von dem Speer,
Im Hafen tönt kein Hammer mehr,
Und unvollendet trauert das Gerüste,
Das prahlend schon die Wolken küßte.

17.

Als Zeus' Gemahlin sie von Liebesflammen brennen
Und selbst des Rufes Stimme trotzen sah,
Begann sie so zur schönen Cypria:
Glorwürdiges — man muß bekennen!

Habt ihr vollbracht, du und dein wackrer Sohn!
Mit reichem Raub zieht ihr davon!
Ein wahres Heldenwerk, ein Weib zu überlisten!
Werth, daß zwei Götter sich mit ihrer Allmacht rüsten!

18.

So scheint es doch, man habe meinen Sitzen
Und meiner Puner Treu' nicht sonderlich getraut?
Doch wo das Ziel? Wozu in Kämpfen uns erhitzen?
Laß Friede sein, und Dido werde Braut!
Du hast's erreicht, sie liebt, sie rast von Liebesflammen.
Sei's denn! Sie werde dieses Phrygers Magd!
Dir sei der Tyrer Volk zur Mitgift zugesagt,
Wir beide schützen es zusammen.

19.

Italia durchdrang der Rede list'gen Sinn,
Das Reich Hesperiens, den Teukriern entrissen,
In Libyens Grenzen einzuschließen,
Und schlau erwiedert ihr der Schönheit Königin:
Wer wäre Thor genug, mit deiner Macht zu streiten
Und dein Erbieten feindlich zu verschmähn?
Nur müßte, was durch uns geschehn,
Das Glück zum guten Ende leiten.

20.

Zu wenig bin ich selbst mit dem Geschick vertraut,
Doch wird es Jupiter gestatten,
Daß der Trojaner an den Tyrer baut,
Daß beide Stämme sich in Eins zusammen gatten,
Zu einem Volk vereint durch ew'gen Bund?
Du, seine Gattin, magst dich bittend an ihn wenden,
Neig' ihn durch deinen hochberedten Mund,
Ich will das Uebrige vollenden.

21.

Darüber laß Saturnien gewähren,
Gibt ihr des Himmels Königin zurück.
Doch, wie dies dringende Geschäft mit Glück
Zu enden sei, laß mich vor allem dich belehren.
Sobald der erste Morgen tagt,
Und Titans Strahlen kaum die junge Welt bescheinen,
Führt in den nächstgelegnen Hainen
Die Liebestrunkene den Teukrer auf die Jagd.

22.

Wenn das Geschwader nun auf flügelschnellen Rossen
Dahinschwebt, mit dem Garn das Wildgeheg' umzäunt,
Send' ich von oben her, vermengt mit schwarzen Schlossen,
Ein Ungewitter ab; der ganze Himmel scheint
Im Wolkenbruch herabgeflossen,
Durch die zerrißnen Lüfte kracht
Mein Donner, und Gewitternacht
Trennt von dem Fürstenpaar die fliehenden Genossen.

23.

In einer Grotte wird alsdann die Königin
Mit dem Trojaner sich zusammen finden;
Dort werd' ich gegenwärtig sein und, bin
Ich deiner nur gewiß, auf ewig sie verbinden.
Dort kröne Hymen ihrer Herzen Bund! —
Ihr winkt die andre zu mit hochzufriednen Blicken,
Ein Lächeln schimmert um der Göttin Mund,
Daß ihr's geglückt, die Feindin zu berücken.

24.

Indeß war Eos' leuchtendes Gespann
Aus blauer Wogen Schooß gestiegen.
Beim ersten Gruß der Göttin fliegen
Karthagos Pforten auf, es fluthen Roß und Mann

In munterm Schwarm laut lärmend durch die Felder,
Das weite Garn, den Jagdspieß in der Hand,
Kommt der Massylier im Flug daher gerannt,
Es schnaubt der Doggen Spürkraft durch die Wälder.

25.

Am Eingang des Palastes harrt
Der Königin, die noch am Putztisch säumet,
Der Puner Fürstenschaar, und an den Stufen scharrt,
In Gold und Purpur prächtig aufgezäumet,
Das stolze Roß der edlen Jägerin,
Und knirscht voll Ungeduld in die beschäumten Zügel.
Auf thun sich endlich des Palastes Flügel,
Umringt von Volk erscheint Karthagos Königin.

26.

Ein tyrisch Oberkleid, geschmückt
Mit buntem Saum, umfließt die schönen Glieder;
Durch ihre Locken ist ein goldnes Netz gestrickt,
Vom Rücken schwankt der volle Köcher nieder,
Von goldnem Haken wird der Purpur aufgeknüpft.
Ihr folgt der Phryger Schaar; mit kind'schem Jubel hüpft
Askan voraus, und, alle zu verdunkeln,
Sieht man Aeneen selbst im mittlern Reihen funkeln.

27.

So, wenn Apoll zu Delos' heim'schem Herd
Von seinem Wintersitz am Xanthus wiederkehrt —
Da lebt Gesang und Tanz! Die festlichen Altäre
Umjauchzt der Agathyrsen bunte Schaar,
Der Kreter, der Dryopen Heere.
Er selbst, den zarten Zweig des Lorbeers in dem Haar,
Durch dessen Wellen sich ein goldnes Band gezogen,
Steigt von des Cynthus Höhn, und ihn umrauscht der Bogen.

28.

So majestätisch zog Aeneas jetzt heran.
Kaum hatte man der Berge Höhn erstiegen,
Kaum aufgescheucht das Wild auf unwegsamer Bahn,
So werfen Gemsen sich und wilde Ziegen
Im Sprung vom steilen Fels, und vom Gebirge fliegen
Durch der Gefilde weiten Plan
Der Hirsche scheue Heerden, von den Wogen
Des aufgerührten Staubs den Blicken bald entzogen.

29.

Den raschen Renner tummelt ab und auf
Askan im tiefen Thal mit kindischem Vergnügen,
Bemüht, in vogelschnellem Lauf
Jetzt diesen, jenen dann wetteifernd zu besiegen.
Wie feurig lechzt sein junger Muth,
Zu treffen auf des Ebers Wuth,
Und einmal doch in diesem scheuen Haufen
Auf einen Löwen anzulaufen!

30.

Indessen kracht des Himmels ganzer Plan
Von fürchterlichen Donnerschlägen,
Auf schwarzen Flügeln bringt ein heulender Orkan
Geborstner Wolken Fluth, des Hagels finstern Regen.
Erschrocken fliehen auf zerstreuten Wegen
Die Punier, die Teukrer mit Askan,
In Klüsten sich, in Höhlen einzuschließen,
Indem von Bergen schon sich Wetterbäche gießen.

31.

In einer Felsenkluft, Elisa, findest du
Mit dem Trojanerfürsten dich zusammen,
Dem Bräutigam führt Juno selbst dich zu,
Und Mutter Tellus winkt. Der Horizont in Flammen.

Bezeugt den unglückſel'gen Liebesbund.
Statt Hochzeitfackeln leuchten dir die Blitze,
Und heulend ſtimmt der Oreaden Mund
Dein Brautlied an auf hoher Felſenſpitze.

32.

Der Fürſtin Glück entfloh mit dieſem Tag.
Nichts kann aus ihrem Taumel ſie erwecken,
Nicht das verklagende Gerücht vermag
Aus ihrer Trunkenheit die Raſende zu ſchrecken.
Jetzt kein Gedanke mehr, in ſcheuer Heimlichkeit
Des Herzens Gluth der Neugier zu entrücken —
Der Ehe heil'ger Name wird entweiht,
Die Schuld der Leidenſchaft zu ſchmücken.

33.

Alsbald macht das Gerücht ſich auf,
Die große Poſt durch Libyen zu tragen.
Wer kennt ſie nicht, die Kräfte ſchöpft im Lauf,
Der Weſen flüchtigſtes, die ſchnellſte aller Plagen?
Klein zwar vor Furcht kriecht ſie aus des Erfinders Schooß,
Ein Wink — und ſie iſt rieſengroß,
Berührt den Staub mit ihrer Sohle,
Mit ihrem Haupt des Himmels Pole.

34.

Das ungeheure Kind gebar einſt Tellus' Wuth,
Zu rächen am Olymp den Untergang der Brüder,
Die jüngſte Schweſter der Gigantenbrut,
Behend im Lauf, mit flüchtigem Gefieder.
Groß, ſcheußlich, fürchterlich! So viel es Federn trägt,
Mit ſo viel Ohren kann es um ſich lauſchen,
Durch ſo viel Augen ſieht's, ſo viele Rachen reckt
Es auf, mit ſo viel Zungen kann es rauſchen.

35.

Winkt Hekate die laute Welt zur Ruh',
So fliegt es brausend zwischen Erd' und Himmel,
Kein Schlummer schließt sein Auge zu.
Am Tage sucht's der Städte rauschendes Getümmel,
Da pflanzt es horchend sich auf hoher Thürme Thron
Und schreckt die Welt mit seinem Donnerton,
So eifrig, Lästerung und Lügen fest zu halten,
Als fertig, Wahrheit zu entfalten.

36.

Jetzt brannt' es schadenfroh, die mannichfachsten Sagen,
Wahr oder falsch, gleichviel! durch Libyen zu streun.
Ein trojischer Aeneas soll gekommen sein,
Der schönen Dido Hand im Raub davon zu tragen;
Zerfließen soll in üppigen Gelagen
Die lange Winterzeit dem schwelgerischen Paar,
Vergessen sie, ihr Reich zu schirmen vor Gefahr,
Er, neue Kronen zu erjagen.

37.

Zu Jarbas nimmt das Unthier seinen Lauf,
Weckt in des Königs Brust die alten Liebesflammen,
Und thürmt des Zornes Donnerwolken auf.
Es rühmt sich dieser Fürst, von Ammon abzustammen,
Dem die entführte Garamantis ihn gebar.
Des Stifters hohe Abkunft zu bezeugen,
Sieht man in seinem Reich unzähl'ge Tempel steigen,
Und hundertfach erhebt sich Zeus' Altar.

38.

Des Vaters hoher Gottheit leuchtet
Ein ewig waches Feu'r, von Priestern angefacht;
Stets ist des Gottes Herd von Opferblut befeuchtet,
Indem das Heiligthum von bunten Kränzen lacht.

Hier war's, wo jetzt, durchdonnert vom Gerüchte
Und überwältigt von des Zornes Last,
Der Fürst sich niederwarf vor Ammons Angesichte
Und flehend so zum Himmel rast:

39.

Das duldest du, ruft er, mit allen deinen Blitzen,
Allmächt'ger Zeus, den Libyen verehrt?
Dem wir auf prächt'gen Polstersitzen
Beim frohen Mahl der Traube Blut verspritzen?
So ist's ein Irrlicht nur, was durch die Wolken fährt?
So zittern wir umsonst vor deinem Donnerkeile?
So ist's ein leerer Schall, ein nichtiges Geheule,
Was unser bebend Ohr dort oben rauschen hört?

40.

Ein flüchtig Weib, bedrängt, ein Obdach nur zu finden,
Erscheint in meinem Reich. Auf halb geschenktem Strand
Gelingt's ihr endlich, eine Stadt zu gründen;
Die Ufer geb' ich ihr zum Ackerland,
Schenk' ihr großmüthig alle Fürstenrechte,
Erröthe nicht, um ihre Hand zu frei'n —
Umsonst, ein Flüchtling kommt aus trojischem Geschlechte,
Den nimmt sie auf, deß Sklavin will sie sein.

41.

Und dieser Weiberheld mit seiner Knabenschaar,
Herausgeschmückt mit seiner lyd'schen Mütze,
Unwiderstehlich durch sein salbentriefend Haar,
Genießt nun seines Raubs in ihrem Fürstensitze.
Und wir, die mit verschwenderischer Hand
Das Fleisch der Rinder dir geschlachtet,
Gefürchtet über Meer und Land,
Wir werden ungestraft verachtet!

42.

Erhörung findet er vor Ammons Angesicht.
Der blickt nach Tyrus' Stadt, wo, reich durch ihre Herzen,
Der Schmähsucht Pfeil die Liebenden verschmerzen,
Winkt dann vor seinen Thron Cyllenius und spricht:
Wohlan, mein Sohn! Laß dich die Winde niederschwingen
Zu dem Dardanier, der in Karthago säumt,
Und den verheißnen Thron im Arm der Lust verträumt,
Und eile, mein Gebot zu seinem Ohr zu bringen!

43.

Nicht, wie man jetzt ihn überrascht, verhieß
Ihn seine Mutter mir, die Göttin von Cythere;
Nicht, daß er schwelgen sollt' in Tyrus' Stadt, entriß
Sie zweimal ihn der Myrmidonen Speere.
Das kriegerische Land, der Reiche künft'ges Grab,
Italien sollt' er regieren,
Verherrlichen den Stamm, der ihm den Ursprung gab,
Und die bezwungne Welt in Sklavenketten führen.

44.

Kann solcher Größe Glanz sein Herz nicht mehr beleben,
Will er für eignen Ruhm den Arm nicht mehr erheben,
Warum mißgönnt er seinem Sohn
Unväterlich der Römer Thron?
Was ist sein Zweck? Was hält in Tyrus ihn vergraben,
Wo ein verjährter Haß den Untergang ihm droht?
Er segle fort. Er segle, will ich haben,
Das ist mein ernstliches Gebot.

45.

Er spricht's, und was der große Vater ihm befohlen,
Läßt jener schleunig in Erfüllung gehn.
Erst knüpft er an den Fuß die goldnen Flügelsohlen,
Die reißend mit des Sturmes Wehn

Ihn hoch wegführen über Meer und Land,
Faßt dann den Stab, der einwiegt und erwecket,
Der die Verstorbnen führt zu Lethes stillem Strand,
Zurückbringt und das Aug mit Todesnacht bedecket.

46.

Mit diesem Stab gebeut er dem Orkan,
Durchschwimmt der Wolken Meer und lenkt der Stürme Wagen.
Jetzt langt er bei der Stirn des rauhen Atlas an
Und sieht im Fluge schon die schweren Schultern ragen,
Die hoch und steil den Himmel tragen.
In der Gewölke schwarzem Kissen ruht
Sein sichtenstarres Haupt, jetzt von des Hagels Wuth
Gepeitscht, jetzt von der Winde Grimm geschlagen.

47.

Die Achseln deckt ein ew'ger Schnee. Es starrt,
Von tausendjähr'gem Eis umfangen,
Des Greisen schauervoller Bart,
Und Wetterbäche waschen seine Wangen.
Hier hält Mercur zuerst die raschen Flügel an,
Und ruht in sanftem Fall auf dem beeisten Zacken,
Wirft dann von des Gebirges Nacken
Mit ganzem Leib sich in den Ocean.

48.

So schwebt in tiefgesenktem Bogen
Um fischbewohnter Klippen Rand
Die Möve längs dem Meeresstrand,
Und netzt den niedern Fittig in den Wogen.
So kam jetzt zwischen Meer und Land
Durch Libyens gethürmten Sand
Vom mütterlichen Ahn Mercurius geflogen,
Und brach mit schnellem Flug der Winde Widerstand.

49.

Kaum weilt sein Flügelfuß in Tyrus' nächsten Gauen,
So stellt Aeneas sich ihm dar, bemüht,
Die Mauern zu erneun und Thürme zu erbauen.
Ein Schwert, mit Jaspis reich bezogen, glüht
An seinem Gurt, hell flammt um seine Lenden
Ein Oberkleid, mit Purpurblut getränkt,
Von der Geliebten ihm geschenkt,
Und reich mit Gold durchwirkt von ihren eignen Händen.

50.

Schnell tritt der Gott ihn an. So, ruft er, Weiberknecht!
So überrascht man dich! Du baust Karthagos Feste,
Du gründest zierliche Paläste,
Und dein Beruf, dein auf dich hoffendes Geschlecht,
Weg sind sie, weg aus deiner Seele?
Merk' auf! Ich bringe dir Befehle
Vom Herrscher des Olymps, von jener furchtbarn Macht,
Vor der der Himmel bebt, des Erdballs Achse kracht.

51.

Von welcher Hoffnung Zauberseilen
Läßt sich dein müß'ger Fuß in Libyen verweilen?
Reizt dich des Ruhmes lorbeervolle Bahn
Nicht mehr, willst du für eignen Glanz nichts wagen,
Warum soll dein aufblühender Askan
Der Größe, die ihm winkt, entsagen?
Warum das Scepter sich entrissen sehn,
Das ihm beschieden ist auf des Janiculs Höhn?

52.

Kaum schweigt der Gott, so ist er schon den Blicken
Der Sterblichen in dünne Luft entrückt.
Mit schweigendem Entsetzen blickt
Aeneas nach, ihm schauert's durch den Rücken,

Die Locken stehn bergan, im Munde stirbt der Laut.
Durchdonnert von dem göttlichen Befehle,
Beschließt er schnelle Flucht, und mit entschloßner Seele
Entsagt er seiner theuren Braut.

53.

Ach, aber wo der Muth, die Flucht ihr anzukünden?
Wo die Beredsamkeit, ein liebeflammend Herz
Zu heilen von der Trennung Schmerz?
Wo auch den Eingang nur zu dieser Botschaft finden?
Nach allen Mitteln wird gespäht,
Und von Entwurfe zu Entwurfe schwanken
Die stürmisch wogenden Gedanken,
Bis endlich der Entschluß bei diesem stille steht.

54.

Still soll Kloanth versammeln alle Schaaren,
Die Flotte ziehen in den Ocean,
Doch nicht den Zweck der Rüstung offenbaren.
Indessen sie in ihres Glückes Wahn
Nicht träumt, daß solche Bande können reißen,
Will er, die nahe Flucht ihr zu gestehn,
Der Augenblicke günstigsten erspähn. —
Mit Lust vollstrecken die, was sie der Fürst geheißen.

55.

Doch bald errieth — wer täuscht der Liebe Seherblick?
Ihr ahnungsvoller Geist das drohende Geschick.
Den Schlag, der später erst sie treffen soll, beschleunigt
Ihr fürchtend Herz, im Schooß der Ruhe selbst gepeinigt.
Derselbe Mund, der so geschäftig war,
Das Glück der Liebenden den Völkern zu berichten,
Entdeckt ihr, daß der Trojer Schaar
Sich fertig macht, die Anker schnell zu lichten.

56.

So fähret, wenn der Orgien Ruf erschallt,
Die Mänas auf, wenn durch ihr glühendes Gehirne
Die nahe Gottheit braust, und von Citherons Stirne
Das nächtliche Geheul der Schwestern wiederhallt.
So schweifte Dido nun durch Tyrus' ganze Weite
Im Wahnsinn ihrer Qual, bis sie, erschöpft im Streite
Des Stolzes und der Leidenschaft,
Mit diesen Worten den Trojaner straft:

57.

Verräther! ruft sie aus, du hoffst noch zu verhehlen,
Was deine Brust doch zu beschließen fähig war?
Du willst dich heimlich aus Karthago stehlen?
Dich hält die Liebe nicht, Barbar,
Die Treue nicht, die du mir einst geschworen?
Die Unschuld nicht, die ich durch dich verloren?
Dich hält mein Tod — dich hält der Sterbeblick
Des Opfers, das du würgtest, nicht zurück?

58.

Im Winter selbst willst du die Segel spannen,
Willst dem Orkan zum Trotz von dannen?
Und ach! wohin? nach einem fremden Strand!
Zu Völkern, dir noch unbekannt!
Ja! Wäre nun dein Troja nicht gefallen,
Wär's noch das Land der väterlichen Hallen,
Dem du durchs wilde Meer entgegen ziehst!
Unmensch! Und ich bin's, die du fliehst!

59.

Bei dieser Thränenfluth! Bei deiner Manneshand!
Weil ich an dich doch alles schon verloren,
Bei unsrer Liebe frisch geflochtnem Band,
Bei Hymens jungen Freuden sei beschworen!

Empfingst du Gutes je aus meiner Hand,
Hat jemals Wonne dir geblüht in meinen Armen —
Laß dich erbitten, bleib! O hab' Erbarmen
Mit meinem Volk, mit dem verlornen Land!

60.

Um deinetwillen haßt mich der Numide,
Um deinetwillen sind die Tyrier mir gram,
Um deinetwillen floh der Unschuld stolzer Friede
Auf ewig mich mit der entweihten Scham.
Mein Ruf ist mir geraubt, die schönste meiner Kronen,
Der meinen Namen schon an die Gestirne schrieb.
Mein Gast reist ab — mit Tod mich abzulohnen!
Gast! Das ist's alles, was mir von dem Gatten blieb.

61.

Wozu das traur'ge Leben mir noch fristen?
Bis Jarbas mich in seine Ketten zwingt?
Bis sich der Bruder zeigt, mein Tyrus zu verwüsten?
Ja! Läge nur, wenn dich die Flucht von dannen bringt,
Ein Sohn von dir an meinen Mutterbrüsten!
Säh' ich dein Bild, in einem Sohn verjüngt,
In einem theuren Julus mich umspielen,
Getröstet würd' ich sein, nicht ganz getäuscht mich fühlen!

62.

Sie schweigt, und Zeus' Gebot getreu bezwingt
Mit weggekehrtem Blick der Teukrier die Qualen,
Mit denen still die Heldenseele ringt.
Nie, rief er jetzt, werd' ich mit Undank dir bezahlen,
Was dein beredter Mund mir in Erinnrung bringt!
Nie wird Elisens Bild aus meiner Seele schwinden,
So lange Lebensgluth durch meine Adern dringt,
Der Geist noch nicht verlernt hat, zu empfinden!

63.

Jetzt wen'ge Worte nur. Nicht heimlich, wie ein Dieb,
O, glaub das nicht, wollt' ich aus deinem Reich mich stehlen.
Wann maßt' ich je mir an, mit dir mich zu vermählen?
War's Hymen, der an deinen Strand mich trieb?
Wär' mir's vergönnt mein Schicksal mir zu wählen,
Was von der Heimath mir nur irgend übrig blieb,
Mein Troja sucht' ich auf, die Reste meiner Theuern,
Mit frischer Hand den Thron der Väter zu erneuern.

64.

Jetzt heißt Apolls Orakel nach dem Strand
Des herrlichen Italiens mich eilen,
Dort ist mein Hymen, dort mein Vaterland!
Kann dich, die Tyrerin, Karthages Strand verweilen,
Den du erst kurz zum Eigenthum gemacht —
Warum in aller Welt wird's Teukriern verdacht,
Sich in Ausonien nach Hütten umzuschauen?
Auch uns steht's frei, uns auswärts anzubauen.

65.

Nie breitet um die stille Welt
Die Nacht ihr thauiges Gewand, nie sticken
Die goldnen Sterne des Olympus Zelt,
Daß nicht Anchisens Geist, Entrüstung in den Blicken,
Im Traumgesicht sich mahnend vor mich stellt.
Mich straft ein jeder Blick, der auf den Knaben fällt,
Daß ich durch Zögern ihn von einem Thron entferne,
Der sein ist durch die Gunst der Sterne.

66.

Und jetzt gebeut der Götterbote mir
Das Nämliche, vom Herrn des Himmels selbst gesendet.
Bei meinem Leben, Fürstin, schwör' ich's dir,
Bei meines Sohnes Haupt! Kein Wahn hat mich geblendet.

Ich selbst sah ihn — bei hellem Sonnenlicht —
In diese Mauern ziehn. Ich hörte seine Stimme.
Drum quäl' uns beide nicht mit undankbarem Grimme;
Nicht freie Wahl entfernt mich, sondern Pflicht.

67.

Längst hatte sie, indem er sprach, den Rücken
Ihm zugekehrt, und schaute wild um sich;
Dann mißt sie schweigend ihn mit großen Blicken,
Jetzt reißt der Zorn sie fort. Verräther! ruft sie, dich,
Dich hätte Cypria, die Göttin sanfter Lüste,
Dich Dardanus gezeugt? — In grausenvoller Wüste
Schuf Kaukasus aus rauhen Felsen dich,
Und Tigermütter reichten dir die Brüste.

68.

Denn was verberg' ich mir's? Braucht's mehr Beweis?
Hat einen Seufzer nur mein Jammer ihm entrissen?
Mein Schmerz nur einmal aufgethaut das Eis
In seinem Blick? Erschüttert sein Gewissen?
Floß eine Thräne nur, sein Leid mir zu gestehn?
O was empört mich mehr? Sein Undank? Diese Kälte?
Gerechte Götter! Nein, von eurem hohen Zelte
Könnt ihr dies nicht gelassen sehn!

69.

Trau'- Einer Menschen! Nackt an meinem Strande
Fand ich den Flüchtling, da er scheiterte;
Zu wohnen gönnt' ich ihm in meinem Lande,
Erhielt ihm die Gefährten, rettete
Der Flotte Trümmer — O mich bringt's von Sinnen!
Nun kommt ein Götterspruch! Nun spricht Apoll!
Nun schickt Kronion selbst von des Olympus Zinnen
Befehle nieder, gräßlich, schauervoll!

70.

O freilich! Das bekümmert die dort oben!
Das stört sie auf in ihrer goldnen Ruh!
Doch sei's, wie's sei! Ich schenke dir die Proben,
Geh' immer, steure frisch dem Tiberstrome zu!
Noch leben Götter, die den Meineid rächen.
Auf sie vertraut mein Herz. Geh', überlasse dich
Den Wellen nur. Ich weiß, du denkst an mich,
Wenn zwischen Klippen deine Schiffe brechen.

71.

Abwesend eil' ich dir in schwarzen Flammen nach,
Und schrecklich soll, wenn dieses Leibes Bande
Des Todes kalte Hand zerbrach,
Mein Geist dich jagen über Meer und Lande.
Bezahlen sollst du mir, entsetzlich, fürchterlich!
Ich hör' es noch, wenn man mich längst begraben;
Im Reich der Schatten will ich mich
An dieser Freudenbotschaft laben.

72.

Hier bricht sie ab, entreißt in schneller Flucht
Sich zürnend des Trojaners Blicken,
Der noch verlegen säumt und fruchtlos Worte sucht,
Des Kummers Größe auszudrücken.
Besiegt von ihrem schweren Harm,
Sinkt sie in ihrer Dienerinnen Arm,
Die auf ein Marmorbett sie niederlegen
Und den erschöpften Leib auf weichen Kissen pflegen.

73.

Wie feurig auch der Menschliche sich sehnt,
Durch sanfter Worte Kraft die Leidende zu heilen,
Wie mancher Seufzer auch den Heldenbusen dehnt,
Der Wink des Himmels heißt ihn eilen,

Und Amors Stimme weicht dem göttlichen Geheiß.
Er fliegt zum Strand, wo der geschäft'ge Fleiß
Der Seinen brennt, die Schiffe flott zu machen;
Schon tanzen auf der Fluth die wohlverpichten Nachen.

74.

Noch ungezimmert bringen sie den Baum,
(So ernstlich gilt's) noch grün die Ruder hergetragen;
Es lebt von Menschen, die zum Ufer jagen,
Vom Hafen bis zur Stadt der ganze Zwischenraum.
So, wenn geschäftiger Ameisen Schaaren,
Dem kargen Winter Nahrung aufzusparen,
Den Weizenberg zu plündern glühn,
Und mit dem Raube dann in ihre Löcher fliehn.

75.

Der schwarze Trupp durchzieht die Schollen,
Bemüht, die Beute fortzurollen,
Auf schmalem Weg, durch Gras und Kraut,
Stemmt dort, die schweren Körner zu bewegen,
Sich mit den Schultern kräftiglich entgegen;
Dem dritten ist die Aufsicht anvertraut,
Der spornt das Heer und straft die Trägen,
Lebendig ist's auf allen Wegen.

76.

Wie war bei diesem Anblick dir zu Muth,
Elija? Welche Seufzer schicktest
Du zum Olymp, als du des Eifers Gluth
Von deiner hohen Burg am Meeresstrand erblicktest?
Vor deinem Angesicht die ganze Wasserwelt
Erzittern sahst von rauhen Schifferkehlen?
Grausame Leidenschaft! Auf welche Proben stellt
Dein Eigensinn der Menschen Seelen!

Schiller, Gedichte.   11

77.

Aufs neue wird der Thränen Macht
Erprobt, aufs neu das stolze Herz den Siegen
Der Leidenschaft zum Opfer dargebracht.
Wie sollte sie, eh' alle Mittel trügen,
Hinunter eilen in des Grabes Nacht?
Sieh, Anna, ruft sie aus, wie sie zum Hafen fliegen!
Wie's wimmelt an dem Strand! Sieh! Sieh! Die Schiffe sind
Bekränzt, die Segel rufen schon dem Wind!

78.

Hätt' ich zu diesem Schlage mich versehen,
So hätte, ihn zu überstehen,
Mir auch gewiß die Fassung nicht gefehlt.
Drum noch dies Einzige. Dir schenkt er sein Vertrauen,
Dir noch allein, du darfst in seine Seele schauen,
Nie hat er eine Regung dir verhehlt.
Du weißt des Herzens weiche Seiten auszuspähen,
Drum geh, den stolzen Feind noch einmal anzuflehen.

79.

Sag' ihm, nie hab' ich mich an Aulis' Strand
Verschworen mit dem Feind, sein Ilium zu schleifen,
Nie Schiffe mitgesandt, die Feste anzugreifen,
Des Vaters Asche nie aus ihrer Gruft entwandt.
Warum schließt er sein Ohr hartherzig meiner Bitte?
Er warte doch, bis ein geneigter Wind ihm weht.
Er wage doch die Fahrt nicht in des Winters Mitte,
Dies sei der letzte Dienst, um den ihn Dido fleht.

80.

Nicht jenes alte Band will ich erneuern,
Das er zerriß, nicht hinderlich ihm sein,
Nach seinem theuren Latium zu steuern;
Um Aufschub bitt' ich ihn allein,

Um etwas Frist, den Sturm des Busens zu bezähmen,
Gelassner zu verschmerzen diesen Schlag!
Noch diesen Dienst laß in das Grab mich nehmen,
Der deiner Liebe Maß an mir vollenden mag.

81.

So fleht die Elende. Der Schwester heiße Zähren
Bringt Anna vor sein Ohr. Umsonst, die Götter wehren,
Sein fühlend Herz verschließt des Schicksals Macht.
So, wenn, den hundertjähr'gen Eichstamm umzureißen,
Die Alpenstürme wüthend sich befleißen
Und brausend ihn umwehn — bis an den Wipfel kracht
Der Stamm, sie fassen heulend seine Glieder,
Und von den Zweigen rauscht ein grüner Regen nieder.

82.

Er selbst hängt zwischen Klippen fest; so weit
Sein Wipfel aufwärts in den Himmel dräut,
So tief bringt seine Wurzel in die Hölle.
So ward von fremdem Flehn, noch mehr von eignem Schmerz,
Zerrissen jetzt des Helden Herz,
Doch der Entschluß behauptet seine Stelle.
Wie auch sein Herz in allen Tiefen leidet,
Geschehen muß, wie das Geschick entscheidet.

83.

Verhaßt ist ihr fortan des Himmels Bogen;
Von gräßlichen Erscheinungen bedroht,
Vom Schicksal selbst zum Abgrund hingezogen,
Beschließt die Unglückselige den Tod.
Einst, als sie den Altar beschenkt mit frommen Gaben,
Verwandelt jählings sich des heil'gen Weines Fluth,
Entsetzliches Gesicht! — in Blut,
Und dies Geheimniß ward mit ihr begraben.

84.

Auch stand, den Manen des Gemahls geweiht,
Im Hause eine marmorne Kapelle,
Verehrt von ihr mit frommer Zärtlichkeit,
Geschmückt mit manchem Laub und glänzend weißem Felle.
Von hier aus hörte sie, wenn alles ringsum schlief,
Des Gatten Ton, der sie mit Namen rief,
Und einsam wimmerte auf hohem Dach die Eule
Ihr todweissagendes Geheule.

85.

Auch manch Orakel wird in ihrem Busen wach,
Aeneens Schatten selbst scheucht sie mit wildem Blicke,
Eilt der Geängstigten in Träumen drohend nach,
Und einsam stets bleibt sie zurücke.
Ihr däucht, sie wandle hin auf menschenleerer Flur,
Sie ganz allein auf einem langen Pfade,
Und suche ihrer Ihrer Spur
Längs dem verlassenen Gestade.

86.

So siehet Pentheus' Fieberwahn
Die Schaar der Furien ihm nahn,
Zwei Theben um sich her, zwei Sonnen aufgegangen.
So ruft der Bühnen Kunst Orestens Bild hervor,
Wenn mit der Fackel ihn und fürchterlichen Schlangen
Der Mutter Schatten jagt, der Racheschwestern Chor,
Gespieen aus dem Schlund der Hölle,
Ihn angraust an des Tempels Schwelle.

87.

Als jetzt, ein Raub der schwarzen Eumeniden,
Elisa sich dem Untergang geweiht,
Auch über Zeit und Weise sich entschieden,
Tritt sie die Schwester an mit falscher Heiterkeit

Läßt im verstellten Aug' der Hoffnung Strahlen blitzen,
Tief scheint der lange Sturm des Busens jetzt zu ruhn:
Geliebte, freue dich, ein Mittel weiß ich nun,
Ihn zu vergessen oder zu besitzen.

88.

Am fernen Mohrenland, dort, wo des Tages Flamme
Sich in des Weltmeers letzte Fluthen neigt,
Wo unterm Himmel sich der Atlas beugt,
Wohnt eine Priesterin aus der Massyler Stamme.
Ihr ist der Hesperiden Haus vertraut,
Sie hütete die heil'gen Zweige,
Besänftigte mit süßem Honigteige
Des Drachen Wuth und mit dem Schlummerkraut.

89.

Die rühmt sich, jedes Herz, verletzt von Amors Pfeilen,
Durch ihres Zaubers Kraft zu heilen,
Auf andre drückt sie selbst den Pfeil des Kummers ab.
Sie zwingt in ihrem Lauf die Ströme still zu stehen,
Die Sterne kann sie rückwärts drehen,
Und Nachtgespenster ruft sie aus dem Grab,
Zerreißt der Erde brüllend Eingeweide
Und zieht den Eichbaum von des Berges Heide.

90.

Daß es bis dahin mit mir kommen muß!
Bei deinem theuren Haupt! Bei Zeus Olympius!
Es fällt mir schwer! Doch jetzt kann Zauber nur mich retten.
Drum, Liebe, richte still mir einen Holzstoß auf
Im innern Hof des Hauses! Lege drauf
Das Schwert, jedweden Rest des Schändlichen, die Betten,
Wo meine Unschuld starb. Die Priesterin gebeut,
Zu tilgen jede Spur, die mir sein Bild erneut.

91.

Sie spricht's, und Todesbläffe deckt
Ihr Angesicht. Doch, daß in diesem Schleier
Der Schwester eigne Leichenfeier
Sich birgt, bleibt Annens blödem Sinn versteckt.
In der Verzweiflung Tiefen unerfahren,
Besorgt sie Schlimmres nichts, als was Elisens Gram
Beim Tod des erften Gatten unternahm,
Drum säumt sie nicht, der Schwester zu willfahren.

92.

· Bald steht durch ihrer Hände Fleiß
Ein großer Holzstoß aufgerichtet,
Aus Fackeln und aus dürrem Reis
Im innern Hofraum aufgeschichtet.
Ihn schmückt die Königin, wohl wiffend, was sie thut,
Mit einem Kranz und der Cypreffe traur'gen Aeften,
Und hoch auf ihrem Brautbett ruht
Des Trojers Bild und Schwert mit allen Ueberreften.

93.

Auf jeder Seite zeigt sich ein Altar,
Und in der Mitte steht mit aufgelöstem Haar
Die Priesterin, in heil'ge Wuth verloren.
Ihr fürchterlicher Ruf durchdonnert selbst die Nacht
Des Erebus. Des Chaos wilde Macht,
Ein ganzes Heer von Göttern wird beschworen,
Persephoneiens dreifache Gewalt,
Dianens dreimal wechselnde Gestalt.

94.

Die Fluthen des Avernus vorzustellen,
Besprengt sie den Altar mit heil'gen Wellen.
Nach jungen Kräutern wird gespäht,
Die von des Giftes schwarzen Tropfen schwellen,

Beim Mondlicht mit der Sichel abgemäht;
Auch forscht man nach dem Liebesbissen,
Der auf der Fohle jungem Haupt sich bläht,
Dem Zahn des Mutterpferds entrissen.

95.

Sie selbst, das Opferbrod in frommer Hand,
Mit bloßem Fuß, mit losgebundenem Gewand,
Zum Tod entschlossen, steht an den Altären,
Des Himmels Zorn, der Götter Strafgericht
Auf ihres Mörders Haupt herabzuschwören,
Und schützt ein Gott der Liebe fromme Pflicht,
Der Treue heiliges Versprechen,
Ihn ruft sie auf, zu strafen und zu rächen.

96.

Gekommen war die Nacht, und alle Wesen ruhten
Erschöpft im süßen Arm des Schlafs. Tief schweigt
Der Wald, gelegt hat sich der Zorn der Fluthen,
Zur Mitte ihrer Bahn die Sterne sich geneigt.
Der Vögel bunter Chor verstummt, die Flur, die Heerden,
Was sich in Sümpfen birgt und in der Wälder Nacht,
Vergißt der Arbeit und Beschwerden,
Gefesselt von des Schlummers Macht.

97.

Nur deines Busens immer wachen Kummer,
Unglückliche Elisa! schmilzt kein Schlummer,
Nie wird es Nacht auf deinem Augenlid.
Empfindlicher erwachen deine Schmerzen,
Aufs neu entbrennt in deinem Herzen
Der Kampf, den, ach! Verzweiflung nur entschied.
Jetzt Raub des Grimms, jetzt ihres Kummers Beute,
Beginnt sie so in diesem innern Streite.

98.

Unglückliche, ruft sie, was soll nunmehr geschehn?
Gehst du, von neuem dich den Freiern anzutragen,
Die du verächtlich ausgeschlagen,
Und der Nomaden Hand fußfällig zu erflehn?
Gehst du, den Teukriern als Magd dich anzubieten?
Du kennst ja ihre Dankbarkeit,
Du solltest wissen, wie bereit
Sie sind, empfangne Opfer zu vergüten.

99.

Und öffnen sie dir wohl der Schiffe stolzen Schooß,
Sei's auch, du könntest diese Schmach verschmerzen?
So wenig weißt du, wie gewissenlos
Laomedontier mit Treu' und Glauben scherzen!
Folgst du den stolzen Ruderern allein?
Holst du mit deinen Tyriern sie ein?
Und kaum aus Sidons Stadt gewaltsam fortgezogen,
Vertraust du sie aufs neu dem Spiel von Wind und Wogen?

100.

Nein, stirb, wie du verdient! Das Schwert befreie dich.
Dir dank' ich meinen Fall. Du, Schwester, gabest mich
Dem Feinde preis, von meinem Flehn bestochen!
Konnt' ich nicht schuldlos, von Begierden rein,
Nicht frei von Hymens Band mich meines Lebens freun?
Mein Wort hab' ich, Sichäus, dir gebrochen,
Geschworen deinem heiligen Gebein:
Erzürnter Geist, du wirst gerochen!

101.

So quälte jene sich, indeß auf hohem Schiff,
Entschlossen und bereit, Karthagos Strand zu räumen,
Aeneas schlief. Ihm zeigte sich in Träumen
Dasselbe Bild, das jüngst mit Schrecken ihn ergriff.

Und bringt denselben Auftrag wieder,
Dem Flügelboten gleich an Stimme, an Gestalt,
Dasselbe blonde Haar, das Majens Sohn umwallt,
Derselbe schlanke Bau der jugendlichen Glieder.

102.

Ist's möglich, ruft er, Göttinsohn!
An des Verderbens Rand kannst du des Schlummers pflegen?
Siehst die Gefahren nicht, die ringsum dich bedrohn,
Und hörst die Winde nicht, die deine Segel regen?
Von wilder Wuth empört, sinnt jene, dich mit List,
Mit unentrinnbarem Verderben zu umschlingen!
Du eilst nicht mit des Windes Schwingen
Davon, da dir noch Flucht verstattet ist?

103.

Grüßt dich Aurora noch in diesem Land,
So siehst du weit und breit die Wellen
Mit Schiffen überdeckt, den ganzen Meeresstrand
Von mordbegier'gen Fackeln sich erhellen.
Flieh' ohne Aufschub! Flieh! Veränderlich
Ist Frauensinn, und nimmer gleicht er sich —
Er spricht's und fließt in Nacht dahin. Voll Schrecken
Fährt jener aus dem Schlaf und eilt, sein Volk zu wecken.

104.

Wacht auf! Geschwind! Ergreift die Ruder! Spannt
Die Segel aus! Ein Gott, vom Himmel hergesandt,
Treibt mich aufs neu, nicht länger mehr zu weilen,
Die Stränge zu zerhaun, die Abfahrt zu beeilen.
Wer du auch seist, erhabne Gottheit! Ja,
Frohlockend folgen wir dem Wink, den du gegeben.
Verleih' uns Schutz! O sei uns hold und nah!
Laß über unserm Haupt geneigte Sterne schweben!

105.

Er spricht's, und aus der Scheide blitzt
Sein flammend Schwert, und trennt des Ankers Seile;
Ihm folgt die ganze Schaar, von gleicher Gluth erhitzt,
Rafft alles fort, und treibt und rennt in voller Eile.
Schnell ist die ganze Küste leer,
Verschwunden unter Schiffen das Meer,
Es keucht der Ruderknecht und quirlt zu Schaum die Wogen,
Zahllose Furchen sind durch's blaue Feld gezogen.

106.

Und jetzo windet sich aus Tithons goldnem Schooß
Des Morgens junge Göttin los,
Und überströmt die Welt mit neugebornen Strahlen.
Aus ihren Fenstern sieht mit silberfarbem Grau
Die Königin den Horizont sich malen,
Sieht durch der Wasser fernes Blau
Die Flotte schon mit gleichen Segeln fliegen,
Die Küste leer, den Hafen öde liegen.

107.

Da schlägt sie mit ergrimmter Hand
Die schöne Brust, zerrauft die gelben Locken.
Allmächt'ger Zeus! ruft sie erschrocken,
Er geht! Er flieht von meinem Strand!
Dem Frembling ging es hin, mich straflos zu verspotten?
Bewaffnet nicht ganz Thyrus mein Geheiß?
Auf, auf! Reißt aus dem Werfte meine Flotten!
Bringt Fackeln! Rudert frisch! Gebt alle Segel preis!

108.

Wo bin ich? — Weh, was für ein Wahnsinn reißt mich fort?
Jetzt hat dein feindlich Schicksal dich ereilet,
Unglückliche! Da galt's, da war der rechte Ort,
Als du dein Reich mit ihm getheilet.

Das also ist der Held voll Treu', voll Edelmuth,
Der seines Vaters Last auf fromme Schultern lud,
Der mit sich führen soll auf allen seinen Bahnen
Die Heiligthümer seiner Ahnen!

109.

Konnt' ich in Stücken ihn nicht reißen, nicht zerstreun
Im Meer, ihn und sein Volk? Nicht seinen Sohn erwürgen?
Auftischen ihm zum Mahl? — Wo aber meine Bürgen,
Daß er nicht siegte? Mocht' es immer sein!
Was fürchtet, wer entschlossen ist zu sterben?
Sein Lager steck' ich an mit einer Löwin Wuth,
Vertilgte Vater, Sohn, die ganze Schlangenbrut
Und theilte dann frohlockend ihr Verderben!

110.

O du, vor dessen Strahlenangesicht
Kein Menschenwerk sich birgt, erhabnes Licht!
Du, Gattin Zeus', die meine Leiden kennet,
Du, Hekate, die man durch Stadt und Land
Auf finstern Scheidewegen heulend nennet,
Ihr Furien, ihr Götter, deren Hand
Die Sterbende sich weiht! Vernehmt von euren Höhen
Der Rache Aufgebot! Neigt euch zu meinem Flehen!

111.

Muß der Verworfne doch zum Ufer sich noch ringen,
Ist dem Verhängniß nichts mehr abzubingen,
Ist's Jovis unabänderliches Wort,
O, so erduld' er alle Kriegesplagen!
Von einem tapfern Volk aus seinem Reich geschlagen,
Gerissen aus des Sohnes Armen,
Such' er bei Fremdlingen Erbarmen
Und sehe schaudernd der Gefährten Mord!

112.

Und fügt er sich entehrenden Verträgen,
So mög' er nimmer sich des Throns noch Lebens freun,
Er falle vor der Zeit! Dies sei mein letzter Segen,
Mit diesem Wunsch geh' ich dem Styx entgegen,
Im Sande liege grablos sein Gebein!
Dann, Tyrier, verfolgt mit ew'gen Kriegeslasten
Den ganzen Samen des Verhaßten!
Dies soll mein Todesopfer sein!

113.

Kein Friede noch Vertrag soll jemals euch vereinen,
Ein Rächer wird aus meinem Staub erstehn,
In ihren Pflanzungen mit Feu'r und Schwert erscheinen,
Früh oder spät, wie sich die Kräfte tüchtig sehn.
Feindselig drohe Küste gegen Küste,
Rachgierig thürme Fluth sich gegen Fluth,
Schwert blitze gegen Schwert, der späten Enkel Brüste
Entflamme unversöhnte Wuth!

114.

Sie sprach's und sann voll Ungeduld, die Bande
Des traur'gen Lebens zu zerreißen, rief
Sichäus' Amme (ihre eigne schlief
Den langen Schlummer schon im mütterlichen Lande).
Laß, spricht sie, theure Barce, schnell
Die Schwester sich mit frischem Quell
Benetzen, sag' ihr an, daß sie die Thiere
Und die bewußten Opfer zu mir führe!

115.

Du selbst, Geliebte, säume nicht,
Mit frommer Binde dir die Schläfe zu verhüllen;
Ich will des angefangnen Opfers Pflicht
Dem unterird'schen Zeus erfüllen,

Und meinen Gram auf ewig stillen.
Sogleich flammt mit dem Bösewicht
Der Holzstoß in die Luft! — Sie spricht's, und sonder Weile
Wankt jene fort mit ihres Alters Eile.

116.

Sie selbst, zur Furie entstellt
Vom gräßlichen Entschluß, der ihren Busen schwellt,
Mit bluterhitztem Aug', gestachelt von Verlangen,
Der Farben wechselnd Spiel auf krampfhaft zuckenden Wangen,
Jetzt flammroth, jetzt, vom nahenden Geschick
Durchschauert, bleich wie eine Büste,
Stürzt in den innern Hof, und, Wahnsinn in dem Blick,
Besteigt sie das entsetzliche Gerüste,

117.

Reißt aus der Scheide des Trojaners Schwert,
Ach, nicht zu diesem Endzweck ihr geschenket!
Doch, als ihr Blick sich auf Aeneens Kleider senket
Und auf das wohlbekannte Bette, kehrt
Sie schnell in sich, verweilt bei diesem theuren Orte,
Läßt noch einmal den Thränen freien Lauf,
Schwingt dann aufs Bette sich hinauf
Und scheidet von der Welt durch diese letzten Worte:

118.

Geliebte Reste! Zeugen meiner Freuden,
So lang's dem Glück, den Himmlischen gefiel!
Entbindet mich von meinen Leiden,
Empfangt mein fließend Blut! Auf euch will ich verscheiden,
Ich bin an meines Lebens Ziel.
Vollbracht hab' ich den Lauf, den mir das Loos beschieden,
Jetzt fliehet aus des Lebens wildem Spiel
Mein großer Schatten zu des Grabes Frieden.

119.

Gegründet hab' ich eine weitberühmte Stadt,
Und meine Mauern sah ich ragen;
Bestraft hab' ich des Bruders Frevelthat,
Der Rache Schuld dem Gatten abgetragen.
Ach hätte nie ein Segel sich
Aus der Trojaner fernem Lande
Gezeigt an meines Thrus Strande,
Wer war glückseliger, als ich!

120.

Sie spricht's und drückt ins Kissen ihr Gesicht.
Und ohne Rache, ruft sie, soll ich fallen?
Doch will ich fallen, doch! gerächet oder nicht!
So ziemt's, ins Schattenreich zu wallen!
Es sehe der Barbar vom hohen Ocean
Mit seinen Augen diese Flammen steigen,
Und nehme meines Todes Zeugen
Zum Plagedämon mit auf seiner Wogenbahn.

121.

Eh diese Worte noch verhallen,
Sehn ihre Frauen sie, durchrannt
Vom spitz'gen Stahl, zusammenfallen,
Das Schwert mit Blut beschäumt, mit Blut die Hand.
Ihr Angstgeschrei schlägt an die hohen Säulen
Der Königsburg. Sogleich macht des Gerüchtes Mund
Die grauenvolle That mit tausendstimm'gem Heulen
Dem aufgedonnerten Karthago kund.

122.

Da hört man von Geschrei, von jammervollem Stöhnen,
Von weiblichem Geheul die hohlen Dächer dröhnen,
Des Aethers hohe Wölbung heult es nach.
Nicht fürchterlicher könnt' es tönen,

Wenn in Karthagos Thor die Fluth der Feinde brach,
Das alte Tyrus fiel, der Flammen wilde Blitze
Sich fressend wälzten durch der Menschen Sitze
Und durch der Götter heil'ges Dach.

123.

Geschreckt durch den Zusammenlauf der Menge,
Durchschauert von dem gräßlichen Gerücht,
Stürzt Anna, halb entseelt, sich durchs Gedränge,
Zerfleischt mit grimm'gen Nägeln das Gesicht,
Die Brust mit mörderischen Schlägen.
Das also war's! ruft sie der Sterbenden entgegen,
Mit Arglist fingst du mich! Dazu der Opferherd,
Dazu das Holz und des Trojaners Schwert!

124.

Weh mir Verlassnen! Wen soll ich zuerst beweinen?
Unzärtliche! Warum verschmähtest du im Tod
Die Schwester zur Begleiterin? Vereinen
Sollt' uns derselbe Stahl, von beider Blute roth!
Fleht' ich darum die Götter an, erbaute,
Daß ich allein dich deinem Schmerz vertraute,
Dies Holzgerüste? Weh! Mich ziehst du mit ins Grab,
Dein armes Volk, dein Reich, dein Tyrus mit hinab.

125.

Gebt Wasser, gebt, daß ich die Wunden wasche,
Mit meinen Lippen ihn erhasche,
Wenn noch ein Hauch des Lebens auf ihr schwebt!
Sie ruft's und steht schon oben auf den Stufen,
Stürzt weinend an der Schwester Hals, bestrebt,
An ihrer warmen Brust ins Leben sie zu rufen,
Die schon der Frost des Todes überflogen,
Zu trocknen mit dem Kleid des Blutes schwarze Wogen.

126.

Umsonst versucht, aus weitgespaltnem Munde
Pfeift unter ihrer Brust die Wunde,
Umsonst die Sterbende, den schwerbeladnen Blick
Dem Strahl des Tages zu entfalten,
Rafft dreimal sich empor, von ihrem Arm gehalten,
Und dreimal taumelt sie zurück,
Durchirrt, das süße Licht der Sonne zu erspähen,
Des Aethers weiten Plan und seufzt, da sie's gesehen.

127.

Erweicht von ihrem langen Kampf, gebeut
Saturnia der Iris fortzueilen,
Der Glieder zähe Bande zu zertheilen,
Zu endigen der Seele schweren Streit.
Denn da kein Schicksal, kein Verbrechen,
Verzweiflung nur sie abrief vor der Zeit,
So hatte Hekate den unterird'schen Bächen
Das abgeschnittne Haar noch nicht geweiht.

128.

Jetzt also kam, in tausendfarbem Bogen,
Der Sonne gegenüber, feucht von Thau,
Die Goldbeschwingte durch der Lüfte Grau
Herab aufs Haupt der Sterbenden geflogen.
Dies weih' ich auf Befehl der Gottheit dem Cocyt,
Ruft sie, vom Leibe frei mag sich dein Geist erheben.
Sie sagt's und löst die Locke; schnell entflieht
Der Wärme Rest, und in die Lüfte rinnt das Leben.

Gedichte

der

dritten Periode.

.

.

Die Begegnung.

Noch seh' ich sie — umringt von ihren Frauen,
Die herrlichste von allen, stand sie da;
Wie eine Sonne war sie anzuschauen,
Ich stand von fern und wagte mich nicht nah.
Es faßte mich mit wollustvollem Grauen,
Als ich den Glanz vor mir verbreitet sah;
Doch schnell, als hätten Flügel mich getragen,
Ergriff es mich, die Saiten anzuschlagen.

Was ich in jenem Augenblick empfunden,
Und was ich sang, vergebens sinn' ich nach;
Ein neu Organ hatt' ich in mir gefunden,
Das meines Herzens heil'ge Regung sprach;
Die Seele war's, die, Jahre lang gebunden,
Durch alle Fesseln jetzt auf einmal brach,
Und Töne fand in ihren tiefsten Tiefen,
Die ungeahnt und göttlich in ihr schliefen.

Und als die Saiten lange schon geschwiegen,
Die Seele endlich mir zurücke kam,
Da sah ich in den engelgleichen Zügen
Die Liebe ringen mit der holden Scham,
Und alle Himmel glaubt' ich zu erfliegen,
Als ich das leise, süße Wort vernahm —
O droben nur in sel'ger Geister Chören
Werd' ich des Tones Wohllaut wieder hören!

„Das treue Herz, das trostlos sich verzehrt,
Und still bescheiden nie gewagt zu sprechen —
Ich kenne den ihm selbst verborgnen Werth;
Am rohen Glück will ich das Edle rächen.
Dem Armen sei das schönste Loos bescheert,
Nur Liebe darf der Liebe Blume brechen.
Der schönste Schatz gehört dem Herzen an,
Das ihn erwiedern und empfinden kann."

An Emma.

Weit in nebelgrauer Ferne
    Liegt mir das vergangne Glück,
Nur an einem schönen Sterne
    Weilt mit Liebe noch der Blick;
Aber wie des Sternes Pracht,
Ist es nur ein Schein der Nacht.

Deckte dir der lange Schlummer,
    Dir der Tod die Augen zu,
Dich besäße doch mein Kummer,
    Meinem Herzen lebtest du.
Aber ach! du lebst im Licht,
Meiner Liebe lebst du nicht.

Kann der Liebe süß Verlangen,
    Emma, kann's vergänglich sein?
Was dahin ist und vergangen,
    Emma, kann's die Liebe sein?
Ihrer Flamme Himmelsgluth —
Stirbt sie wie ein irdisch Gut?

Das Geheimniß.

Sie konnte mir kein Wörtchen sagen,
  Zu viele Lauscher waren wach;
Den Blick nur durst' ich schüchtern fragen,
  Und wohl verstand ich, was er sprach.
Leis komm' ich her in deine Stille,
  Du schön belaubtes Buchenzelt,
Verbirg in deiner grünen Hülle
  Die Liebenden dem Aug' der Welt!

Von ferne mit verworrnem Sausen
  Arbeitet der geschäft'ge Tag,
Und durch der Stimmen hohles Brausen
  Erkenn' ich schwerer Hämmer Schlag.
So sauer ringt die kargen Loose
  Der Mensch dem harten Himmel ab,
Doch leicht erworben, aus dem Schooße
  Der Götter fällt das Glück herab.

Daß ja die Menschen nie es hören,
  Wie treue Lieb' uns still beglückt!
Sie können nur die Freude stören,
  Weil Freude nie sie selbst entzückt.
Die Welt wird nie das Glück erlauben,
  Als Beute wird es nur gehascht;
Entwenden mußt du's oder rauben,
  Eh dich die Mißgunst überrascht.

Leis auf den Zehen kommt's geschlichen,
  Die Stille liebt es und die Nacht;
Mit schnellen Füßen ist's entwichen,
  Wo des Verräthers Auge wacht.

O schlinge dich, du sanfte Quelle,
Ein breiter Strom um uns herum,
Und drohend mit empörter Welle
Vertheidige dies Heiligthum!

Die Erwartung.

Hör' ich das Pförtchen nicht gehen?
Hat nicht der Riegel geklirrt?
  Nein, es war des Windes Wehen
  Der durch diese Pappeln schwirrt.

O schmücke dich, du grün belaubtes Dach,
Du sollst die Anmuthstrahlende empfangen!
Ihr Zweige, baut ein schattendes Gemach,
Mit holder Nacht sie heimlich zu umfangen!
Und all' ihr Schmeichellüfte, werdet wach
Und scherzt und spielt um ihre Rosenwangen,
Wenn seine schöne Bürde, leicht bewegt,
Der zarte Fuß zum Sitz der Liebe trägt.

  Stille! Was schlüpft durch die Hecken
  Raschelnd mit eilendem Lauf?
    Nein, es scheuchte nur der Schrecken
    Aus dem Busch den Vogel auf.

O lösche deine Fackel, Tag! Hervor
Du geist'ge Nacht, mit deinem holden Schweigen,
Breit' um uns her den purpurrothen Flor,
Umspinn' uns mit geheimnißvollen Zweigen'

Der Liebe Wonne flieht des Lauschers Ohr,
Sie flieht des Strahles unbescheidnen Zeugen;
Nur Hesper, der Verschwiegene, allein
Darf still herblickend ihr Vertrauter sein.

Rief es von ferne nicht leise,
Flüsternden Stimmen gleich?
  Nein, der Schwan ist's, der die Kreise
  Ziehet durch den Silberteich.

Mein Ohr umtönt ein Harmoniecnfluß,
Der Springquell fällt mit angenehmem Rauschen,
Die Blume neigt sich bei des Westes Kuß,
Und alle Wesen seh' ich Wonne tauschen;
Die Traube winkt, die Pfirsche zum Genuß,
Die üppig schwellend hinter Blättern lauschen;
Die Luft, getaucht in der Gewürze Fluth,
Trinkt von der heißen Wange mir die Gluth.

Hör' ich nicht Tritte erschallen?
Rauscht's nicht den Laubgang daher?
  Nein, die Frucht ist dort gefallen,
  Von der eignen Fülle schwer.

Des Tages Flammenauge selber bricht
In süßem Tod, und seine Farben blassen;
Kühn öffnen sich im holden Dämmerlicht
Die Kelche schon, die seine Gluthen haffen.
Still hebt der Mond sein strahlend Angesicht,
Die Welt zerschmilzt in ruhig große Massen;
Der Gürtel ist von jedem Reiz gelöst,
Und alles Schöne zeigt sich mir entblößt.

Seh' ich nichts Weißes dort schimmern?
Glänzt's nicht wie seidnes Gewand?
Nein, es ist der Säule Flimmern
An der dunkeln Taxuswand.

O sehnend Herz, ergötze dich nicht mehr,
Mit süßen Bildern wesenlos zu spielen!
Der Arm, der sie umfassen will, ist leer,
Kein Schattenglück kann diesen Busen kühlen,
O führe mir die Lebende daher,
Laß ihre Hand, die zärtliche, mich fühlen!
Den Schatten nur von ihres Mantels Saum —
Und in das Leben tritt der hohle Traum.

Und leis, wie aus himmlischen Höhen
Die Stunde des Glückes erscheint,
So war sie genaht, ungesehen,
Und weckte mit Küssen den Freund.

Der Abend.

Nach einem Gemälde.

Senke, strahlender Gott — die Fluren dürsten
Nach erquickendem Thau, der Mensch verschmachtet,
Matter ziehen die Rosse —
Senke den Wagen hinab!

Siehe, wer aus des Meers krystallner Woge
Lieblich lächelnd dir winkt! Erkennt dein Herz sie?
Rascher fliegen die Rosse,
Tethys, die göttliche, winkt.

Schnell vom Wagen herab in ihre Arme
Springt der Führer, den Zaum ergreift Cupido,
Stille halten die Rosse,
Trinken die kühlende Fluth.

An dem Himmel herauf mit leisen Schritten
Kommt die duftende Nacht; ihr folgt die süße
Liebe. Ruhet und liebet!
Phöbus, der liebende, ruht.

Sehnsucht.

Ach, aus dieses Thales Gründen,
Die der kalte Nebel drückt,
Könnt' ich doch den Ausgang finden,
Ach, wie fühlt' ich mich beglückt!
Dort erblick' ich schöne Hügel,
Ewig jung und ewig grün!
Hätt' ich Schwingen, hätt' ich Flügel,
Nach den Hügeln zög' ich hin.

Harmonieen hör' ich klingen,
Töne süßer Himmelsruh,
Und die leichten Winde bringen
Mir der Düfte Balsam zu.
Goldne Früchte seh' ich glühen,
Winkend zwischen dunkelm Laub,
Und die Blumen, die dort blühen,
Werden keines Winters Raub.

Ach, wie schön muß sich's ergehen
   Dort im ew'gen Sonnenschein!
Und die Luft auf jenen Höhen —
   O, wie labend muß sie sein!
Doch mir wehrt des Stromes Toben
   Der ergrimmt dazwischen braust;
Seine Wellen sind gehoben,
   Daß die Seele mir ergraust.

Einen Nachen seh' ich schwanken,
   Aber, ach! der Fährmann fehlt.
Frisch hinein und ohne Wanken!
   Seine Segel sind beseelt.
Du mußt glauben, du mußt wagen,
   Denn die Götter leihn kein Pfand;
Nur ein Wunder kann dich tragen
   In das schöne Wunderland.

Der Pilgrim.

Noch in meines Lebens Lenze
   War ich, und ich wandert' aus,
Und der Jugend frohe Tänze
   Ließ ich in des Vaters Haus.

All mein Erbtheil, meine Habe
   Warf ich fröhlich glaubend hin,
Und am leichten Pilgerstabe
   Zog ich fort mit Kindersinn.

Denn mich trieb ein mächtig Hoffen
Und ein dunkles Glaubenswort,
Wandle, rief's, der Weg ist offen,
Immer nach dem Aufgang fort.

Bis zu einer goldnen Pforten
Du gelangst, da gehst du ein,
Denn das Irdische wird dorten
Himmlisch, unvergänglich sein.

Abend ward's und wurde Morgen,
Nimmer, nimmer stand ich still;
Aber immer blieb's verborgen,
Was ich suche, was ich will.

Berge lagen mir im Wege,
Ströme hemmten meinen Fuß,
Ueber Schlünde baut' ich Stege,
Brücken durch den wilden Fluß.

Und zu eines Stroms Gestaden
Kam ich, der nach Morgen floß;
Froh vertrauend seinem Faden,
Werf' ich mich in seinen Schooß.

Hin zu einem großen Meere
Trieb mich seiner Wellen Spiel;
Vor mir liegt's in weiter Leere,
Näher bin ich nicht dem Ziel.

Ach, kein Steg will dahin führen,
Ach, der Himmel über mir
Will die Erde nie berühren,
Und das Dort ist niemals hier!

Die Ideale.

So willst du treulos von mir scheiden
Mit deinen holden Phantasien,
Mit deinen Schmerzen, deinen Freuden,
Mit allen unerbittlich fliehn?
Kann nichts dich, Fliehende, verweilen,
O meines Lebens goldne Zeit?
Vergebens, deine Wellen eilen
Hinab ins Meer der Ewigkeit.

Erloschen sind die heitern Sonnen,
Die meiner Jugend Pfad erhellt;
Die Ideale sind zerronnen,
Die einst das trunkne Herz geschwellt;
Er ist dahin, der süße Glaube
An Wesen, die mein Traum gebar,
Der rauhen Wirklichkeit zum Raube,
Was einst so schön, so göttlich war.

Wie einst mit flehendem Verlangen
Pygmalion den Stein umschloß,
Bis in des Marmors kalte Wangen
Empfindung glühend sich ergoß,
So schlang ich mich mit Liebesarmen
Um die Natur, mit Jugendlust,
Bis sie zu athmen, zu erwarmen
Begann an meiner Dichterbrust,

Und, theilend meine Flammentriebe,
Die Stumme eine Sprache fand,
Mir wiedergab den Kuß der Liebe
Und meines Herzens Klang verstand;

Da lebte mir der Baum, die Rose,
Mir sang der Quellen Silberfall,
Es fühlte selbst das Seelenlose
Von meines Lebens Wiederhall.

Es dehnte mit allmächt'gem Streben
Die enge Brust ein kreißend All,
Herauszutreten in das Leben,
In That und Wort, in Bild und Schall.
Wie groß war diese Welt gestaltet,
So lang die Knospe sie noch barg;
Wie wenig, ach! hat sich entfaltet,
Dies Wenige, wie klein und karg!

Wie sprang, von kühnem Muth beflügelt,
Beglückt in seines Traumes Wahn,
Von keiner Sorge noch gezügelt,
Der Jüngling in des Lebens Bahn.
Bis an des Aethers bleichste Sterne
Erhob ihn der Entwürfe Flug;
Nichts war so hoch und nichts so ferne,
Wohin ihr Flügel ihn nicht trug.

Wie leicht ward er dahin getragen,
Was war dem Glücklichen zu schwer!
Wie tanzte vor des Lebens Wagen
Die luftige Begleitung her!
Die Liebe mit dem süßen Lohne,
Das Glück mit seinem goldnen Kranz,
Der Ruhm mit seiner Sternenkrone,
Die Wahrheit in der Sonne Glanz!

Doch, ach! schon auf des Weges Mitte
Verloren die Begleiter sich,
Sie wandten treulos ihre Schritte,
Und einer nach dem andern wich.
Leichtfüßig war das Glück entflogen,
Des Wissens Durst blieb ungestillt,
Des Zweifels finstre Wetter zogen
Sich um der Wahrheit Sonnenbild.

Ich sah des Ruhmes heil'ge Kränze
Auf der gemeinen Stirn entweiht.
Ach, allzuschnell, nach kurzem Lenze
Entfloh die schöne Liebeszeit!
Und immer stiller ward's und immer
Verlassner auf dem rauhen Steg;
Kaum warf noch einen bleichen Schimmer
Die Hoffnung auf den finstern Weg.

Von all dem rauschenden Geleite
Wer harrte liebend bei mir aus?
Wer steht mir tröstend noch zur Seite
Und folgt mir bis zum finstern Haus?
Du, die du alle Wunden heilest,
Der Freundschaft leise, zarte Hand,
Des Lebens Bürden liebend theilest,
Du, die ich frühe sucht' und fand.

Und du, die gern sich mit ihr gattet,
Wie sie, der Seele Sturm beschwört,
Beschäftigung, die nie ermattet,
Die langsam schafft, doch nie zerstört,

Die zu dem Bau der Ewigkeiten
Zwar Sandkorn nur für Sandkorn reicht,
Doch von der großen Schuld der Zeiten
Minuten, Tage, Jahre streicht.

———

Des Mädchens Klage.

Der Eichwald brauset, die Wolken ziehn,
Das Mägdlein sitzet an Ufers Grün;
Es bricht sich die Welle mit Macht, mit Macht
Und sie seufzt hinaus in die finstre Nacht,
Das Auge von Weinen getrübet:

„Das Herz ist gestorben, die Welt ist leer,
Und weiter gibt sie dem Wunsche nichts mehr.
Du Heilige, rufe dein Kind zurück,
Ich habe genossen das irdische Glück,
Ich habe gelebt und geliebet!"

Es rinnet der Thränen vergeblicher Lauf,
Die Klage, sie wecket die Todten nicht auf;
Doch nenne, was tröstet und heilet die Brust
Nach der süßen Liebe verschwundener Lust,
Ich, die Himmlische, will's nicht versagen.

„Laß rinnen der Thränen vergeblichen Lauf!
Es wecke die Klage den Todten nicht auf!
Das süßeste Glück für die trauernde Brust
Nach der schönen Liebe verschwundener Lust
Sind der Liebe Schmerzen und Klagen."

———

Der Jüngling am Bache.

An der Quelle saß der Knabe,
　　Blumen wand er sich zum Kranz,
Und er sah sie, fortgerissen,
　　Treiben in der Wellen Tanz.
Und so fliehen meine Tage,
　　Wie die Quelle, rastlos hin!
Und so bleichet meine Jugend,
　　Wie die Kränze schnell verblühn!

Fraget nicht, warum ich traure
　　In des Lebens Blüthenzeit!
Alles freuet sich und hoffet,
　　Wenn der Frühling sich erneut.
Aber diese tausend Stimmen
　　Der erwachenden Natur
Wecken in dem tiefen Busen
　　Mir den schweren Kummer nur.

Was soll mir die Freude frommen,
　　Die der schöne Lenz mir beut?
Eine nur ist's, die ich suche,
　　Sie ist nah' und ewig weit.
Sehnend breit' ich meine Arme
　　Nach dem theuren Schattenbild,
Ach, ich kann es nicht erreichen,
　　Und das Herz bleibt ungestillt!

Komm herab, du schöne Holde,
　　Und verlaß dein stolzes Schloß!
Blumen, die der Lenz geboren,
　　Streu' ich dir in deinen Schooß.

Horch, der Hain erschallt von Liedern,
Und die Quelle rieselt klar!
Raum ist in der kleinsten Hütte
Für ein glücklich liebend Paar.

Die Gunst des Augenblicks.

Und so finden wir uns wieder
In dem heitern bunten Reihn,
Und es soll der Kranz der Lieder
Frisch und grün geflochten sein.

Aber wem der Götter bringen
Wir des Liedes ersten Zoll?
Ihm vor allen laßt uns singen,
Der die Freude schaffen soll.

Denn was frommt es, daß mit Leben
Ceres den Altar geschmückt?
Daß den Purpursaft der Reben
Bacchus in die Schale drückt?

Zückt vom Himmel nicht der Funken,
Der den Herd in Flammen setzt,
Ist der Geist nicht feuertrunken,
Und das Herz bleibt unergötzt.

Aus den Wolken muß es fallen,
Aus der Götter Schooß das Glück,
Und der mächtigste von allen
Herrschern ist der Augenblick.

Von dem allererſten Werden
Der unendlichen Natur,
Alles Göttliche auf Erden
Iſt ein Lichtgedanke nur.

Langſam in dem Lauf der Horen
Füget ſich der Stein zum Stein,
Schnell, wie es der Geiſt geboren,
Will das Werk empfunden ſein.

Wie im hellen Sonnenblicke
Sich ein Farbenteppich webt,
Wie auf ihrer bunten Brücke
Iris durch den Himmel ſchwebt,

So iſt jede ſchöne Gabe
Flüchtig wie des Blitzes Schein;
Schnell in ihrem düſtern Grabe
Schließt die Nacht ſie wieder ein.

Berglied.

Am Abgrund leitet der ſchwindlichte Steg,
Er führt zwiſchen Leben und Sterben;
Es ſperren die Rieſen den einſamen Weg
Und drohen dir ewig Verderben,
Und willſt du die ſchlafende Löwin [1] nicht wecken,
So wandle ſtill durch die Straße der Schrecken.

---

[1] Löwin, an einigen Orten der Schweiz der verborbene Ausbruck für Lawine.

Es schwebt eine Brücke, hoch über den Rand
Der furchtbaren Tiefe gebogen,
Sie ward nicht erbauet von Menschenhand,
Es hätte sich's keiner verwogen,
Der Strom braust unter ihr spat und früh,
Speit ewig hinauf, und zertrümmert sie nie.

Es öffnet sich schwarz ein schauriges Thor,
Du glaubst dich im Reiche der Schatten,
Da thut sich ein lachend Gelände hervor,
Wo der Herbst und der Frühling sich gatten;
Aus des Lebens Mühen und ewiger Qual
Möcht' ich fliehen in dieses glückselige Thal.

Vier Ströme brausen hinab in das Feld,
Ihr Quell, der ist ewig verborgen;
Sie fließen nach allen vier Straßen der Welt,
Nach Abend, Nord, Mittag und Morgen,
Und wie die Mutter sie rauschend geboren,
Fort fliehn sie und bleiben sich ewig verloren.

Zwei Zinken ragen ins Blaue der Luft,
Hoch über der Menschen Geschlechter,
Drauf tanzen, umschleiert mit goldenem Duft,
Die Wolken, die himmlischen Töchter.
Sie halten dort oben den einsamen Reihn,
Da stellt sich kein Zeuge, kein irdischer, ein.

Es sitzt die Königin hoch und klar
Auf unvergänglichem Throne,
Die Stirn umkränzt sie sich wunderbar
Mit diamantener Krone;

Drauf schießt die Sonne die Pfeile von Licht,
Sie vergolden sie nur und erwärmen sie nicht.

Der Alpenjäger.

Willst du nicht das Lämmlein hüten?
    Lämmlein ist so fromm und sanft,
Nährt sich von des Grases Blüthen,
    Spielend an des Baches Ranft.
„Mutter, Mutter, laß mich gehen,
Jagen nach des Berges Höhen!"

Willst du nicht die Heerde locken
    Mit des Hornes munterm Klang?
Lieblich tönt der Schall der Glocken
    In des Waldes Lustgesang.
„Mutter; Mutter, laß mich gehen,
Schweifen auf den wilden Höhen!"

Willst du nicht der Blümlein warten,
    Die im Beete freundlich stehn?
Draußen ladet dich kein Garten;
    Wild ist's auf den wilden Höhn!
„Laß die Blümlein, laß sie blühen!
Mutter, Mutter, laß mich ziehen!"

Und der Knabe ging zu jagen,
    Und es treibt und reißt ihn fort,
Rastlos fort mit blindem Wagen
    An des Berges finstern Ort;

Vor ihm her mit Windesschnelle
Flieht die zitternde Gazelle.

Auf der Felsen nackte Rippen
   Klettert sie mit leichtem Schwung,
Durch den Riß gespaltner Klippen
   Trägt sie der gewagte Sprung;
Aber hinter ihr verwegen
Folgt er mit dem Todesbogen.

Jetzo auf den schroffen Zinken
   Hängt sie, auf dem höchsten Grat,
Wo die Felsen jäh versinken,
   Und verschwunden ist der Pfad.
Unter sich die steile Höhe,
Hinter sich des Feindes Nähe.

Mit des Jammers stummen Blicken
   Fleht sie zu dem harten Mann,
Fleht umsonst, denn loszudrücken
   Legt er schon den Bogen an;
Plötzlich aus der Felsenspalte
Tritt der Geist, der Bergesalte.

Und mit seinen Götterhänden
   Schützt er das gequälte Thier.
„Mußt du Tod und Jammer senden,"
   Ruft er, „bis herauf zu mir?
Raum für alle hat die Erde;
Was verfolgst du meine Heerde?"

Dithyrambe.

Nimmer, das glaubt mir, erscheinen die Götter,
Nimmer allein.
Kaum daß ich Bacchus, den Lustigen, habe,
Kommt auch schon Amor, der lächelnde Knabe,
Phöbus, der Herrliche, findet sich ein.
Sie nahen, sie kommen, die Himmlischen alle,
Mit Göttern erfüllt sich die irdische Halle.

Sagt, wie bewirth' ich, der Erdegeborne,
Himmlischen Chor?
Schenket mir euer unsterbliches Leben,
Götter! Was kann euch der Sterbliche geben?
Hebet zu eurem Olymp mich empor!
Die Freude, sie wohnt nur in Jupiters Saale;
O füllet mit Nektar, o reicht mir die Schale!

Reich' ihm die Schale! Schenke dem Dichter,
Hebe, nur ein!
Netz' ihm die Augen mit himmlischem Thaue,
Daß er den Styx, den verhaßten, nicht schaue,
Einer der Unsern sich dünke zu sein.
Sie rauschet, sie perlet, die himmlische Quelle,
Der Busen wird ruhig, das Auge wird helle.

Die vier Weltalter.

Wohl perlet im Glase der purpurne Wein,
Wohl glänzen die Augen der Gäste;

Es zeigt sich der Sänger, er tritt herein,
    Zu dem Guten bringt er das Beste;
Denn ohne die Leier im himmlischen Saal
Ist die Freude gemein auch beim Nektarmahl.

Ihm gaben die Götter das reine Gemüth,
    Wo die Welt sich, die ewige, spiegelt;
Er hat alles gesehn, was auf Erden geschieht,
    Und was uns die Zukunft versiegelt;
Er saß in der Götter urältestem Rath,
Und behorchte der Dinge geheimste Saat.

Er breitet es lustig und glänzend aus,
    Das zusammengefaltete Leben;
Zum Tempel schmückt er das irdische Haus,
    Ihm hat es die Muse gegeben;
Kein Dach ist so niedrig, keine Hütte so klein,
Er führt einen Himmel voll Götter hinein.

Und wie der erfindende Sohn des Zeus
    Auf des Schildes einfachem Runde
Die Erde, das Meer und den Sternenkreis
    Gebildet mit göttlicher Kunde,
So drückt er ein Bild des unendlichen All
In des Augenblicks flüchtig verrauschenden Schall.

Er kommt aus dem kindlichen Alter der Welt,
    Wo die Völker sich jugendlich freuten;
Er hat sich, ein fröhlicher Wandrer, gesellt
    Zu allen Geschlechtern und Zeiten.
Vier Menschenalter hat er gesehn
Und läßt sie am fünften vorübergehn.

Erst regierte Saturnus schlicht und gerecht,
  Da war es heute wie morgen,
Da lebten die Hirten, ein harmlos Geschlecht,
  Und brauchten für gar nichts zu sorgen;
Sie liebten und thaten weiter nichts mehr,
Die Erde gab alles freiwillig her.

Drauf kam die Arbeit, der Kampf begann
  Mit Ungeheuern und Drachen,
Und die Helden fingen, die Herrscher, an,
  Und den Mächtigen suchten die Schwachen.
Und der Streit zog in des Skamanders Feld;
Doch die Schönheit war immer der Gott der Welt.

Aus dem Kampf ging endlich der Sieg hervor,
  Und der Kraft entblühte die Milde,
Da sangen die Musen im himmlischen Chor,
  Da erhuben sich Göttergebilde —
Das Alter der göttlichen Phantasie,
Es ist verschwunden, es kehret nie.

Die Götter sanken vom Himmelsthron,
  Es stürzten die herrlichen Säulen,
Und geboren wurde der Jungfrau Sohn,
  Die Gebrechen der Erde zu heilen;
Verbannt ward der Sinne flüchtige Lust,
Und der Mensch griff denkend in seine Brust.

Und der eitle, der üppige Reiz entwich,
  Der die frohe Jugendwelt zierte;
Der Mönch und die Nonne zergeißelten sich
  Und der eiserne Ritter turnierte.

Doch war das Leben auch finster und wild,
So blieb doch die Liebe lieblich und mild.

Und einen heiligen, keuschen Altar
   Bewahrten sich stille die Musen;
Es lebte, was edel und sittlich war,
   In der Frauen züchtigem Busen;
Die Flamme des Liedes entbrannte neu
An der schönen Minne und Liebestreu.

Drum soll auch ein ewiges, zartes Band
   Die Frauen, die Sänger umflechten,
Sie wirken und weben, Hand in Hand,
   Den Gürtel des Schönen und Rechten.
Gesang und Liebe in schönem Verein,
Sie erhalten dem Leben den Jugendschein.

Punschlied.

Vier Elemente,
Innig gesellt,
Bilden das Leben,
Bauen die Welt.

Preßt der Citrone
Saftigen Stern!
Herb ist des Lebens
Innerster Kern.

Jetzt mit des Zuckers
Linderndem Saft
Zähmet die herbe
Brennende Kraft!

Gießet des Wassers
Sprudelnden Schwall!
Wasser umfänget
Ruhig das All.

Tropfen des Geistes
Gießet hinein!
Leben dem Leben
Gibt er allein.

Eh' es verdüftet,
Schöpfet es schnell!
Nur wenn er glühet,
Labet der Quell.

An die Freunde.

Lieben Freunde, es gab schönre Zeiten,
Als die unsern — das ist nicht zu streiten!
Und ein edler Volk hat einst gelebt.
Könnte die Geschichte davon schweigen,
Tausend Steine würden redend zeugen,
Die man aus dem Schooß der Erde gräbt.
  Doch es ist dahin, es ist verschwunden,
  Dieses hochbegünstigte Geschlecht.
  Wir, wir leben! Unser sind die Stunden,
  Und der Lebende hat Recht.

Freunde, es gibt glücklichere Zonen,
Als das Land, worin wir leiblich wohnen,
Wie der weitgereiste Wandrer spricht.
Aber hat Natur uns viel entzogen,
War die Kunst uns freundlich doch gewogen,
Unser Herz erwarmt an ihrem Licht.
      Will der Lorbeer hier sich nicht gewöhnen,
      Wird die Myrte unsers Winters Raub,
      Grünet doch, die Schläfe zu bekrönen,
      Uns der Rebe muntres Laub.

Wohl von größerm Leben mag es rauschen,
Wo vier Welten ihre Schätze tauschen,
An der Themse, auf dem Markt der Welt.
Tausend Schiffe landen an und gehen;
Da ist jedes Köstliche zu sehen,
Und es herrscht der Erde Gott, das Geld.
      Aber nicht im trüben Schlamm der Bäche,
      Der von wilden Regengüssen schwillt,
      Auf des stillen Baches ebner Fläche
      Spiegelt sich das Sonnenbild.

Prächtiger, als wir in unserm Norden,
Wohnt der Bettler an der Engelspforten,
Denn er sieht das ewig einz'ge Rom!
Ihn umgibt der Schönheit Glanzgewimmel,
Und ein zweiter Himmel in den Himmel
Steigt Sanct Peters wunderbarer Dom.
      Aber Rom in allem seinem Glanze
      Ist ein Grab nur der Vergangenheit;
      Leben duftet nur die frische Pflanze,
      Die die grüne Stunde streut.

Größres mag sich anderswo begeben,
Als bei uns in unserm kleinen Leben;
Neues — hat die Sonne nie gesehn.
Sehn wir doch das Große aller Zeiten
Auf den Brettern, die die Welt bedeuten,
Sinnvoll still an uns vorübergehn.
Alles wiederholt sich nur im Leben,
Ewig jung ist nur die Phantasie;
Was sich nie und nirgends hat begeben,
Das allein veraltet nie!

Punschlied.

Im Norden zu singen.

Auf der Berge freien Höhen,
 In der Mittagssonne Schein,
An des warmen Strahles Kräften
 Zeugt Natur den goldnen Wein.

Und noch niemand hat's erkundet,
 Wie die große Mutter schafft;
Unergründlich ist das Wirken,
 Unerforschlich ist die Kraft.

Funkelnd wie ein Sohn der Sonne,
 Wie des Lichtes Feuerquell,
Springt er perlend aus der Tonne,
 Purpurn und krystallenhell.

Und erfreuet alle Sinnen,
 Und in jede bange Brust
Gießt er ein balsamisch Hoffen
 Und des Lebens neue Lust.

Aber matt auf unsre Zonen
Fällt der Sonne schräges Licht;
Nur die Blätter kann sie färben,
Aber Früchte reift sie nicht.

Doch der Norden auch will leben,
Und was lebt, will sich erfreun;
Darum schaffen wir erfindend
Ohne Weinstock uns den Wein.

Bleich nur ist's, was wir bereiten
Auf dem häuslichen Altar;
Was Natur lebendig bildet,
Glänzend ist's und ewig klar.

Aber freudig aus der Schale
Schöpfen wir die trübe Fluth;
Auch die Kunst ist Himmelsgabe,
Borgt sie gleich von ird'scher Gluth.

Ihrem Wirken freigegeben
Ist der Kräfte großes Reich;
Neues bildend aus dem Alten,
Stellt sie sich dem Schöpfer gleich.

Selbst das Band der Elemente
Trennt ihr herrschendes Gebot,
Und sie ahmt mit Herdesflammen
Nach dem hohen Sonnengott.

Fernhin zu den sel'gen Inseln
Richtet sie der Schiffe Lauf,
Und des Südens goldne Früchte
Schüttet sie im Norden auf.

Drum ein Sinnbild und ein Zeichen
Sei uns dieser Feuersaft,
Was der Mensch sich kann erlangen
Mit dem Willen und der Kraft.

Reiterlied.

Wohl auf, Kameraden, aufs Pferd, aufs Pferd!
   Ins Feld, in die Freiheit gezogen!
Im Felde, da ist der Mann noch was werth,
   Da wird das Herz noch gewogen,
Da tritt kein Anderer für ihn ein,
Auf sich selber steht er da ganz allein.

Aus der Welt die Freiheit verschwunden ist,
   Man sieht nur Herren und Knechte;
Die Falschheit herrschet, die Hinterlist
   Bei dem feigen Menschengeschlechte.
Der dem Tod ins Angesicht schauen kann,
Der Soldat allein, ist der freie Mann!

Des Lebens Aengsten, er wirft sie weg,
   Hat nicht mehr zu fürchten, zu sorgen;
Er reitet dem Schicksal entgegen keck,
   Trifft's heute nicht, trifft es doch morgen,
Und trifft es morgen, so lasset uns heut
Noch schlürfen die Neige der köstlichen Zeit.

Von dem Himmel fällt ihm sein lustig Loos,
   Braucht's nicht mit Müh' zu erstreben.

Der Fröhner, der sucht in der Erde Schooß,
　Da meint er den Schatz zu erheben.
Er gräbt und schaufelt so lang er lebt,
Und gräbt, bis er endlich sein Grab' sich gräbt.

Der Reiter und sein geschwindes Roß,
　Sie sind gefürchtete Gäste.
Es flimmern die Lampen im Hochzeitschloß,
Ungeladen kommt er zum Feste,
Er wirbt nicht lange, er zeiget nicht Gold,
Im Sturm erringt er den Minnesold.

Warum weint die Dirn' und zergrämt sich schier?
　Laß fahren dahin, laß fahren!
Er hat auf Erden kein bleibend Quartier,
　Kann treue Lieb nicht bewahren.
Das rasche Schicksal, es treibt ihn fort,
Seine Ruhe läßt er an keinem Ort.

Drum frisch, Kameraden, den Rappen gezäumt,
　Die Brust im Gefechte gelüstet!
Die Jugend brauset, das Leben schäumt,
　Frisch auf, eh der Geist noch verdüftet!
Und setzet ihr nicht das Leben ein,
Nie wird euch das Leben gewonnen sein.

Nadowessiers Todtenlied.

Seht, da sitzt er auf der Matte,
　Aufrecht sitzt er da,
Mit dem Anstand, den er hatte,
　Als er 's Licht noch sah.

Doch, wo ist die Kraft der Fäuste,
　　Wo des Athems Hauch,
Der noch jüngst zum großen Geiste
　　Blies der Pfeife Rauch?

Wo die Augen, falkenhelle,
　　Die des Rennthiers Spur
Zählten auf des Grases Welle,
　　Auf dem Thau der Flur?

Diese Schenkel, die behender
　　Flohen durch den Schnee,
Als der Hirsch, der Zwanzigender,
　　Als des Berges Reh?

Diese Arme, die den Bogen
　　Spannten streng und straff?
Seht, das Leben ist entflogen!
　　Seht, sie hängen schlaff!

Wohl ihm, er ist hingegangen,
　　Wo kein Schnee mehr ist,
Wo mit Mais die Felder prangen,
　　Der von selber sprießt;

Wo mit Vögeln alle Sträuche,
　　Wo der Wald mit Wild,
Wo mit Fischen alle Teiche
　　Lustig sind gefüllt.

Mit den Geistern speist er droben,
　　Ließ uns hier allein,
Daß wir seine Thaten loben
　　Und ihn scharren ein.

Bringet her die letzten Gaben,
Stimmt die Todtenklag'!
Alles sei mit ihm begraben,
Was ihn freuen mag.

Legt ihm unters Haupt die Beile,
Die er tapfer schwang,
Auch des Bären fette Keule,
Denn der Weg ist lang;

Auch das Messer, scharf geschliffen,
Das vom Feindeskopf
Rasch mit drei geschickten Griffen
Schälte Haut und Schopf;

Farben auch, den Leib zu malen,
Steckt ihm in die Hand,
Daß er röthlich möge strahlen
In der Seelen Land.

Das Siegesfest.

Priams Feste war gesunken,
Troja lag in Schutt und Staub,
Und die Griechen, siegestrunken,
Reich beladen mit dem Raub,
Saßen auf den hohen Schiffen,
Längs des Hellespontes Strand,
Auf der frohen Fahrt begriffen
Nach dem schönen Griechenland.

Stimmet an die frohen Lieder!
Denn dem väterlichen Herd
Sind die Schiffe zugekehrt,
Und zur Heimath geht es wieder.

Und in langen Reihen, klagend,
Saß der Trojerinnen Schaar,
Schmerzvoll an die Brüste schlagend,
Bleich, mit aufgelöstem Haar.
In das wilde Fest der Freuden
Mischten sie den Wehgesang,
Weinend um das eigne Leiden
In des Reiches Untergang.
    Lebe wohl, geliebter Boden!
    Von der süßen Heimath fern
    Folgen wir dem fremden Herrn.
    Ach wie glücklich sind die Todten!

Und den hohen Göttern zündet
Kalchas jetzt das Opfer an;
Pallas, die die Städte gründet
Und zertrümmert, ruft er an,
Und Neptun, der um die Länder
Seinen Wogengürtel schlingt,
Und den Zeus, den Schreckensender,
Der die Aegis grausend schwingt.
    Ausgestritten, ausgerungen
    Ist der lange, schwere Streit,
    Ausgefüllt der Kreis der Zeit,
    Und die große Stadt bezwungen.

Atreus' Sohn, der Fürst der Schaaren,
Uebersah der Völker Zahl,

Die mit ihm gezogen waren
Einst in des Skamanders Thal.
Und des Kummers finstre Wolke
Zog sich um des Königs Blick;
Von dem hergeführten Volke
Bracht' er Wen'ge nur zurück.
   Drum erhebe frohe Lieder,
   Wer die Heimath wieder sieht,
   Wem noch frisch das Leben blüht!
   Denn nicht alle kehren wieder.

Alle nicht, die wieder kehren,
Mögen sich des Heimzugs freun,
An den häuslichen Altären
Kann der Mord bereitet sein.
Mancher fiel durch Freundestücke,
Den die blut'ge Schlacht verfehlt!
Sprach's Ulyß mit Warnungsblicke,
Von Athenens Geist beseelt.
   Glücklich, wem der Gattin Treue
   Rein und keusch das Haus bewahrt!
   Denn das Weib ist falscher Art,
   Und die Arge liebt das Neue.

Und des frisch erkämpften Weibes
Freut sich der Atrid, und strickt
Um den Reiz des schönen Leibes
Seine Arme hochbeglückt.
Böses Werk muß untergehen,
Rache folgt der Frevelthat;
Denn gerecht in Himmelshöhen
Waltet des Kroniden Rath.

Böses muß mit Bösem enden;
An dem frevelnden Geschlecht
Rächet Zeus das Gastesrecht,
Wägend mit gerechten Händen.

Wohl dem Glücklichen mag's ziemen,
Ruft Oileus' tapfrer Sohn,
Die Regierenden zu rühmen
Auf dem hohen Himmelsthron!
Ohne Wahl vertheilt die Gaben,
Ohne Billigkeit das Glück;
Denn Patroklus liegt begraben,
Und Thersites kommt zurück!
   Weil das Glück aus seiner Tonnen
   Die Geschicke blind verstreut,
   Freue sich und jauchze heut,
   Wer das Lebensloos gewonnen!

Ja der Krieg verschlingt die Besten!
Ewig werde dein gedacht,
Bruder, bei der Griechen Festen,
Der ein Thurm war in der Schlacht.
Da der Griechen Schiffe brannten,
War in deinem Arm das Heil;
Doch dem Schlauen, Vielgewandten
Ward der schöne Preis zu Theil.
   Friede deinen heil'gen Resten!
   Nicht der Feind hat dich entrafft.
   Ajax fiel durch Ajax' Kraft.
   Ach, der Zorn verderbt die Besten!

Dem Erzeuger jetzt, dem großen,
Gießt Neoptolem des Weins:

Unter allen irb'schen Loosen,
Hoher Vater, preis' ich deins.
Von des Lebens Gütern allen
Ist der Ruhm das höchste doch;
Wenn der Leib in Staub zerfallen,
Lebt der große Name noch.
   Tapfrer, deines Ruhmes Schimmer
   Wird unsterblich sein im Lied;
   Denn das irb'sche Leben flieht,
   Und die Todten dauern immer.

Wenn des Liedes Stimmen schweigen
Von dem überwundnen Mann,
So will ich für Hektorn zeugen,
Hub der Sohn des Tydeus an, —
Der für seine Hausaltäre
Kämpfend, ein Beschirmer, fiel —
Krönt den Sieger größre Ehre,
Ehret ihn das schönre Ziel!
   Der für seine Hausaltäre
   Kämpfend sank, ein Schirm und Hort,
   Auch in Feindes Munde fort
   Lebt ihm seines Namens Ehre.

Nestor jetzt, der alte Zecher,
Der drei Menschenalter sah,
Reicht den laubumkränzten Becher
Der bethränten Hekuba:
Trink' ihn aus, den Trank der Labe,
Und vergiß den großen Schmerz!
Wundervoll ist Bacchus Gabe,
Balsam fürs zerrissne Herz.

Trink' ihn aus, den Trank der Labe,
Und vergiß den großen Schmerz!
Balsam fürs zerriſſne Herz,
Wundervoll iſt Bacchus Gabe.

Denn auch Niobe, dem ſchweren
Zorn der Himmliſchen ein Ziel,
Koſtete die Frucht der Aehren,
Und bezwang das Schmerzgefühl.
Denn ſo lang die Lebensquelle
Schäumet an der Lippen Rand,
Iſt der Schmerz in Lethes Welle
Tief verſenkt und feſtgebannt!
Denn ſo lang die Lebensquelle
An der Lippen Rande ſchäumt,
Iſt der Jammer weggeträumt,
Fortgeſpült in Lethes Welle.

Und von ihrem Gott ergriffen,
Hub ſich jetzt die Seherin,
Blickte von den hohen Schiffen
Nach dem Rauch der Heimath hin.
Rauch iſt alles irdⁱſche Weſen;
Wie des Dampfes Säule weht,
Schwinden alle Erdengrößen;
Nur die Götter bleiben ſtät.
Um das Roß des Reiters ſchweben,
Um das Schiff die Sorgen her;
Morgen können wir's nicht mehr,
Darum laßt uns heute leben!

Klage der Ceres.

Ist der holde Lenz erschienen?
Hat die Erde sich verjüngt?
Die besonnten Hügel grünen,
Und des Eises Rinde springt.
Aus der Ströme blauem Spiegel
Lacht der unbewöllte Zeus,
Milder wehen Zephyrs Flügel,
Augen treibt das junge Reis.
In dem Hain erwachen Lieder,
Und die Oreade spricht:
Deine Blumen kehren wieder,
Deine Tochter kehret nicht.

Ach wie lang ist's, daß ich walle
Suchend durch der Erde Flur!
Titan, deine Strahlen alle
Sandt' ich nach der theuren Spur;
Keiner hat mir noch verkündet
Von dem lieben Angesicht,
Und der Tag, der alles findet,
Die Verlorne fand er nicht.
Hast du, Zeus, sie mir entrissen?
Hat, von ihrem Reiz gerührt,
Zu des Orkus schwarzen Flüssen
Pluto sie hinabgeführt?

Wer wird nach dem düstern Strande
Meines Grames Bote sein?
Ewig stößt der Kahn vom Lande,
Doch nur Schatten nimmt er ein.

Jedem sel'gen Aug' verschlossen
Bleibt das nächtliche Gefild,
Und so lang der Styx geflossen,
Trug er kein lebendig Bild.
Nieder führen tausend Steige,
Keiner führt zum Tag zurück;
Ihre Thränen bringt kein Zeuge
Vor der bangen Mutter Blick.

Mütter, die aus Pyrrhas Stamme,
Sterbliche, geboren sind,
Dürfen durch des Grabes Flamme
Folgen dem geliebten Kind;
Nur was Jovis Haus bewohnet,
Nahet nicht dem dunkeln Strand,
Nur die Seligen verschonet,
Parzen, eure strenge Hand.
Stürzt mich in die Nacht der Nächte
Aus des Himmels goldnem Saal!
Ehret nicht der Göttin Rechte,
Ach, sie sind der Mutter Qual!

Wo sie mit dem finstern Gatten
Freudlos thronet, stieg' ich hin,
Träte mit den leisen Schatten
Leise vor die Herrscherin.
Ach, ihr Auge feucht von Zähren,
Sucht umsonst das goldne Licht,
Irret nach entfernten Sphären,
Auf die Mutter fällt es nicht,
Bis die Freude sie entdecket,
Bis sich Brust mit Brust vereint,
Und zum Mitgefühl erwecket,
Selbst der rauhe Orkus weint.

Eitler Wunsch! verlorne Klagen!
Ruhig in dem gleichen Gleis
Rollt des Tages sichrer Wagen,
Ewig steht der Schluß des Zeus.
Weg von jenen Finsternissen
Wandt' er sein beglücktes Haupt;
Einmal in die Nacht gerissen,
Bleibt sie ewig mir geraubt,
Bis des dunkeln Stromes Welle
Von Aurorens Farben glüht,
Iris mitten durch die Hölle
Ihren schönen Bogen zieht.

Ist mir nichts von ihr geblieben?
Nicht ein süß erinnernd Pfand,
Daß die Fernen sich noch lieben,
Keine Spur der theuren Hand?
Knüpfet sich kein Liebesknoten
Zwischen Kind und Mutter an?
Zwischen Lebenden und Todten
Ist kein Bündniß aufgethan?
Nein, nicht ganz ist sie entflohen!
Nein, wir sind nicht ganz getrennt!
Haben uns die ewig Hohen
Eine Sprache doch vergönnt!

Wenn des Frühlings Kinder sterben,
Wenn von Nordes kaltem Hauch
Blatt und Blume sich entfärben,
Traurig steht der nackte Strauch,
Nehm' ich mir das höchste Leben
Aus Vertumnus' reichem Horn,
Opfernd es dem Styx zu geben,
Mir des Samens goldnes Korn.

Trauernd senk' ich's in die Erde,
Leg' es an des Kindes Herz,
Daß es eine Sprache werde
Meiner Liebe, meinem Schmerz.

Führt der gleiche Tanz der Horen
Freudig nun den Lenz zurück,
Wird das Todte neu geboren
Von der Sonne Lebensblick.
Keime, die dem Auge starben
In der Erde kaltem Schooß,
In das heitre Reich der Farben
Ringen sie sich freudig los.
Wenn der Stamm zum Himmel eilet,
Sucht die Wurzel scheu die Nacht;
Gleich in ihre Pflege theilet
Sich des Styx, des Aethers Macht.

Halb berühren sie der Todten,
Halb der Lebenden Gebiet;
Ach, sie sind mir theure Boten,
Süße Stimmen vom Cocyt!
Hält er gleich sie selbst verschlossen
In dem schauervollen Schlund,
Aus des Frühlings jungen Sprossen
Redet mir der holde Mund,
Daß auch fern vom goldnen Tage,
Wo die Schatten traurig ziehn,
Liebend noch der Busen schlage,
Zärtlich noch die Herzen glühn.

O so laßt euch froh begrüßen,
Kinder der verjüngten Au!

Euer Kelch soll überfließen
Von des Nektars reinstem Thau.
Tauchen will ich euch in Strahlen,
Mit der Iris schönstem Licht
Will ich eure Blätter malen,
Gleich Aurorens Angesicht.
In des Lenzes heiterm Glanze
Lese jede zarte Brust,
In des Herbstes welkem Kranze
Meinen Schmerz und meine Lust.

Das Eleusische Fest.

Windet zum Kranze die goldenen Aehren,
Flechtet auch blaue Cyanen hinein!
Freude soll jedes Auge verklären,
Denn die Königin ziehet ein,
Die Bezähmerin wilder Sitten,
Die den Menschen zum Menschen gesellt,
Und in friedliche, feste Hütten
Wandelte das bewegliche Zelt.

Scheu in des Gebirges Klüften
Barg der Troglodyte sich;
Der Nomade ließ die Triften
Wüste liegen, wo er strich.
Mit dem Wurfspieß, mit dem Bogen
Schritt der Jäger durch das Land;
Weh dem Fremdling, den die Wogen
Warfen an den Unglücksstrand!

Und auf ihrem Pfad begrüßte, .
Irrend nach des Kindes Spur,
Ceres die verlaßne Küste,
Ach, da grünte keine Flur!
Daß sie hier vertraulich weile,
Ist kein Obdach ihr gewährt;
Keines Tempels heitre Säule
Zeuget, daß man Götter ehrt.

Keine Frucht der süßen Aehren
Ladt zum reinen Mahl sie ein;
Nur auf gräßlichen Altären
Dorret menschliches Gebein.
Ja, so weit sie wandernd kreiste,
Fand sie Elend überall,
Und in ihrem großen Geiste
Jammert sie des Menschen Fall.

Find' ich so den Menschen wieder,
Dem wir unser Bild geliehn,
Dessen schöngestalte Glieder
Droben im Olympus blühn?
Gaben wir ihm zum Besitze
Nicht der Erde Götterschooß,
Und auf seinem Königssitze
Schweift er elend, heimathlos?

Fühlt kein Gott mit ihm Erbarmen?
Keiner aus der Sel'gen Chor
Hebet ihn mit Wunderarmen
Aus der tiefen Schmach empor?

In des Himmels sel'gen Höhen
Rühret sie nicht fremder Schmerz;
Doch der Menschheit Angst und Wehen
Fühlet mein gequältes Herz.

Daß der Mensch zum Menschen werde,
Stift' er einen ew'gen Bund
Gläubig mit der frommen Erde,
Seinem mütterlichen Grund,
Ehre das Gesetz der Zeiten
Und der Monde heil'gen Gang,
Welche still gemessen schreiten
Im melodischen Gesang.

Und den Nebel theilt sie leise,
Der den Blicken sie verhüllt;
Plötzlich in der Wilden Kreise
Steht sie da, ein Götterbild.
Schwelgend bei dem Siegesmahle
Findet sie die rohe Schaar,
Und die blutgefüllte Schale
Bringt man ihr zum Opfer dar.

Aber schaudernd, mit Entsetzen
Wendet sie sich weg und spricht:
Blut'ge Tigermahle netzen
Eines Gottes Lippen nicht.
Reine Opfer will er haben,
Früchte, die der Herbst beschert,
Mit des Feldes frommen Gaben
Wird der Heilige verehrt.

Und sie nimmt die Wucht des Speeres
Aus des Jägers rauher Hand;
Mit dem Schaft des Mordgewehres
Furchet sie den leichten Sand,
Nimmt von ihres Kranzes Spitze
Einen Kern, mit Kraft gefüllt,
Senkt ihn in die zarte Ritze,
Und der Trieb des Keimes schwillt.

Und mit grünen Halmen schmücket
Sich der Boden alsobald,
Und soweit das Auge blicket,
Wogt es wie ein goldner Wald.
Lächelnd segnet sie die Erde,
Flicht der ersten Garbe Bund,
Wählt den Feldstein sich zum Herde,
Und es spricht der Göttin Mund:

Vater Zeus, der über alle
Götter herrscht in Aethers Höhn,
Daß dies Opfer dir gefalle,
Laß ein Zeichen jetzt geschehn!
Und dem unglücksel'gen Volke,
Das dich, Hoher, noch nicht nennt,
Nimm hinweg des Auges Wolke,
Daß es seinen Gott erkennt!

Und es hört der Schwester Flehen
Zeus auf seinem hohen Sitz;
Donnernd aus den blauen Höhen
Wirft er den gezackten Blitz.

Praſſelnd fängt es an zu lohen,
Hebt ſich wirbelnd vom Altar,
Und darüber ſchwebt in hohen
Kreiſen ſein geſchwinder Aar.

Und gerührt zu der Herrſcherin Füßen
Stürzt ſich der Menge freudig Gewühl,
Und die rohen Seelen zerfließen
In der Menſchlichkeit erſtem Gefühl,
Werfen von ſich die blutige Wehre,
Oeffnen den düſtergebundenen Sinn,
Und empfangen die göttliche Lehre
Aus dem Munde der Königin.

Und von ihren Thronen ſteigen
Alle Himmliſchen herab,
Themis ſelber führt den Reigen,
Und mit dem gerechten Stab
Mißt ſie jedem ſeine Rechte,
Setzet ſelbſt der Grenze Stein,
Und des Styr verborgne Mächte
Ladet ſie zu Zeugen ein.

Und es kommt der Gott der Eſſe,
Zeus' erfindungsreicher Sohn,
Bildner künſtlicher Gefäße,
Hochgelehrt in Erz und Thon.
Und er lehrt die Kunſt der Zange
Und der Blaſebälge Zug;
Unter ſeines Hammers Zwange
Bildet ſich zuerſt der Pflug.

Und Minerva, hoch vor allen
Ragend mit gewicht'gem Speer,
Läßt die Stimme mächtig schallen
Und gebeut dem Götterheer.
Feste Mauern will sie gründen,
Jedem Schutz und Schirm zu sein,
Die zerstreute Welt zu binden
In vertraulichem Verein.

Und sie lenkt die Herrscherschritte
Durch des Feldes weiten Plan,
Und an ihres Fußes Tritte
Heftet sich der Grenzgott an.
Messend führet sie die Kette
Um des Hügels grünen Saum;
Auch des wilden Stromes Bette
Schließt sie in den heil'gen Raum.

Alle Nymphen, Dreaden,
Die der schnellen Artemis
Folgen auf des Berges Pfaden,
Schwingend ihren Jägerspieß,
Alle kommen, alle legen
Hände an, der Jubel schallt,
Und von ihrer Aexte Schlägen
Krachend stürzt der Fichtenwald.

Auch aus seiner grünen Welle
Steigt der schilfbekränzte Gott,
Wälzt den schweren Floß zur Stelle
Auf der Göttin Machtgebot;

Und die leichtgeschürzten Stunden
Fliegen ans Geschäft gewandt,
Und die rauhen Stämme runden
Zierlich sich in ihrer Hand.

Auch den Meergott sieht man eilen;
Rasch mit des Tridentes Stoß
Bricht er die granitnen Säulen
Aus dem Erdgerippe los,
Schwingt sie in gewalt'gen Händen
Hoch, wie einen leichten Ball,
Und mit Hermes, dem Behenden,
Thürmet er der Mauern Wall.

Aber aus den goldnen Saiten
Lockt Apoll die Harmonie
Und das holde Maß der Zeiten
Und die Macht der Melodie.
Mit neunstimmigem Gesange
Fallen die Camönen ein;
Leise nach des Liedes Klange
Füget sich der Stein zum Stein.

Und der Thore weite Flügel
Setzet mit erfahrner Hand
Cybele, und fügt die Riegel
Und der Schlösser festes Band.
Schnell durch rasche Götterhände
Ist der Wunderbau vollbracht,
Und der Tempel heitre Wände
Glänzen schon in Festespracht.

Und mit einem Kranz von Myrten
Naht die Götterkönigin,
Und sie führt den schönsten Hirten
Zu der schönsten Hirtin hin.
Venus mit dem holden Knaben
Schmücket selbst das erste Paar,
Alle Götter bringen Gaben
Segnend den Vermählten dar.

Und die neuen Bürger ziehen,
Von der Götter sel'gem Chor
Eingeführt, mit Harmonieen
In das gastlich offne Thor;
Und das Priesteramt verwaltet
Ceres am Altar des Zeus,
Segnend ihre Hand gefaltet,
Spricht sie zu des Volkes Kreis:

Freiheit liebt das Thier der Wüste,
Frei im Aether herrscht der Gott,
Ihrer Brust gewalt'ge Lüste
Zähmet das Naturgebot;
Doch der Mensch in ihrer Mitte
Soll sich an den Menschen reihn,
Und allein durch seine Sitte
Kann er frei und mächtig sein.

Windet zum Kranze die goldenen Aehren,
Flechtet auch blaue Cyanen hinein!
Freude soll jedes Auge verklären,
Denn die Königin ziehet ein,

Die uns die süße Heimath gegeben,
Die den Menschen zum Menschen gesellt.
Unser Gesang soll sie festlich erheben,
Die beglückende Mutter der Welt!

Der Ring des Polykrates.

Er stand auf seines Daches Zinnen,
Er schaute mit vergnügten Sinnen
Auf das beherrschte Samos hin.
„Dies Alles ist mir unterthänig,"
Begann er zu Aegyptens König,
„Gestehe, daß ich glücklich bin." —

„Du hast der Götter Gunst erfahren!
Die vormals deines Gleichen waren,
Sie zwingt jetzt deines Scepters Macht.
Doch Einer lebt noch, sie zu rächen;
Dich kann mein Mund nicht glücklich sprechen,
So lang des Feindes Auge wacht." —

Und eh der König noch geendet,
Da stellt sich, von Milet gesendet,
Ein Bote dem Tyrannen dar:
„Laß, Herr, des Opfers Düfte steigen,
Und mit des Lorbeers muntern Zweigen
Bekränze dir dein festlich Haar!"

„Getroffen sank dein Feind vom Speere,
Mich sendet mit der frohen Mähre
Dein treuer Feldherr Polydor —"

Und nimmt aus einem schwarzen Becken,
Noch blutig, zu der Beiden Schrecken,
Ein wohlbekanntes Haupt hervor.

Der König tritt zurück mit Grauen.
„Doch warn' ich dich, dem Glück zu trauen,"
Versetzt er mit besorgtem Blick.
„Bedenk', auf ungetreuen Wellen —
Wie leicht kann sie der Sturm zerschellen —
Schwimmt deiner Flotte zweifelnd Glück."

Und eh' er noch das Wort gesprochen,
Hat ihn der Jubel unterbrochen,
Der von der Rhede jauchzend schallt.
Mit fremden Schätzen reich beladen,
Kehrt zu den heimischen Gestaden
Der Schiffe mastenreicher Wald.

Der königliche Gast erstaunet:
„Dein Glück ist heute gut gelaunet,
Doch fürchte seinen Unbestand.
Der Kreter waffenkund'ge Schaaren
Bedräuen dich mit Kriegsgefahren;
Schon nahe sind sie diesem Strand."

Und eh' ihm noch das Wort entfallen,
Da sieht man's von den Schiffen wallen
Und tausend Stimmen rufen: „Sieg!
Von Feindesnoth sind wir befreiet,
Die Kreter hat der Sturm zerstreuet,
Vorbei, geendet ist der Krieg!"

Das hört der Gastfreund mit Entsetzen.
„Fürwahr, ich muß dich glücklich schätzen!
Doch," spricht er, „zittr' ich für dein Heil.
Mir grauet vor der Götter Neide;
Des Lebens ungemischte Freude
Ward keinem Irdischen zu Theil."

„Auch mir ist alles wohl gerathen,
Bei allen meinen Herrscherthaten
Begleitet mich des Himmels Huld;
Doch hatt' ich einen theuren Erben,
Den nahm mir Gott, ich sah ihn sterben,
Dem Glück bezahlt' ich meine Schuld."

„Drum, willst du dich vor Leid bewahren,
So flehe zu den Unsichtbaren,
Daß sie zum Glück den Schmerz verleihn.
Noch keinen sah ich fröhlich enden,
Auf den mit immer vollen Händen
Die Götter ihre Gaben streun."

„Und wenn's die Götter nicht gewähren,
So acht' auf eines Freundes Lehren
Und rufe selbst das Unglück her;
Und was von allen deinen Schätzen
Dein Herz am höchsten mag ergötzen,
Das nimm und wirf's in dieses Meer!"

Und jener spricht, von Furcht beweget:
„Von allem, was die Insel heget,
Ist dieser Ring mein höchstes Gut.
Ihn will ich den Erinnen weihen,
Ob sie mein Glück mir dann verzeihen,"
Und wirft das Kleinod in die Fluth.

Und bei des nächsten Morgens Lichte —
Da tritt mit fröhlichem Gesichte
Ein Fischer vor den Fürsten hin:
„Herr, diesen Fisch hab' ich gefangen,
Wie keiner noch ins Netz gegangen,
Dir zum Geschenke bring' ich ihn."

Und als der Koch den Fisch zertheilet,
Kommt er bestürzt herbeigeeilet
Und ruft mit hocherstauntem Blick:
„Sieh, Herr, den Ring, den du getragen,
Ihn fand ich in des Fisches Magen,
O, ohne Grenzen ist dein Glück!"

Hier wendet sich der Gast mit Grausen:
„So kann ich hier nicht ferner hausen,
Mein Freund kannst du nicht weiter sein.
Die Götter wollen dein Verderben;
Fort eil' ich, nicht mit dir zu sterben."
Und sprach's, und schiffte schnell sich ein.

Die Kraniche des Ibykus.

Zum Kampf der Wagen und Gesänge,
Der auf Korinthus' Landeszenge
Der Griechen Stämme froh vereint,
Zog Ibykus, der Götterfreund.
Ihm schenkte des Gesanges Gabe,
Der Lieder süßen Mund Apoll;
So wandert' er an leichtem Stabe
Aus Rhegium, des Gottes voll.

Schon winkt auf hohem Bergesrücken
Akrokorinth des Wandrers Blicken,
Und in Poseidons Fichtenhain
Tritt er mit frommem Schauder ein.
Nichts regt sich um ihn her, nur Schwärme
Von Kranichen begleiten ihn,
Die fernhin nach des Südens Wärme
In graulichtem Geschwader ziehn.

„Seid mir gegrüßt, befreundte Schaaren,
Die mir zur See Begleiter waren!
Zum guten Zeichen nehm' ich euch,
Mein Loos, es ist dem euren gleich.
Von fern her kommen wir gezogen
Und flehen um ein wirthlich Dach —
Sei uns der Gastliche gewogen,
Der von dem Fremdling wehrt die Schmach!"

Und munter fördert er die Schritte,
Und sieht sich in des Waldes Mitte;
Da sperren auf gedrangem Steg
Zwei Mörder plötzlich seinen Weg.
Zum Kampfe muß er sich bereiten,
Doch bald ermattet sinkt die Hand,
Sie hat der Leier zarte Saiten,
Doch nie des Bogens Kraft gespannt.

Er ruft die Menschen an, die Götter,
Sein Flehen dringt zu keinem Retter;
Wie weit er auch die Stimme schickt,
Nichts Lebendes wird hier erblickt.

„So muß ich hier verlassen sterben,
Auf fremdem Boden, unbeweint,
Durch böser Buben Hand verderben,
Wo auch kein Rächer mir erscheint!"

Und schwer getroffen sinkt er nieder,
Da rauscht der Kraniche Gefieder;
Er hört, schon kann er nicht mehr sehn,
Die nahen Stimmen furchtbar krähn.
„Von euch, ihr Kraniche dort oben,
Wenn keine andre Stimme spricht,
Sei meines Mordes Klag' erhoben!"
Er ruft es, und sein Auge bricht.

Der nackte Leichnam wird gefunden,
Und bald, obgleich entstellt von Wunden,
Erkennt der Gastfreund in Korinth
Die Züge, die ihm theuer sind.
„Und muß ich so dich wieder finden,
Und hoffte mit der Fichte Kranz
Des Sängers Schläfe zu umwinden,
Bestrahlt von seines Ruhmes Glanz!"

Und jammernd hören's alle Gäste,
Versammelt bei Poseidons Feste,
Ganz Griechenland ergreift der Schmerz,
Verloren hat ihn jedes Herz.
Und stürmend drängt sich zum Prytanen
Das Volk, es fordert seine Wuth,
Zu rächen des Erschlagnen Manen,
Zu sühnen mit des Mörders Blut.

Doch wo die Spur, die aus der Menge,
Der Völker fluthendem Gedränge,
Gelocket von der Spiele Pracht,
Den schwarzen Thäter kenntlich macht?
Sind's Räuber, die ihn feig erschlagen?
That's neidisch ein verborgner Feind?
Nur Helios vermag's zu sagen,
Der alles Irdische bescheint.

Er geht vielleicht mit frechem Schritte
Jetzt eben durch der Griechen Mitte,
Und während ihn die Rache sucht,
Genießt er seines Frevels Frucht.
Auf ihres eignen Tempels Schwelle
Trotzt er vielleicht den Göttern, mengt
Sich dreist in jene Menschenwelle,
Die dort sich zum Theater drängt.

Denn Bank an Bank gedränget sitzen,
Es brechen fast der Bühne Stützen,
Herbeigeströmt von fern und nah,
Der Griechen Völker wartend da;
Dumpfbrausend wie des Meeres Wogen,
Von Menschen wimmelnd wächst der Bau
In weiter stets geschweiftem Bogen
Hinauf bis in des Himmels Blau.

Wer zählt die Völker, nennt die Namen,
Die gastlich hier zusammen kamen?
Von Theseus' Stadt, von Aulis' Strand,
Von Phocis, vom Spartanerland,

Von Asiens entlegner Küste,
Von allen Inseln kamen sie,
Und horchen von dem Schaugerüste
Des Chores grauser Melodie,

Der, streng und ernst, nach alter Sitte,
Mit langsam abgemeßnem Schritte
Hervortritt aus dem Hintergrund,
Umwandelnd des Theaters Rund.
So schreiten keine irb'schen Weiber,
Die zeugete kein sterblich Haus!
Es steigt das Riesenmaß der Leiber
Hoch über Menschliches hinaus.

Ein schwarzer Mantel schlägt die Lenden,
Sie schwingen in entfleischten Händen
Der Fackel düsterrothe Gluth,
In ihren Wangen fließt kein Blut;
Und wo die Haare lieblich flattern,
Um Menschenstirnen freundlich wehn,
Da sieht man Schlangen hier und Nattern
Die giftgeschwollnen Bäuche blähn.

Und schauerlich, gedreht im Kreise,
Beginnen sie des Hymnus Weise,
Der durch das Herz zerreißend dringt,
Die Bande um den Frevler schlingt.
Besinnungraubend, herzbethörend
Schallt der Erinnyen Gesang,
Er schallt, des Hörers Mark verzehrend,
Und duldet nicht der Leier Klang:

„Wohl dem, der frei von Schuld und Fehle
Bewahrt die kindlich reine Seele!
Ihm dürfen wir nicht rächend nahn,
Er wandelt frei des Lebens Bahn.
Doch wehe, wehe, wer verstohlen
Des Mordes schwere That vollbracht!
Wir heften uns an seine Sohlen,
Das furchtbare Geschlecht der Nacht.“

„Und glaubt er fliehend zu entspringen,
Geflügelt sind wir da, die Schlingen
Ihm werfend um den flücht'gen Fuß,
Daß er zu Boden fallen muß.
So jagen wir ihn, ohn' Ermatten,
Versöhnen kann uns keine Reu',
Ihn fort und fort bis zu den Schatten,
Und geben ihn auch dort nicht frei.“

So singend, tanzen sie den Reigen,
Und Stille, wie des Todes Schweigen,
Liegt überm ganzen Hause schwer,
Als ob die Gottheit nahe wär'.
Und feierlich, nach alter Sitte,
Umwandelnd des Theaters Rund,
Mit langsam abgemeßnem Schritte
Verschwinden sie im Hintergrund.

Und zwischen Trug und Wahrheit schwebet
Noch zweifelnd jede Brust und bebet,
Und huldiget der furchtbarn Macht,
Die richtend im Verborgnen wacht,

Die unerforschlich, unergründet
Des Schicksals dunkeln Knäuel flicht,
Dem tiefen Herzen sich verkündet,
Doch fliehet vor dem Sonnenlicht.

Da hört man auf den höchsten Stufen
Auf einmal eine Stimme rufen:
„Sieh da, sieh da, Timotheus,
Die Kraniche des Ibykus!“ —
Und finster plötzlich wird der Himmel,
Und über dem Theater hin
Sieht man in schwärzlichtem Gewimmel
Ein Kranichheer vorüberziehn.

„Des Ibykus!“ — Der theure Name
Rührt jede Brust mit neuem Grame,
Und wie im Meere Well’ auf Well’,
So läuft’s von Mund zu Munde schnell:
„Des Ibykus? den wir beweinen?
Den eine Mörderhand erschlug?
Was ist’s mit dem? was kann er meinen?
Was ist’s mit diesem Kranichzug?“ —

Und lauter immer wird die Frage,
Und ahnend fliegt’s mit Blitzesschlage
Durch alle Herzen: „Gebet Acht,
Das ist der Eumeniden Macht!
Der fromme Dichter wird gerochen,
Der Mörder bietet selbst sich dar —
Ergreift ihn, der das Wort gesprochen,
Und ihn, an den’s gerichtet war!“

Doch dem war kaum das Wort entfahren,
Möcht' er's im Busen gern bewahren;
Umsonst! Der schreckenbleiche Mund
Macht schnell die Schuldbewußten kund.
Man reißt und schleppt sie vor den Richter,
Die Scene wird zum Tribunal,
Und es gestehn die Bösewichter,
Getroffen von der Rache Strahl.

Hero und Leander.

Seht ihr dort die altergrauen
Schlösser sich entgegenschauen,
Leuchtend in der Sonne Gold,
Wo der Hellespont die Wellen
Brausend durch der Dardanellen
Hohe Felsenpforte rollt?
Hört ihr jene Brandung stürmen,
Die sich an den Felsen bricht?
Asien riß sie von Europen;
Doch die Liebe schreckt sie nicht.

Heros und Leanders Herzen
Rührte mit dem Pfeil der Schmerzen
Amors heil'ge Göttermacht.
Hero, schön wie Hebe blühend,
Er durch die Gebirge ziehend
Rüstig im Geräusch der Jagd.
Doch der Väter feindlich Zürnen
Trennte das verbundne Paar,
Und die süße Frucht der Liebe
Hing am Abgrund der Gefahr.

Dort auf Sestos' Felsenthurme,
Den mit ew'gem Wogensturme
Schäumend schlägt der Hellespont,
Saß die Jungfrau, einsam grauend,
Nach Abydos' Küste schauend,
Wo der Heißgeliebte wohnt.
Ach, zu dem entfernten Strande
Baut sich keiner Brücke Steg,
Und kein Fahrzeug stößt vom Ufer;
Doch die Liebe fand den Weg.

Aus des Labyrinthes Pfaden
Leitet sie mit sicherm Faden,
Auch den Blöden macht sie klug,
Beugt ins Joch die wilden Thiere,
Spannt die feuersprühnden Stiere
An den diamantnen Pflug.
Selbst der Styx, der neunfach fließet,
Schließt die Wagende nicht aus;
Mächtig raubt sie das Geliebte
Aus des Pluto finsterm Haus.

Auch durch des Gewässers Fluthen
Mit der Sehnsucht feur'gen Gluthen
Stachelt sie Leanders Muth.
Wenn des Tages heller Schimmer
Bleichet, stürzt der kühne Schwimmer
In des Pontus finstre Fluth,
Theilt mit starkem Arm die Woge,
Strebend nach dem theuren Strand,
Wo, auf hohem Söller leuchtend,
Winkt der Fackel heller Brand.

Und in weichen Liebesarmen
Darf der Glückliche erwarmen
Von der schwer bestandnen Fahrt,
Und den Götterlohn empfangen,
Den in seligem Umfangen
Ihm die Liebe aufgespart,
Bis den Säumenden Aurora
Aus der Wonne Träumen weckt,
Und ins kalte Bett des Meeres
Aus dem Schooß der Liebe schreckt.

Und so flohen dreißig Sonnen
Schnell, im Raub verstohlner Wonnen,
Dem beglückten Paar dahin,
Wie der Brautnacht süße Freuden,
Die die Götter selbst beneiden,
Ewig jung und ewig grün.
Der hat nie das Glück gekostet,
Der die Frucht des Himmels nicht
Raubend an des Höllenflusses
Schauervollem Rande bricht.

Hesper und Aurora zogen
Wechselnd auf am Himmelsbogen;
Doch die Glücklichen, sie sahn
Nicht den Schmuck der Blätter fallen,
Nicht aus Nords beeisten Hallen
Den ergrimmten Winter nahn.
Freudig sahen sie des Tages
Immer kürzern, kürzern Kreis;
Für das längre Glück der Nächte
Dankten sie bethört dem Zeus.

Und es gleichte schon die Wage
An dem Himmel Nächt' und Tage,
Und die holde Jungfrau stand
Harrend auf dem Felsenschlosse,
Sah hinab die Sonnenrosse
Fliehen an des Himmels Rand.
Und das Meer lag still und eben,
Einem reinen Spiegel gleich,
Keines Windes leises Weben
Regte das krystallne Reich.

Lustige Delphinenschaaren
Scherzten in dem silberklaren,
Reinen Element umher,
Und in schwärzlicht grauen Zügen,
Aus dem Meergrund aufgestiegen,
Kam der Tethys buntes Heer.
Sie, die Einzigen, bezeugten
Den verstohlnen Liebesbund;
Aber ihnen schloß auf ewig
Hekate den stummen Mund.

Und sie freute sich des schönen
Meeres, und mit Schmeicheltönen
Sprach sie zu dem Element:
„Schöner Gott, du solltest trügen?
Nein, den Frevler straf' ich Lügen,
Der dich falsch und treulos nennt.
Falsch ist das Geschlecht der Menschen,
Grausam ist des Vaters Herz;
Aber du bist mild und gütig,
Und dich rührt der Liebe Schmerz."

„In den öden Felsenmauern
Müßt' ich freudlos einsam trauern
Und verblühn in ew'gem Harm;
Doch du trägst auf deinem Rücken,
Ohne Nachen, ohne Brücken,
Mir den Freund in meinen Arm.
Grauenvoll ist deine Tiefe,
Furchtbar deiner Wogen Fluth,
Aber dich erfleht die Liebe,
Dich bezwingt der Heldenmuth.“

„Denn auch dich, den Gott der Wogen,
Rührte Eros' mächt'ger Bogen,
Als des goldnen Widders Flug
H e l l e, mit dem Bruder fliehend,
Schön in Jugendfülle blühend, ·
Ueber deine Tiefe trug.
Schnell, von ihrem Reiz besieget,
Griffst du aus dem finstern Schlund,
Zogst sie von des Widders Rücken
Nieder in den Meeresgrund.“

„Eine Göttin mit dem Gotte,
In der tiefen Wassergrotte,
Lebt sie jetzt unsterblich fort;
Hilfreich der verfolgten Liebe,
Zähmt sie deine wilden Triebe,
Führt den Schiffer in den Port.
Schöne H e l l e, holde Göttin,
Selige, dich fleh' ich an:
Bring' auch heute den Geliebten
Mir auf der gewohnten Bahn!“

Und schon dunkelten die Fluthen,
Und sie ließ der Fackel Gluthen
Von dem hohen Söller wehn.
Leitend in den öden Reichen
Sollte das vertraute Zeichen
Der geliebte Wandrer sehn.
Und es saust und dröhnt von ferne,
Finster kräuselt sich das Meer,
Und es löscht das Licht der Sterne,
Und es naht gewitterschwer.

Auf des Pontus weite Fläche
Legt sich Nacht, und Wetterbäche
Stürzen aus der Wolken Schooß;
Blitze zucken in den Lüften,
Und aus ihren Felsengrüften
Werden alle Stürme los,
Wühlen ungeheure Schlünde
In den weiten Wasserschlund;
Gähnend, wie ein Höllenrachen,
Oeffnet sich des Meeres Grund.

„Wehe, weh mir!" ruft die Arme
Jammernd. „Großer Zeus, erbarme!
Ach, was wagt' ich zu erflehn!
Wenn die Götter mich erhören,
Wenn er sich den falschen Meeren
Preis gab in des Sturmes Wehn!
Alle meergewohnten Vögel
Ziehen heim in eil'ger Flucht;
Alle sturmerprobten Schiffe
Bergen sich in sichrer Bucht."

„Ach, gewiß, der Unverzagte
Unternahm das oft Gewagte,
Denn ihn trieb ein mächt'ger Gott.
Er gelobte mir's beim Scheiden
Mit der Liebe heil'gen Eiden,
Ihn entbindet nur der Tod.
Ach, in diesem Augenblicke
Ringt er mit des Sturmes Wuth,
Und hinab in ihre Schlünde
Reißt ihn die empörte Fluth!"

„Falscher Pontus, deine Stille
War nur des Verrathes Hülle,
Einem Spiegel warst du gleich;
Tückisch ruhten deine Wogen,
Bis du ihn heraus betrogen
In dein falsches Lügenreich.
Jetzt, in deines Stromes Mitte,
Da die Rückkehr sich verschloß,
Lässest du auf den Verrathnen
Alle deine Schrecken los!"   .

Und es wächst des Sturmes Toben,
Hoch, zu Bergen aufgehoben,
Schwillt das Meer, die Brandung bricht
Schäumend sich am Fuß der Klippen;
Selbst das Schiff mit Eichenrippen
Nahte unzerschmettert nicht.
Und im Wind erlischt die Fackel,
Die des Pfades Leuchte war;
Schrecken bietet das Gewässer,
Schrecken auch die Landung dar.

Und sie fleht zur Aphrodite,
Daß sie dem Orkan gebiete,
Sänftige der Wellen Zorn,
Und gelobt, den strengen Winden
Reiche Opfer anzuzünden,
Einen Stier mit goldnem Horn.
Alle Göttinnen der Tiefe,
Alle Götter in der Höh'
Fleht sie, lindernd Oel zu gießen
In die sturmbewegte See.

„Höre meinen Ruf erschallen,
Steig' aus deinen grünen Hallen,
Selige Leukothea!
Die der Schiffer in dem öden
Wellenreich, in Sturmesnöthen
Rettend oft erscheinen sah.
Reich' ihm deinen heil'gen Schleier,
Der, geheimnißvoll gewebt,
Die ihn tragen, unverletzlich
Aus dem Grab der Fluthen hebt!"

Und die wilden Winde schweigen,
Hell an Himmels Rande steigen
Eos' Pferde in die Höh'.
Friedlich in dem alten Bette
Fließt das Meer in Spiegelglätte,
Heiter lächeln Luft und See.
Sanfter brechen sich die Wellen
An des Ufers Felsenwand,
Und sie schwemmen, ruhig spielend,
Einen Leichnam an den Strand.

Ja, er ist's, der auch entseelet
Seinem heil'gen Schwur nicht fehlet!
Schnellen Blicks erkennt sie ihn.
Keine Klage läßt sie schallen,
Keine Thräne sieht man fallen,
Kalt, verzweifelnd starrt sie hin.
Trostlos in die öde Tiefe
Blickt sie, in des Aethers Licht,
Und ein edles Feuer röthet
Das erbleichte Angesicht.

„Ich erkenn' euch, ernste Mächte!
Strenge treibt ihr eure Rechte,
Furchtbar, unerbittlich ein.
Früh schon ist mein Lauf beschlossen;
Doch das Glück hab' ich genossen,
Und das schönste Loos war mein.
Lebend hab' ich deinem Tempel
Mich geweiht als Priesterin;
Dir ein freudig Opfer sterb' ich,
Venus, große Königin!"

Und mit fliegendem Gewande
Schwingt sie von des Thurmes Rande
In die Meerfluth sich hinab.
Hoch in seinen Fluthenreichen
Wälzt der Gott die heil'gen Leichen,
Und er selber ist ihr Grab.
Und mit seinem Raub zufrieden,
Zieht er freudig fort und gießt
Aus der unerschöpften Urne
Seinen Strom, der ewig fließt.

Kassandra.

Freude war in Trojas Hallen,
Eh die hohe Feste fiel;
Jubelhymnen hört man schallen
In der Saiten goldnes Spiel;
Alle Hände ruhen müde
Von dem thränenvollen Streit,
Weil der herrliche Pelide
Priams schöne Tochter freit.

Und geschmückt mit Lorbeerreisern,
Festlich wallet Schaar auf Schaar
Nach der Götter heil'gen Häusern,
Zu des Thymbriers Altar.
Dumpferbrausend durch die Gassen
Wälzt sich die bacchant'sche Lust,
Und in ihrem Schmerz verlassen
War nur eine traur'ge Brust.

Freudlos in der Freuden Fülle,
Ungesellig und allein,
Wandelte Kassandra stille
In Apollos Lorbeerhain.
In des Waldes tiefste Gründe
Flüchtete die Seherin,
Und sie warf die Priesterbinde
Zu der Erde zürnend hin:

„Alles ist der Freude offen,
Alle Herzen sind beglückt,
Und die alten Eltern hoffen,
Und die Schwester steht geschmückt.

Ich allein muß einsam trauern,
Denn mich flieht der süße Wahn,
Und geflügelt diesen Mauern
Seh' ich das Verderben nahn."

„Eine Fackel seh' ich glühen,
Aber nicht in Hymens Hand;
Nach den Wolken seh' ich's ziehen,
Aber nicht wie Opferbrand.
Feste seh' ich froh bereiten,
Doch im ahnungsvollen Geist
Hör' ich schon des Gottes Schreiten,
Der sie jammervoll zerreißt."

„Und sie schelten meine Klagen,
Und sie höhnen meinen Schmerz.
Einsam in die Wüste tragen
Muß ich mein gequältes Herz,
Von den Glücklichen gemieden
Und den Fröhlichen ein Spott!
Schweres hast du mir beschieden,
Pythischer, du arger Gott!"

„Dein Orakel zu verkünden,
Warum warfest du mich hin
In die Stadt der ewig Blinden
Mit dem aufgeschloßnen Sinn?
Warum gabst du mir zu sehen,
Was ich doch nicht wenden kann?
Das Verhängte muß geschehen,
Das Gefürchtete muß nahn."

„Frommt's, den Schleier aufzuheben,
Wo das nahe Schreckniß droht?
Nur der Irrthum ist das Leben,
Und das Wissen ist der Tod.
Nimm, o nimm die traur'ge Klarheit,
Mir vom Aug den blut'gen Schein!
Schrecklich ist es, deiner Wahrheit
Sterbliches Gefäß zu sein."

„Meine Blindheit gib mir wieder
Und den fröhlich dunkeln Sinn!
Nimmer sang ich freud'ge Lieder,
Seit ich deine Stimme bin.
Zukunft hast du mir gegeben,
Doch du nahmst den Augenblick,
Nahmst der Stunde fröhlich Leben —
Nimm dein falsch Geschenk zurück!"

„Nimmer mit dem Schmuck der Bräute
Kränzt' ich mir das duft'ge Haar,
Seit ich deinem Dienst mich weihte
An dem traurigen Altar.
Meine Jugend war nur Weinen,
Und ich kannte nur den Schmerz,
Jede herbe Noth der Meinen
Schlug an mein empfindend Herz."

„Fröhlich seh' ich die Gespielen,
Alles um mich lebt und liebt
In der Jugend Lustgefühlen,
Mir nur ist das Herz getrübt.

Mir erscheint der Lenz vergebens,
Der die Erde festlich schmückt;
Wer erfreute sich des Lebens,
Der in seine Tiefen blickt!"

„Selig preis' ich Polyxenen
In des Herzens trunknem Wahn,
Denn den Besten der Hellenen
Hofft sie bräutlich zu umfahn.
Stolz ist ihre Brust gehoben,
Ihre Wonne faßt sie kaum,
Nicht euch, Himmlische dort oben,
Neidet sie in ihrem Traum."

„Und auch ich hab' ihn gesehen,
Den das Herz verlangend wählt!
Seine schönen Blicke flehen,
Von der Liebe Gluth beseelt.
Gerne möcht' ich mit dem Gatten
In die heim'sche Wohnung ziehn;
Doch es tritt ein styg'scher Schatten
Nächtlich zwischen mich und ihn."

„Ihre bleichen Larven alle
Sendet mir Proserpina;
Wo ich wandre, wo ich walle,
Stehen mir die Geister da.
In der Jugend frohe Spiele
Drängen sie sich grausend ein,
Ein entsetzliches Gewühle!
Nimmer kann ich fröhlich sein."

„Und den Mordstahl seh' ich blinken
Und das Mörderauge glühn;
Nicht zur Rechten, nicht zur Linken
Kann ich vor dem Schreckniß fliehn;
Nicht die Blicke darf ich wenden,
Wissend, schauend, unverwandt
Muß ich mein Geschick vollenden
Fallend in dem fremden Land." —

Und noch hallen ihre Worte —
Horch! da bringt verworrner Ton
Fernher aus des Tempels Pforte,
Todt lag Thetis' großer Sohn!
Eris schüttelt ihre Schlangen,
Alle Götter fliehn davon,
Und des Donners Wolken hangen
Schwer herab auf Ilion.

Die Bürgschaft.

(Damon und Phintias.)

Zu Dionys, dem Tyrannen, schlich
Damon, den Dolch im Gewande;
Ihn schlugen die Häscher in Bande.
„Was wolltest du mit dem Dolche, sprich!"
Entgegnet ihm finster der Wütherich. —
„Die Stadt vom Tyrannen befreien!" —
„Das sollst du am Kreuze bereuen."

„Ich bin," spricht jener, „zu sterben bereit
Und bitte nicht um mein Leben;
Doch willst du Gnade mir geben,

Ich flehe dich um drei Tage Zeit,
Bis ich die Schwester dem Gatten gefreit;
Ich lasse den Freund dir als Bürgen,
Ihn magst du, entrinn' ich, erwürgen."

Da lächelt der König mit arger List
Und spricht nach kurzem Bedenken:
„Drei Tage will ich dir schenken;
Doch wisse, wenn sie verstrichen die Frist,
Eh du zurück mir gegeben bist,
So muß er statt deiner erblassen,
Doch dir ist die Strafe erlassen."

Und er kommt zum Freunde: „Der König gebeut,
Daß ich am Kreuz mit dem Leben
Bezahle das frevelnde Streben;
Doch will er mir gönnen drei Tage Zeit,
Bis ich die Schwester dem Gatten gefreit;
So bleib du dem König zum Pfande,
Bis ich komme, zu lösen die Bande."

Und schweigend umarmt ihn der treue Freund
Und liefert sich aus dem Tyrannen;
Der andere ziehet von dannen.
Und ehe das dritte Morgenroth scheint,
Hat er schnell mit dem Gatten die Schwester vereint,
Eilt heim mit sorgender Seele,
Damit er die Frist nicht verfehle.

Da gießt unendlicher Regen herab,
Von den Bergen stürzen die Quellen,
Und die Bäche, die Ströme schwellen.

Und er kommt ans Ufer mit wanderndem Stab,
Da reißet die Brücke der Strudel hinab,
Und donnernd sprengen die Wogen
Des Gewölbes krachenden Bogen.

Und trostlos irrt er an Ufers Rand;
Wie weit er auch spähet und blicket
Und die Stimme, die rufende, schicket,
Da stößet kein Nachen vom sichern Strand,
Der ihn setze an das gewünschte Land,
Kein Schiffer lenket die Fähre,
Und der wilde Strom wird zum Meere.

Da sinkt er ans Ufer und weint und fleht,
Die Hände zum Zeus erhoben:
„O hemme des Stromes Toben!
Es eilen die Stunden, im Mittag steht
Die Sonne, und wenn sie niedergeht,
Und ich kann die Stadt nicht erreichen,
So muß der Freund mir erbleichen."

Doch wachsend erneut sich des Stromes Wuth,
Und Welle auf Welle zerrinnet,
Und Stunde an Stunde entrinnet.
Da treibet die Angst ihn, da faßt er sich Muth
Und wirft sich hinein in die brausende Fluth
Und theilt mit gewaltigen Armen
Den Strom, und ein Gott hat Erbarmen.

Und gewinnt das Ufer und eilet fort
Und danket dem rettenden Gotte;
Da stürzet die raubende Rotte

Hervor aus des Waldes nächtlichem Ort,
Den Pfad ihm sperrend, und schnaubet Mord
Und hemmet des Wanderers Eile
Mit drohend geschwungener Keule.

„Was wollt ihr?" ruft er, vor Schrecken bleich,
„Ich habe nichts, als mein Leben,
Das muß ich dem Könige geben!"
Und entreißt die Keule dem Nächsten gleich:
„Um des Freundes willen erbarmet euch!"
Und drei, mit gewaltigen Streichen,
Erlegt er, die andern entweichen.

Und die Sonne versendet glühenden Brand,
Und von der unendlichen Mühe
Ermattet, sinken die Knice.
„O hast du mich gnädig aus Räubershand,
Aus dem Strom mich gerettet ans heilige Land,
Und soll hier verschmachtend verderben,
Und der Freund mir, der liebende, sterben!"

Und horch! da sprudelt es silberhell,
Ganz nahe, wie rieselndes Rauschen,
Und stille hält er, zu lauschen,
Und sieh, aus dem Felsen, geschwätzig, schnell,
Springt murmelnd hervor ein lebendiger Quell,
Und freudig bückt er sich nieder
Und erfrischet die brennenden Glieder.

Und die Sonne blickt durch der Zweige Grün
Und malt auf den glänzenden Matten
Der Bäume gigantische Schatten;

Und zwei Wanderer sieht er die Straße ziehn,
Will eilenden Laufes vorüber fliehn,
Da hört er die Worte sie sagen:
„Jetzt wird er ans Kreuz geschlagen.“

Und die Angst beflügelt den eilenden Fuß,
Ihn jagen der Sorge Qualen;
Da schimmern in Abendroths Strahlen
Von ferne die Zinnen von Syrakus,
Und entgegen kommt ihm Philostratus,
Des Hauses redlicher Hüter,
Der erkennet entsetzt den Gebieter:

„Zurück! du rettest den Freund nicht mehr,
So rette das eigene Leben!
Den Tod erleidet er eben.
Von Stunde zu Stunde gewartet’ er
Mit hoffender Seele der Wiederkehr,
Ihm konnte den muthigen Glauben
Der Hohn des Tyrannen nicht rauben.“ —

„Und ist es zu spät, und kann ich ihm nicht,
Ein Retter, willkommen erscheinen,
So soll mich der Tod ihm vereinen.
Deß rühme der blut’ge Tyrann sich nicht,
Daß der Freund dem Freunde gebrochen die Pflicht,
Er schlachte der Opfer zweie,
Und glaube an Liebe und Treue!“

Und die Sonne geht unter, da steht er am Thor
Und sieht das Kreuz schon erhöhet,
Das die Menge gaffend umstehet;

An dem Seile schon zieht man den Freund empor,
Da zertrennt er gewaltig den dichten Chor:
„Mich, Henker!" ruft er, „erwürget!
Da bin ich, für den er gebürget!"

Und Erstaunen ergreift das Volk umher,
In den Armen liegen sich beide
Und weinen vor Schmerzen und Freude.
Da sieht man kein Auge thränenleer,
Und zum Könige bringt man die Wundermähr';
Der fühlt ein menschliches Rühren,
Läßt schnell vor den Thron sie führen.

Und blicket sie lange verwundert an;
Drauf spricht er: „Es ist euch gelungen,
Ihr habt das Herz mir bezwungen;
Und die Treue, sie ist doch kein leerer Wahn;
So nehmet auch mich zum Genossen an!
Ich sei, gewährt mir die Bitte,
In eurem Bunde der dritte."

Der Taucher.

„Wer wagt es, Rittersmann oder Knapp,
Zu tauchen in diesen Schlund?
Einen goldnen Becher werf' ich hinab,
Verschlungen schon hat ihn der schwarze Mund.
Wer mir den Becher kann wieder zeigen,
Er mag ihn behalten, er ist sein eigen."

Der König spricht es und wirft von der Höh'
Der Klippe, die schroff und steil
Hinaushängt in die unendliche See,
Den Becher in der Charybde Geheul.
„Wer ist der Beherzte, ich frage wieder,
Zu tauchen in diese Tiefe nieder?"

Und die Ritter, die Knappen um ihn her
Vernehmen's und schweigen still,
Sehen hinab in das wilde Meer,
Und keiner den Becher gewinnen will.
Und der König zum drittenmal wieder fraget:
„Ist keiner, der sich hinunter waget?"

Doch alles noch stumm bleibt wie zuvor;
Und ein Edelknecht, sanft und keck,
Tritt aus der Knappen zagendem Chor,
Und den Gürtel wirft er, den Mantel weg,
Und alle die Männer umher und Frauen
Auf den herrlichen Jüngling verwundert schauen.

Und wie er tritt an des Felsen Hang
Und blickt in den Schlund hinab,
Die Wasser, die sie hinunter schlang,
Die Charybde jetzt brüllend wiedergab,
Und wie mit des fernen Donners Getose
Entstürzen sie schäumend dem finstern Schooße.

Und es wallet und siedet und brauset und zischt,
Wie wenn Wasser mit Feuer sich mengt,
Bis zum Himmel sprützet der dampfende Gischt,
Und Fluth auf Fluth sich ohn' Ende drängt,
Und will sich nimmer erschöpfen und leeren,
Als wollte das Meer noch ein Meer gebären.

Doch endlich, da legt sich die wilde Gewalt,
Und schwarz aus dem weißen Schaum
Klafft hinunter ein gähnender Spalt,
Grundlos, als ging's in den Höllenraum,
Und reißend sieht man die brandenden Wogen
Hinab in den strudelnden Trichter gezogen.

Jetzt schnell, eh die Brandung wiederkehrt,
Der Jüngling sich Gott befiehlt,
Und — ein Schrei des Entsetzens wird rings gehört,
Und schon hat ihn der Wirbel hinweggespült,
Und geheimnißvoll über dem kühnen Schwimmer
Schließt sich der Rachen; er zeigt sich nimmer.

Und stille wird's über dem Wasserschlund,
In der Tiefe nur brauset es hohl,
Und bebend hört man von Mund zu Mund:
„Hochherziger Jüngling, fahre wohl!"
Und hohler und hohler hört man's heulen,
Und es harrt noch mit bangem, mit schrecklichem Weilen

Und wärfst du die Krone selber hinein
Und sprächst: wer mir bringet die Kron',
Er soll sie tragen und König sein!
Mich gelüstete nicht nach dem theuren Lohn.
Was die heulende Tiefe da unten verhehle,
Das erzählt keine lebende glückliche Seele.

Wohl manches Fahrzeug, vom Strudel gefaßt,
Schoß gäh in die Tiefe hinab:
Doch zerschmettert nur rangen sich Kiel und Mast
Hervor aus dem alles verschlingenden Grab. —
Und heller und heller, wie Sturmes Sausen,
Hört man's näher und immer näher brausen.

Und es wallet und siedet und brauset und zischt,
Wie wenn Wasser mit Feuer sich mengt,
Bis zum Himmel sprützet der dampfende Gischt,
Und Well' auf Well' sich ohn' Ende drängt,
Und wie mit des fernen Donners Getose
Entstürzt es brüllend dem finstern Schooße.

Und sieh! aus dem finster fluthenden Schooß,
Da hebet sich's schwanenweiß,
Und ein Arm und ein glänzender Nacken wird bloß,
Und es rudert mit Kraft und mit emsigem Fleiß,
Und er ist's, und hoch in seiner Linken
Schwingt er den Becher mit freudigem Winken.

Und athmete lang und athmete tief,
Und begrüßte das himmlische Licht.
Mit Frohlocken es einer dem andern rief:
„Er lebt! er ist da! es behielt ihn nicht!
Aus dem Grab, aus der strudelnden Wasserhöhle
Hat der Brave gerettet die lebende Seele!"

Und er kommt; es umringt ihn die jubelnde Schaar;
Zu des Königs Füßen er sinkt,
Den Becher reicht er ihm knieend dar,
Und der König der lieblichen Tochter winkt,
Die füllt ihn mit funkelndem Wein bis zum Rande,
Und der Jüngling sich also zum König wandte:

„Lang lebe der König! Es freue sich,
Wer da athmet im rosigten Licht!
Da unten aber ist's fürchterlich,
Und der Mensch versuche die Götter nicht,
Und begehre nimmer und nimmer zu schauen,
Was sie gnädig bedecken mit Nacht und Grauen."

„Es riß mich hinunter blitzesschnell,
Da stürzt' mir aus felsigtem Schacht
Wildfluthend entgegen ein reißender Quell;
Mich packte des Doppelstroms wüthende Macht,
Und wie einen Kreisel, mit schwindelndem Drehen
Trieb mich's um, ich konnte nicht widerstehen."

„Da zeigte mir Gott, zu dem ich rief,
In der höchsten schrecklichen Noth,
Aus der Tiefe ragend ein Felsenriff,
Das erfaßt' ich behend und entrann dem Tod.
Und da hing auch der Becher an spitzen Korallen,
Sonst wär' er ins Bodenlose gefallen."

„Denn unter mir lag's noch bergetief
In purpurner Finsterniß da,
Und ob's hier dem Ohre gleich ewig schlief,
Das Auge mit Schaudern hinunter sah,
Wie's von Salamandern und Molchen und Drachen
Sich regt' in dem furchtbaren Höllenrachen."

„Schwarz wimmelten da, in grausem Gemisch,
Zu scheußlichen Klumpen geballt,
Der stachlichte Roche, der Klippenfisch,
Des Hammers gräuliche Ungestalt,
Und dräuend wies mir die grimmigen Zähne
Der entsetzliche Hai, des Meeres Hyäne."

„Und da hing ich, und war's mir mit Grausen bewußt,
Von der menschlichen Hülfe so weit,
Unter Larven die einzige fühlende Brust,
Allein in der gräßlichen Einsamkeit,
Tief unter dem Schall der menschlichen Rede
Bei den Ungeheuern der traurigen Oede."

„Und schaudernd dacht' ich's, da kroch's heran,
Regte hundert Gelenke zugleich,
Will schnappen nach mir; in des Schreckens Wahn
Laß ich los der Koralle umklammerten Zweig;
Gleich faßt mich der Strudel mit rasendem Toben,
Doch es war mir zum Heil, er riß mich nach oben."

Der König darob sich verwundert schier
Und spricht: „Der Becher ist dein,
Und diesen Ring noch bestimm' ich dir,
Geschmückt mit dem köstlichsten Edelgestein,
Versuchst du's noch einmal und bringst mir Kunde,
Was du sahst auf des Meers tiefunterstem Grunde."

Das hörte die Tochter mit weichem Gefühl,
Und mit schmeichelndem Munde sie fleht:
„Laßt, Vater, genug sein das grausame Spiel!
Er hat euch bestanden, was keiner besteht,
Und könnt ihr des Herzens Gelüsten nicht zähmen,
So mögen die Ritter den Knappen beschämen."

Drauf der König greift nach dem Becher schnell,
In den Strudel ihn schleudert hinein:
„Und schaffst du den Becher mir wieder zur Stell',
So sollst du der trefflichste Ritter mir sein,
Und sollst sie als Ehgemahl heut noch umarmen,
Die jetzt für dich bittet mit zartem Erbarmen."

Da ergreift's ihm die Seele mit Himmelsgewalt,
Und es blitzt aus den Augen ihm kühn,
Und er siehet erröthen die schöne Gestalt,
Und sieht sie erbleichen und sinken hin;
Da treibt's ihn, den köstlichen Preis zu erwerben,
Und stürzt hinunter auf Leben und Sterben.

Wohl hört man die Brandung, wohl kehrt sie zurück,
Sie verkündigt der donnernde Schall;
Da bückt sich's hinunter mit liebendem Blick,
Es kommen, es kommen die Wasser all,
Sie rauschen herauf, sie rauschen nieder,
Den Jüngling bringt keines wieder.

Ritter Toggenburg.

„Ritter, treue Schwesterliebe
   „Widmet euch dies Herz;
„Fordert keine andre Liebe,
   „Denn es macht mir Schmerz.
„Ruhig mag ich euch erscheinen,
   „Ruhig gehen sehn.
„Eurer Augen stilles Weinen
   „Kann ich nicht verstehn."

Und er hört's mit stummem Harme,
   Reißt sich blutend los,
Preßt sie heftig in die Arme,
   Schwingt sich auf sein Roß,
Schickt zu seinen Mannen allen
   In dem Lande Schweiz;
Nach dem heil'gen Grab sie wallen,
   Auf der Brust das Kreuz.

Große Thaten dort geschehen
   Durch der Helden Arm;
Ihres Helmes Büsche wehen
   In der Feinde Schwarm;

Und des Toggenburgers Name
　　Schreckt den Muselmann;
Doch das Herz von seinem Grame
　　Nicht genesen kann.

Und ein Jahr hat er's getragen,
　　Trägt's nicht länger mehr;
Ruhe kann er nicht erjagen
　　Und verläßt das Heer;
Sieht ein Schiff an Joppes Strande',
　　Das die Segel bläht,
Schiffet heim zum theuren Lande,
　　Wo ihr Athem weht.

Und an ihres Schlosses Pforte
　　Klopft der Pilger an;
Ach, und mit dem Donnerworte
　　Wird sie aufgethan:
„Die ihr suchet, trägt den Schleier,
　　„Ist des Himmels Braut,
„Gestern war des Tages Feier,
　　„Der sie Gott getraut."

Da verlässet er auf immer
　　Seiner Väter Schloß,
Seine Waffen sieht er nimmer,
　　Noch sein treues Roß.
Von der Toggenburg hernieder
　　Steigt er unbekannt,
Denn es deckt die edeln Glieder
　　Härenes Gewand.

Und erbaut sich eine Hütte
　　Jener Gegend nah,
Wo das Kloster aus der Mitte
　　Düstrer Linden sah;
Harrend von des Morgens Lichte
　　Bis zu Abends Schein,
Stille Hoffnung im Gesichte,
　　Saß er da allein.

Blickte nach dem Kloster drüben,
　　Blickte stundenlang
Nach dem Fenster seiner Lieben,
　　Bis das Fenster klang,
Bis die Liebliche sich zeigte,
　　Bis das theure Bild
Sich ins Thal herunter neigte,
　　Ruhig, engelmild.

Und dann legt' er froh sich nieder,
　　Schlief getröstet ein,
Still sich freuend, wenn es wieder
　　Morgen würde sein.
Und so saß er viele Tage,
　　Saß viel Jahre lang,
Harrend ohne Schmerz und Klage,
　　Bis das Fenster klang,

Bis die Liebliche sich zeigte,
　　Bis das theure Bild
Sich ins Thal herunter neigte,
　　Ruhig, engelmild.

Und so saß er, eine Leiche,
  Eines Morgens da;
Nach dem Fenster noch das bleiche
  Stille Antlitz sah.

Der Kampf mit dem Drachen.

Was rennt das Volk, was wälzt sich dort
Die langen Gassen brausend fort?
Stürzt Rhodus unter Feuers Flammen?
Es rottet sich im Sturm zusammen,
Und einen Ritter, hoch zu Roß,
Gewahr' ich aus dem Menschentroß;
Und hinter ihm, welch Abenteuer!
Bringt man geschleppt ein Ungeheuer;
Ein Drache scheint es von Gestalt
Mit weitem Krokodilesrachen,
Und alles blickt verwundert bald
Den Ritter an und bald den Drachen.

Und tausend Stimmen werden laut:
„Das ist der Lindwurm, kommt und schaut,
Der Hirt und Heerden uns verschlungen!
Das ist der Held, der ihn bezwungen!
Viel andre zogen vor ihm aus,
Zu wagen den gewalt'gen Strauß,
Doch keinen sah man wiederkehren;
Den kühnen Ritter soll man ehren!"
Und nach dem Kloster geht der Zug,
Wo Sanct Johanns des Täufers Orden,
Die Ritter des Spitals, im Flug
Zu Rathe sind versammelt worden.

Und vor den edeln Meister tritt
Der Jüngling mit bescheidnem Schritt;
Nachdrängt das Volk, mit wildem Rufen,
Erfüllend des Geländers Stufen.
Und jener nimmt das Wort und spricht:
„Ich hab' erfüllt die Ritterpflicht.
Der Drache, der das Land verödet,
Er liegt von meiner Hand getödtet;
Frei ist dem Wanderer der Weg,
Der Hirte treibe ins Gefilde,
Froh walle auf dem Felsensteg
Der Pilger zu dem Gnadenbilde."

Doch strenge blickt der Fürst ihn an
Und spricht: „Du hast als Held gethan;
Der Muth ist's, der den Ritter ehret,
Du hast den kühnen Geist bewähret.
Doch sprich! was ist die erste Pflicht
Des Ritters, der für Christum ficht,
Sich schmücket mit des Kreuzes Zeichen?"
Und alle rings herum erbleichen.
Doch er, mit edlem Anstand, spricht,
Indem er sich erröthend neiget:
„Gehorsam ist die erste Pflicht,
Die ihn des Schmuckes würdig zeiget."

„Und diese Pflicht, mein Sohn," versetzt
Der Meister, „hast du frech verletzt.
Den Kampf, den das Gesetz versaget,
Hast du mit frevlem Muth gewaget!" —
„Herr, richte, wenn du alles weißt,"
Spricht jener mit gesetztem Geist,
„Denn des Gesetzes Sinn und Willen
Vermeint' ich treulich zu erfüllen.

Nicht unbedachtsam zog ich hin,
Das Ungeheuer zu bekriegen;
Durch List und kluggewandten Sinn
Versucht' ich's, in dem Kampf zu siegen."

„Fünf unsers Ordens waren schon,
Die Zierden der Religion,
Des kühnen Muthes Opfer worden;
Da wehrtest du den Kampf dem Orden.
Doch an dem Herzen nagten mir
Der Unmuth und die Streitbegier,
Ja, selbst im Traum der stillen Nächte
Fand ich mich keuchend im Gefechte;
Und wenn der Morgen dämmernd kam
Und Kunde gab von neuen Plagen,
Da faßte mich ein wilder Gram,
Und ich beschloß, es frisch zu wagen."

„Und zu mir selber sprach ich dann:
Was schmückt den Jüngling, ehrt den Mann?
Was leisteten die tapfern Helden,
Von denen uns die Lieder melden,
Die zu der Götter Glanz und Ruhm
Erhub das blinde Heidenthum?
Sie reinigten von Ungeheuern
Die Welt in kühnen Abenteuern,
Begegneten im Kampf dem Leun
Und rangen mit dem Minotauren,
-Die armen Opfer zu befrein,
Und ließen sich das Blut nicht dauren."

„Ist nur der Saracen es werth,
Daß ihn bekämpft des Christen Schwert?

Betriegt er nur die falschen Götter?
Gesandt ist er der Welt zum Retter,
Von jeder Noth und jedem Harm
Befreien muß sein starker Arm;
Doch seinen Muth muß Weisheit leiten,
Und List muß mit der Stärke streiten.
So sprach ich est und zog allein,
Des Raubthiers Fährte zu erkunden;
Da flößte mir der Geist es ein,
Froh rief ich aus: Ich hab's gefunden!"

„Und trat zu dir und sprach das Wort:
Mich zieht es nach der Heimath fort.
Du, Herr, willfahrtest meinen Bitten,
Und glücklich war das Meer durchschnitten.
Kaum stieg ich aus am heim'schen Strand,
Gleich ließ ich durch des Künstlers Hand,
Getreu den wohlbemerkten Zügen,
Ein Drachenbild zusammenfügen.
Auf kurzen Füßen wird die Last
Des langen Leibes aufgethürmet;
Ein schuppicht Panzerhemd umfaßt
Den Rücken, den es furchtbar schirmet."

„Lang strecket sich der Hals hervor,
Und gräßlich, wie ein Höllenthor,
Als schnappt' es gierig nach der Beute,
Eröffnet sich des Rachens Weite,
Und aus dem schwarzen Schlunde dräun
Der Zähne stachelichte Reihn;
Die Zunge gleicht des Schwertes Spitze,
Die kleinen Augen sprühen Blitze;
In eine Schlange endigt sich
Des Rückens ungeheure Länge,

Rollt um sich selber fürchterlich,
Daß es um Mann und Roß sich schlänge."

„Und alles bild' ich nach genau
Und kleid' es in ein scheußlich Grau;
Halb Wurm erschien's, halb Molch und Drache,
Gezeuget in der gift'gen Lache.
Und als das Bild vollendet war,
Erwähl' ich mir ein Doggenpaar,
Gewaltig, schnell, von flinken Läufen,
Gewohnt, den wilden Ur zu greifen.
Die hetz' ich auf den Lindwurm an,
Erhitze sie zu wildem Grimme,
Zu fassen ihn mit scharfem Zahn,
Und lenke sie mit meiner Stimme."

„Und wo des Bauches weiches Vließ
Den scharfen Bissen Blöße ließ,
Da reiz' ich sie, den Wurm zu packen,
Die spitzen Zähne einzuhacken.
Ich selbst, bewaffnet mit Geschoß,
Besteige mein arabisch Roß,
Von adeliger Zucht entstammet;
Und als ich seinen Zorn entflammet,
Rasch auf den Drachen spreng' ich's los
Und stachl' es mit den scharfen Sporen,
Und werfe zielend mein Geschoß,
Als wollt' ich die Gestalt durchbohren."

„Ob auch das Roß sich grauend bäumt
Und knirscht und in den Zügel schäumt,
Und meine Doggen ängstlich stöhnen,
Nicht rast' ich, bis sie sich gewöhnen.

So üb' ich's aus mit Emsigkeit,
Bis dreimal sich der Mond erneut,
Und als sie jedes recht begriffen,
Führ' ich sie her auf schnellen Schiffen.
Der. dritte Morgen ist es nun,
Daß mir's gelungen. hier zu landen;
Den Gliedern gönnt' ich kaum zu ruhn
Bis ich das große Werk bestanden."

„Denn heiß erregte mir das Herz
Des Landes frisch erneuter Schmerz,
Zerrissen fand man jüngst die Hirten,
Die nach dem Sumpfe sich verirrten.
Und ich beschließe rasch die That,
Nur von dem Herzen nehm' ich Rath.
Flugs unterricht' ich meine Knappen,
Besteige den versuchten Rappen,
Und von dem edeln Doggenpaar
Begleitet, auf geheimen Wegen,
Wo meiner That kein Zeuge war,
Reit' ich dem Feinde frisch entgegen."

„Das Kirchlein kennst du, Herr, das hoch
Auf eines Felsenberges Joch,
Der weit die Insel überschauet,
Des Meisters kühner Geist erbauet.
Verächtlich scheint es, arm und klein,
Doch ein Mirakel schließt es ein,
Die Mutter mit dem Jesusknaben,
Den die drei Könige begaben.
Auf dreimal dreißig Stufen steigt
Der Pilgrim nach der steilen Höhe;
Doch hat er schwindelnd sie erreicht,
Erquickt ihn seines Heilands Nähe."

„Tief in den Fels, auf dem es hängt,
Ist eine Grotte eingesprengt,
Vom Thau des nahen Moors befeuchtet,
Wohin des Himmels Strahl nicht leuchtet.
Hier hausete der Wurm und lag,
Den Raub erspähend, Nacht und Tag.
So hielt er, wie der Höllendrache,
Am Fuß des Gotteshauses Wache;
Und kam der Pilgrim hergewallt
Und lenkte in die Unglücksstraße,
Hervorbrach aus dem Hinterhalt
Der Feind und trug ihn fort zum Fraße."

„Den Felsen stieg ich jetzt hinan,
Eh' ich den schweren Strauß begann;
Hin kniet' ich vor dem Christuskinde
Und reinigte mein Herz von Sünde.
Drauf gürt' ich mir im Heiligthum
Den blanken Schmuck der Waffen um,
Bewehre mit dem Spieß die Rechte,
Und nieder steig' ich zum Gefechte.
Zurücke bleibt der Knappen Troß;
Ich gebe scheidend die Befehle,
Und schwinge mich behend aufs Roß,
Und Gott empfehl' ich meine Seele."

„Kaum seh' ich mich im ebnen Plan,
Flugs schlagen meine Doggen an,
Und bang beginnt das Roß zu keuchen
Und bäumet sich und will nicht weichen;
Denn nahe liegt, zum Knäul geballt,
Des Feindes scheußliche Gestalt
Und sonnet sich auf warmem Grunde.
Auf jagen ihn die flinken Hunde;

Doch wenden sie sich pfeilgeschwind,
Als es den Rachen gähnend theilet
Und von sich haucht den gift'gen Wind
Und winselnd wie der Schakal heulet."

„Doch schnell erfrisch' ich ihren Muth,
Sie fassen ihren Feind mit Wuth,
Indem ich nach des Thieres Lende
Aus starker Faust den Speer versende;
Doch machtlos, wie ein dünner Stab,
Prallt er vom Schuppenpanzer ab,
Und eh' ich meinen Wurf erneuet,
Da bäumet sich mein Roß und scheuet
An seinem Basiliskenblick
Und seines Athems gift'gem Wehen,
Und mit Entsetzen springt's zurück,
Und jetzo war's um mich geschehen —"

„Da schwing' ich mich behend vom Roß,
Schnell ist des Schwertes Schneide bloß;
Doch alle Streiche sind verloren,
Den Felsenharnisch zu durchbohren.
Und wüthend mit des Schweifes Kraft
Hat es zur Erde mich gerafft;
Schon seh' ich seinen Rachen gähnen,
Es haut nach mir mit grimmen Zähnen,
Als meine Hunde, wuthentbrannt,
An seinen Bauch mit grimm'gen Bissen
Sich warfen, daß es heulend stand,
Von ungeheurem Schmerz zerrissen."

„Und, eh' es ihren Bissen sich
Entwindet, rasch erheb' ich mich,

Erspähe mir des Feindes Blöße
Und stoße tief ihm ins Gekröse,
Nachbohrend bis ans Heft, den Stahl.
Schwarzquellend springt des Blutes Strahl,
Hin sinkt es und begräbt im Falle
Mich mit des Leibes Riesenballe,
Daß schnell die Sinne mir vergehn.
Und als ich neugestärkt erwache,
Seh' ich die Knappen um mich stehn,
Und todt im Blute liegt der Drache."

Des Beifalls lang gehemmte Lust
Befreit jetzt aller Hörer Brust,
So wie der Ritter dies gesprochen;
Und zehnfach am Gewölb gebrochen,
Wälzt der vermischten Stimmen Schall
Sich brausend fort im Wiederhall.
Laut fordern selbst des Ordens Söhne,
Daß man die Heldenstirne kröne,
Und dankbar im Triumphgepräng
Will ihn das Volk dem Volke zeigen;
Da faltet seine Stirne streng
Der Meister und gebietet Schweigen.

Und spricht: „Den Drachen, der dies Land
Verheert, schlugst du mit tapfrer Hand;
Ein Gott bist du dem Volke worden,
Ein Feind kommst du zurück dem Orden,
Und einen schlimmern Wurm gebar
Dein Herz, als dieser Drache war.
Die Schlange, die das Herz vergiftet,
Die Zwietracht und Verderben stiftet,
Das ist der widerspenst'ge Geist,
Der gegen Zucht sich frech empöret,

Der Ordnung heilig Band zerreißt;
Denn der ist's, der die Welt zerstöret."

„Muth zeiget auch der Mameluck,
Gehorsam ist des Christen Schmuck;
Denn wo der Herr in seiner Größe
Gewandelt hat in Knechtesblöße,
Da stifteten, auf heil'gem Grund,
Die Väter dieses Ordens Bund,
Der Pflichten schwerste zu erfüllen,
Zu bändigen den eignen Willen.
Dich hat der eitle Ruhm bewegt,
Drum wende dich aus meinen Blicken!
Denn wer des Herren Joch nicht trägt,
Darf sich mit seinem Kreuz nicht schmücken."

Da bricht die Menge tobend aus,
Gewalt'ger Sturm bewegt das Haus,
Um Gnade flehen alle Brüder;
Doch schweigend blickt der Jüngling nieder,
Still legt er von sich das Gewand
Und küßt des Meisters strenge Hand
Und geht. Der folgt ihm mit dem Blicke,
Dann ruft er liebend ihn zurücke
Und spricht: „Umarme mich, mein Sohn!
Dir ist der härt're Kampf gelungen.
Nimm dieses Kreuz. Es ist der Lohn
Der Demuth, die sich selbst bezwungen."

Der Gang nach dem Eisenhammer.

Ein frommer Knecht war Fridolin,
Und in der Furcht des Herrn
Ergeben der Gebieterin,
Der Gräfin von Savern.
Sie war so sanft, sie war so gut;
Doch auch der Launen Uebermuth
Hätt' er geeifert zu erfüllen
Mit Freudigkeit, um Gottes willen.

Früh von des Tages erstem Schein,
Bis spät die Vesper schlug,
Lebt' er nur ihrem Dienst allein,
That nimmer sich genug.
Und sprach die Dame: „Mach dir's leicht!“
Da wurd' ihm gleich das Auge feucht,
Und meinte, seiner Pflicht zu fehlen,
Durst' er sich nicht im Dienste quälen.

Drum vor dem ganzen Dienertroß
Die Gräfin ihn erhob;
Aus ihrem schönen Munde floß
Sein unerschöpftes Lob.
Sie hielt ihn nicht als ihren Knecht,
Es gab sein Herz ihm Kindesrecht;
Ihr klares Auge mit Vergnügen
Hing an den wohlgestalten Zügen.

Darob entbrennt in Roberts Brust,
Des Jägers, gift'ger Groll,
Dem längst von böser Schadenlust
Die schwarze Seele schwoll;

Und trat zum Grafen, rasch zur That
Und offen des Verführers Rath,
Als einst vom Jagen heim sie kamen,
Streut' ihm ins Herz des Argwohns Samen.

„Wie seid ihr glücklich, edler Graf,"
Hub er voll Arglist an,
„Euch raubet nicht den goldnen Schlaf
Des Zweifels gift'ger Zahn;
Denn ihr besitzt ein edles Weib,
Es gürtet Scham den keuschen Leib.
Die fromme Treue zu berücken
Wird nimmer dem Versucher glücken."

Da rollt der Graf die finstern Brau'n:
„Was red'st du mir, Gesell?
Werd' ich auf Weibestugend bau'n,
Beweglich wie die Well'?
Leicht lockt sie des Schmeichlers Mund;
Mein Glaube steht auf festerm Grund.
Vom Weib des Grafen von Saverne
Bleibt, hoff' ich, der Versucher ferne."

Der andre spricht: „So denkt ihr recht.
Nur euren Spott verdient
Der Thor, der, ein geborner Knecht,
Ein solches sich erkühnt,
Und zu der Frau, die ihm gebeut,
Erhebt der Wünsche Lüsternheit" —
„Was?" fällt ihm jener ein und bebet,
„Red'st du von einem, der da lebet?" —

„Ja doch, was aller Mund erfüllt,
Das bärg' sich meinem Herrn!
Doch, weil ihr's denn mit Fleiß verhüllt,
So unterdrück' ich's gern" —
„Du bist des Todes, Bube, sprich!"
Ruft jener streng und fürchterlich.
„Wer hebt das Aug zu Kunigonden?" —
„Nun ja, ich spreche von dem Blonden."

„Er ist nicht häßlich von Gestalt,"
Fährt er mit Arglist fort,
Indem's den Grafen heiß und kalt
Durchrieselt bei dem Wort.
„Ist's möglich, Herr? Ihr saht es nie,
Wie er nur Augen hat für sie?
Bei Tafel eurer selbst nicht achtet,
An ihren Stuhl gefesselt schmachtet?"

„Seht da die Verse, die er schrieb
Und seine Gluth gesteht" —
„Gesteht!" — „Und sie um Gegenlieb,
Der freche Bube! fleht.
Die gnäd'ge Gräfin, sanft und weich,
Aus Mitleid wohl verbarg sie's euch;
Mich reuet jetzt, daß mir's entfahren,
Denn, Herr, was habt ihr zu befahren?"

Da ritt in seines Zornes Wuth
Der Graf ins nahe Holz,
Wo ihm in hoher Oefen Gluth
Die Eisenstufe schmolz.

Hier nährten früh und spat den Brand
Die Knechte mit geschäft'ger Hand;
Der Funke sprüht, die Bälge blasen,
Als gält' es, Felsen zu verglasen.

Des Wassers und des Feuers Kraft
Verbündet sieht man hier;
Das Mühlrad, von der Fluth gerafft,
Umwälzt sich für und für;
Die Werke klappern Nacht und Tag,
Im Takte pocht der Hämmer Schlag,
Und bildsam von den mächt'gen Streichen
Muß selbst das Eisen sich erweichen.

Und zweien Knechten winket er,
Bedeutet sie und sagt:
„Den ersten, den ich sende her,
Und der euch also fragt:
„„Habt ihr befolgt des Herren Wort?““
Den werft mir in die Hölle dort,
Daß er zu Asche gleich vergehe,
Und ihn mein Aug nicht weiter sehe!“

Deß freut sich das entmenschte Paar
Mit roher Henkerslust,
Denn fühllos, wie das Eisen, war
Das Herz in ihrer Brust.
Und frischer mit der Bälge Hauch
Erhitzen sie des Ofens Bauch,
Und schicken sich mit Mordverlangen,
Das Todesopfer zu empfangen.

Drauf Robert zum Gesellen spricht
Mit falschem Heuchelschein:
„Frisch auf, Gesell, und säume nicht,
Der Herr begehret dein."
Der Herr, der spricht zu Fridolin:
„Mußt gleich zum Eisenhammer hin,
Und frage mir die Knechte dorten,
Ob sie gethan nach meinen Worten?"

Und jener spricht: „Es soll geschehn!"
Und macht sich flugs bereit.
Doch sinnend bleibt er plötzlich stehn:
„Ob sie mir nichts gebeut?"
Und vor die Gräfin stellt er sich:
„Hinaus zum Hammer schickt man mich;
So sag, was kann ich dir verrichten?
Denn dir gehören meine Pflichten."

Darauf die Dame von Savern
Versetzt mit sanftem Ton:
„Die heil'ge Messe hört' ich gern,
Doch liegt mir krank der Sohn!
So gehe denn, mein Kind, und sprich
In Andacht ein Gebet für mich,
Und denkst du reuig deiner Sünden,
So laß auch mich die Gnade finden."

Und froh der vielwillkommnen Pflicht,
Macht er im Flug sich auf,
Hat noch des Dorfes Ende nicht
Erreicht im schnellen Lauf,

Da tönt ihm von dem Glockenstrang
Hellschlagend des Geläutes Klang,
Das alle Sünder, hochbegnadet,
Zum Sacramente festlich ladet.

„Dem lieben Gotte weich nicht aus,
Find'st du ihn auf dem Weg!" —
Er spricht's und tritt ins Gotteshaus;
Kein Laut ist hier noch reg';
Denn um die Ernte war's, und heiß
Im Felde glüht' der Schnitter Fleiß.
Kein Chorgehilfe war erschienen,
Die Messe kundig zu bedienen.

Entschlossen ist er alsobald
Und macht den Sacristan;
„Das," spricht er, „ist kein Aufenthalt,
Was fördert himmelan."
Die Stola und das Cingulum
Hängt er dem Priester dienend um,
Bereitet hurtig die Gefäße,
Geheiliget zum Dienst der Messe.

Und als er dies mit Fleiß gethan,
Tritt er als Ministrant
Dem Priester zum Altar voran,
Das Meßbuch in der Hand,
Und kniet rechts und kniet links,
Und ist gewärtig jedes Winks,
Und als des Sanctus Worte kamen,
Da schellt er dreimal bei dem Namen.

Drauf als der Priester fromm sich neigt,
Und, zum Altar gewandt,
Den Gott, den gegenwärt'gen, zeigt
In hocherhabner Hand,
Da kündet es der Sacristan
Mit hellem Glöcklein klingend an,
Und alles kniet und schlägt die Brüste,
Sich fromm bekreuzend vor dem Christe.

So übt er jedes pünktlich aus
Mit schnell gewandtem Sinn;
Was Brauch ist in dem Gotteshaus,
Er hat es alles inn,
Und wird nicht müde bis zum Schluß,
Bis beim Vobiscum Dominus
Der Priester zur Gemein sich wendet,
Die heil'ge Handlung segnend endet.

Da stellt er jedes wiederum
In Ordnung säuberlich;
Erst reinigt er das Heiligthum,
Und dann entfernt er sich,
Und eilt, in des Gewissens Ruh,
Den Eisenhütten heiter zu,
Spricht unterwegs, die Zahl zu füllen,
Zwölf Paternoster noch im Stillen.

Und als er rauchen sieht den Schlot
Und sieht die Knechte stehn,
Da ruft er: „Was der Graf gebot,
Ihr Knechte, ist's geschehn?"

Und grinſend zerren ſie den Mund
Und deuten in des Ofens Schlund:
„Der iſt beſorgt und aufgehoben,
Der Graf wird ſeine Diener loben.“ —

Die Antwort bringt er ſeinem Herrn
In ſchnellem Lauf zurück.
Als der ihn kommen ſieht von fern,
Kaum traut er ſeinem Blick:
„Unglücklicher! wo kommſt du her?“ —
„Vom Eiſenhammer.“ — „Nimmermehr!
So haſt du dich im Lauf verſpätet?“ —
„Herr, nur ſo lang, bis ich gebetet.“

„Denn, als von eurem Angeſicht
Ich heute ging, verzeiht!
Da fragt' ich erſt, nach meiner Pflicht,
Bei der, die mir gebeut.
Die Meſſe, Herr, befahl ſie mir
Zu hören; gern gehorcht' ich ihr,
Und ſprach der Roſenkränze viere
Für euer Heil und für das ihre.“

In tiefes Staunen ſinket hier
Der Graf, entſetzet ſich:
„Und welche Antwort wurde dir
Am Eiſenhammer? ſprich!“ —
„Herr, dunkel war der Rede Sinn,
Zum Ofen wies man lachend hin:
Der iſt beſorgt und aufgehoben,
Der Graf wird ſeine Diener loben.“ —

„Und Robert?" fällt der Graf ihm ein,
Es überläuft ihn kalt,
„Sollt' er dir nicht begegnet sein?
Ich sandt' ihn doch zum Wald." —
„Herr, nicht im Wald, nicht in der Flur
Fand ich von Robert eine Spur" —
„Nun," ruft der Graf und steht vernichtet,
„Gott selbst im Himmel hat gerichtet!"

Und gütig, wie er nie gepflegt,
Nimmt er des Dieners Hand,
Bringt ihn der Gattin, tiefbewegt,
Die nichts davon verstand.
„Dies Kind, kein Engel ist so rein,
Laßt's eurer Huld empfohlen sein!
Wie schlimm wir auch berathen waren,
Mit dem ist Gott und seine Schaaren."

Der Graf von Habsburg.

Zu Aachen in seiner Kaiserpracht,
    Im alterthümlichen Saale,
Saß König Rudolphs heilige Macht
    Beim festlichen Krönungsmahle.
Die Speisen trug der Pfalzgraf des Rheins,
Es schenkte der Böhme des perlenden Weins,
    Und alle die Wähler, die sieben,
Wie der Sterne Chor um die Sonne sich stellt,
Umstanden geschäftig den Herrscher der Welt,
    Die Würde des Amtes zu üben.

Und rings erfüllte den hohen Balcon
Das Volk in freud'gem Gedränge;
Laut mischte sich in der Posaunen Ton
Das jauchzende Rufen der Menge;
Denn geendigt nach langem verderblichen Streit
War die kaiserlose, die schreckliche Zeit,
Und ein Richter war wieder auf Erden.
Nicht blind mehr waltet der eiserne Speer,
Nicht fürchtet der Schwache, der Friedliche mehr,
Des Mächtigen Beute zu werden.

Und der Kaiser ergreift den goldnen Pokal,
Und spricht mit zufriedenen Blicken:
„Wohl glänzet das Fest, wohl pranget das Mahl,
Mein königlich Herz zu entzücken;
Doch den Sänger vermiss' ich, den Bringer der Lust,
Der mit süßem Klang mir bewege die Brust
Und mit göttlich erhabenen Lehren.
So hab' ich's gehalten von Jugend an,
Und was ich als Ritter gepflegt und gethan,
Nicht will ich's als Kaiser entbehren."

Und sieh! in der Fürsten umgebenden Kreis
Trat der Sänger im langen Talare;
Ihm glänzte die Locke silberweiß,
Gebleicht von der Fülle der Jahre.
„Süßer Wohllaut schläft in der Saiten Gold,
Der Sänger singt von der Minne Sold,
Er preiset das Höchste, das Beste,
Was das Herz sich wünscht, was der Sinn begehrt;
Doch sage, was ist des Kaisers werth
An seinem herrlichsten Feste?" —

„Nicht gebieten werd' ich dem Sänger," spricht
   Der Herrscher mit lächelndem Munde,
„Er steht in des größeren Herren Pflicht,
   Er gehorcht der gebietenden Stunde.
Wie in den Lüften der Sturmwind saust,
Man weiß nicht von wannen er kommt und braust,
   Wie der Quell aus verborgenen Tiefen,
So des Sängers Lied aus dem Innern schallt
Und wecket der dunkeln Gefühle Gewalt,
   Die im Herzen wunderbar schliefen."

Und der Sänger rasch in die Saiten fällt
   Und beginnt sie mächtig zu schlagen:
„Aufs Waidwerk hinaus ritt ein edler Held,
   Den flüchtigen Gemsbock zu jagen.
Ihm folgte der Knapp mit dem Jägergeschoß,
Und als er auf seinem stattlichen Roß
   In eine Au kommt geritten,
Ein Glöcklein hört er erklingen fern;
Ein Priester war's mit dem Leib des Herrn,
   Voran kam der Meßner geschritten."

„Und der Graf zur Erde sich neiget hin,
   Das Haupt mit Demuth entblößet,
Zu verehren mit gläubigem Christensinn,
   Was alle Menschen erlöset.
Ein Bächlein aber rauschte durchs Feld,
Von des Gießbachs reißenden Fluthen geschwellt,
   Das hemmte der Wanderer Tritte;
Und beiseit legt jener das Sacrament,
Von den Füßen zieht er die Schuhe behend,
   Damit er das Bächlein durchschritte."

„Was schaffst du? redet der Graf ihn an,
  Der ihn verwundert betrachtet.
Herr, ich walle zu einem sterbenden Mann,
  Der nach der Himmelskost schmachtet;
Und da ich mich nahe des Baches Steg,
Da hat ihn der strömende Gießbach hinweg
  Im Strudel der Wellen gerissen.
Drum daß dem Lechzenden werde sein Heil,
So will ich das Wässerlein jetzt in Eil
  Durchwaten mit nackenden Füßen.“

„Da setzt ihn der Graf auf sein ritterlich Pferd
  Und reicht ihm die prächtigen Zäume,
Daß er labe den Kranken, der sein begehrt,
  Und die heilige Pflicht nicht versäume.
Und er selber auf seines Knappen Thier
Vergnüget noch weiter des Jagens Begier;
  Der andre die Reise vollführet,
Und am nächsten Morgen, mit dankendem Blick,
Da bringt er dem Grafen sein Roß zurück,
  Bescheiden am Zügel geführet.“

„Nicht wolle das Gott, rief mit Demuthsinn
  Der Graf, daß zum Streiten und Jagen
Das Roß ich beschritte fürderhin,
  Das meinen Schöpfer getragen!
Und magst du's' nicht haben zu eignem Gewinnst,
So bleib' es gewidmet dem göttlichen Dienst!
  Denn ich hab' es dem ja gegeben,
Von dem ich Ehre und irdisches Gut
Zu Lehen trage und Leib und Blut
  Und Seele und Athem und Leben.“

„So mög' auch Gott, der allmächtige Hort,
  Der das Flehen der Schwachen erhöret,
Zu Ehren euch bringen hier und dort,
  So wie ihr jetzt ihn geehret.
Ihr seid ein mächtiger Graf, bekannt
Durch ritterlich Walten im Schweizerland:
  Euch blühen sechs liebliche Töchter.
So mögen sie, rief er begeistert aus,
Sechs Kronen euch bringen in euer Haus,
  Und glänzen die spätsten Geschlechter!"

Und mit sinnendem Haupt saß der Kaiser da,
  Als dächt' er vergangener Zeiten;
Jetzt, da er dem Sänger ins Auge sah,
  Da ergreift ihn der Worte Bedeuten.
Die Züge des Priesters erkennt er schnell,
Und verbirgt der Thränen stürzenden Quell
  In des Mantels purpurnen Falten.
Und alles blickte den Kaiser an
Und erkannte den Grafen, der das gethan,
  Und verehrte das göttliche Walten.

Anmerkung. — Tschudi, der uns diese Anekdote überliefert hat, erzählt auch, daß der Priester, dem dieses mit dem Grafen von Habsburg
begegnet, nachher Caplan bei dem Kurfürsten von Mainz geworden und nicht
wenig dazu beigetragen habe, bei der nächsten Kaiserwahl, die auf das große
Interregnum erfolgte, die Gedanken des Kurfürsten auf den Grafen von Habsburg zu richten. — Für die, welche die Geschichte jener Zeit kennen, bemerke
ich noch, daß ich recht gut weiß, daß Böhmen sein Erzamt bei Rudolphs
Kaiserkrönung nicht ausübte.

Der Handschuh.

Vor seinem Löwengarten,
Das Kampfspiel zu erwarten,
Saß König Franz,
Und um ihn die Großen der Krone,
Und rings auf hohem Balcone
Die Damen in schönem Kranz.

Und wie er winkt mit dem Finger,
Auf thut sich der weite Zwinger,
Und hinein mit bedächtigem Schritt
Ein Löwe tritt,
Und sieht sich stumm
Rings um,
Mit langem Gähnen,
Und schüttelt die Mähnen,
Und streckt die Glieder,
Und legt sich nieder.

Und der König winkt wieder,
Da öffnet sich behend
Ein zweites Thor,
Daraus rennt
Mit wildem Sprunge
Ein Tiger hervor.
Wie der den Löwen erschaut,
Brüllt er laut,
Schlägt mit dem Schweif
Einen furchtbaren Reif,
Und reckt die Zunge,
Und im Kreise scheu
Umgeht er den Leu

Grimmig schnurrend,
Drauf streckt er sich murrend
Zur Seite nieder.

Und der König winkt wieder,
Da speit das doppelt geöffnete Haus
Zwei Leoparden auf einmal aus,
Die stürzen mit muthiger Kampfbegier
Auf das Tigerthier;
Das packt sie mit seinen grimmigen Tatzen,
Und der Leu mit Gebrüll
Richtet sich auf, da wird's still;
Und herum im Kreis,
Von Mordsucht heiß,
Lagern sich die gräulichen Katzen.

Da fällt von des Altans Rand
Ein Handschuh von schöner Hand
Zwischen den Tiger und den Leun
Mitten hinein.

Und zu Ritter Delorges, spottender Weis',
Wendet sich Fräulein Knnigund:
„Herr Ritter, ist eure Lieb' so heiß,
Wie ihr mir's schwört zu jeder Stund,
Ei, so hebt mir den Handschuh auf!"

Und der Ritter, in schnellem Lauf,
Steigt hinab in den furchtbarn Zwinger
Mit festem Schritte,
Und aus der Ungeheuer Mitte
Nimmt er den Handschuh mit keckem Finger.

Und mit Erstaunen und mit Grauen
Sehen's die Ritter und Edelfrauen,
Und gelassen bringt er den Handschuh zurück.
Da schallt ihm sein Lob aus jedem Munde,
Aber mit zärtlichem Liebesblick —
Er verheißt ihm sein nahes Glück —
Empfängt ihn Fräulein Kunigunde.
Und er wirft ihr den Handschuh ins Gesicht:
„Den Dank, Dame, begehr' ich nicht!"
Und verläßt sie zur selben Stunde.

Das verschleierte Bild zu Sais.

Ein Jüngling, den des Wissens heißer Durst
Nach Sais in Aegypten trieb, der Priester
Geheime Weisheit zu erlernen, hatte
Schon manchen Grad mit schnellem Geist durcheilt;
Stets riß ihn seine Forschbegierde weiter,
Und kaum besänftigte der Hierophant
Den ungeduldig Strebenden. „Was hab' ich,
Wenn ich nicht alles habe," sprach der Jüngling,
„Gibt's etwa hier ein Weniger und Mehr?
Ist deine Wahrheit, wie der Sinne Glück,
Nur eine Summe, die man größer, kleiner
Besitzen kann und immer doch besitzt?
Ist sie nicht eine einz'ge, ungetheilte?
Nimm einen Ton aus einer Harmonie,
Nimm eine Farbe aus dem Regenbogen,
Und alles, was dir bleibt, ist nichts, so lang
Das schöne All der Töne fehlt und Farben."

Indem sie einst so sprachen, standen sie
In einer einsamen Rotonde still,
Wo ein verschleiert Bild von Riesengröße
Dem Jüngling in die Augen fiel. Verwundert
Blickt er den Führer an und spricht: „Was ist's,
Das hinter diesem Schleier sich verbirgt?" —
„Die Wahrheit," ist die Antwort. — „Wie?" ruft jener,
„Nach Wahrheit streb' ich ja allein, und diese
Gerade ist es, die man mir verhüllt?"

„Das mache mit der Gottheit aus," versetzt
Der Hierophant. „Kein Sterblicher, sagt sie,
Rückt diesen Schleier, bis ich selbst ihn hebe.
Und wer mit ungeweihter, schuld'ger Hand
Den heiligen, verbotnen früher hebt,
Der, spricht die Gottheit" — „Nun?" — „Der sieht die
                                          Wahrheit." —
„Ein seltsamer Orakelspruch! Du selbst,
Du hättest also niemals ihn gehoben?" —
„Ich? Wahrlich nicht! Und war auch nie dazu
Versucht." — „Das faß' ich nicht. Wenn von der Wahrheit
Nur diese dünne Scheidewand mich trennte" —
„Und ein Gesetz," fällt ihm sein Führer ein.
„Gewichtiger, mein Sohn, als du es meinst,
Ist dieser dünne Flor — für deine Hand
Zwar leicht, doch centnerschwer für dein Gewissen."

Der Jüngling ging gedankenvoll nach Hause;
Ihm raubt des Wissens brennende Begier
Den Schlaf, er wälzt sich glühend auf dem Lager
Und rafft sich auf um Mitternacht. Zum Tempel
Führt unfreiwillig ihn der scheue Tritt.
Leicht ward es ihm, die Mauer zu ersteigen,

Und mitten in das Innre der Rotonde
Trägt ein beherzter Sprung den Wagenden.

Hier steht er nun, und grauenvoll umfängt
Den Einsamen die lebenlose Stille,
Die nur der Tritte hohler Wiederhall
In den geheimen Grüften unterbricht.
Von oben durch der Kuppel Oeffnung wirft
Der Mond den bleichen, silberblauen Schein,
Und furchtbar, wie ein gegenwärt'ger Gott,
Erglänzt durch des Gewölbes Finsternisse
In ihrem langen Schleier die Gestalt.

Er tritt hinan mit ungewissem Schritt;
Schon will die freche Hand das Heilige berühren,
Da zuckt es heiß und kühl durch sein Gebein
Und stößt ihn weg mit unsichtbarem Arme.
Unglücklicher, was willst du thun? so ruft
In seinem Innern eine treue Stimme.
Versuchen den Allheiligen willst du?
Kein Sterblicher, sprach des Orakels Mund,
Rückt diesen Schleier, bis ich selbst ihn hebe.
Doch setzte nicht derselbe Mund hinzu:
Wer diesen Schleier hebt, soll Wahrheit schauen?
„Sei hinter ihm, was will! Ich heb' ihn auf."
Er ruft's mit lauter Stimm': „Ich will sie schauen."
                                        Schauen!
Gellt ihm ein langes Echo spottend nach.

Er spricht's und hat den Schleier aufgedeckt.
„Nun," fragt ihr, „und was zeigte sich ihm hier?"
Ich weiß es nicht. Besinnungslos und bleich,
So fanden ihn am andern Tag die Priester

Am Fußgestell der Isis ausgestreckt.
Was er allda gesehen und erfahren,
Hat seine Zunge nie bekannt. Auf ewig
War seines Lebens Heiterkeit dahin,
Ihn riß ein tiefer Gram zum frühen Grabe.
„Weh dem," dies war sein warnungsvolles Wort,
Wenn ungestüme Frager in ihn drangen,
„Weh dem, der zu der Wahrheit geht durch Schuld!
„Sie wird ihm nimmermehr erfreulich sein."

Die Theilung der Erde.

Nehmt hin die Welt! rief Zeus von seinen Höhen
    Den Menschen zu; nehmt, sie soll euer sein.
Euch schenk' ich sie zum Erb' und ew'gen Lehen;
    Doch theilt euch brüderlich darein.

Da eilt, was Hände hat, sich einzurichten,
    Es regte sich geschäftig Jung und Alt.
Der Ackermann griff nach des Feldes Früchten,
    Der Junker birschte durch den Wald.

Der Kaufmann nimmt, was seine Speicher fassen,
    Der Abt wählt sich den edeln Firnewein,
Der König sperrt die Brücken und die Straßen
    Und sprach: der Zehente ist mein.

Ganz spät, nachdem die Theilung längst geschehen,
    Naht der Poet, er kam aus weiter Fern';
Ach, da war überall nichts mehr zu sehen,
    Und alles hatte seinen Herrn.

Weh mir! so soll denn ich allein von allen
　Vergessen sein, ich, dein getreuster Sohn?
So ließ er laut der Klage Ruf erschallen,
　Und warf sich hin vor Jovis Thron.

Wenn du im Land der Träume dich verweilet,
　Versetzt der Gott, so habre nicht mit mir.
Wo warst du denn, als man die Welt getheilet?
　Ich war, sprach der Poet, bei dir.

Mein Auge hing an deinem Angesichte,
　An deines Himmels Harmonie mein Ohr;
Verzeih dem Geiste, der, von deinem Lichte
　Berauscht, das Irdische verlor!

Was thun? spricht Zeus, — die Welt ist weggegeben,
　Der Herbst, die Jagd, der Markt ist nicht mehr mein.
Willst du in meinem Himmel mit mir leben,
　So oft du kommst, er soll dir offen sein.

Das Mädchen aus der Fremde.

In einem Thal bei armen Hirten
Erschien mit jedem jungen Jahr,
Sobald die ersten Lerchen schwirrten,
Ein Mädchen schön und wunderbar.

Sie war nicht in dem Thal geboren,
Man wußte nicht, woher sie kam;
Und schnell war ihre Spur verloren,
Sobald das Mädchen Abschied nahm.

Beseligend war ihre Nähe,
Und alle Herzen wurden weit;
Doch eine Würde, eine Höhe
Entfernte die Vertraulichkeit.

Sie brachte Blumen mit und Früchte,
Gereift auf einer andern Flur,
In einem andern Sonnenlichte,
In einer glücklichern Natur.

Und theilte jedem eine Gabe,
Dem Früchte, jenem Blumen aus;
Der Jüngling und der Greis am Stabe
Ein jeder ging beschenkt nach Haus.

Willkommen waren alle Gäste;
Doch nahte sich ein liebend Paar,
Dem reichte sie der Gaben beste,
Der Blumen allerschönste dar.

Das Ideal und das Leben.

Ewigklar und spiegelrein und eben
Fließt das zephyrleichte Leben
Im Olymp den Seligen dahin.
Monde wechseln und Geschlechter fliehen;
Ihrer Götterjugend Rosen blühen
Wandellos im ewigen Ruin.
Zwischen Sinnenglück und Seelenfrieden
Bleibt dem Menschen nur die bange Wahl;
Auf der Stirn des hohen Uraniden
Leuchtet ihr vermählter Strahl.

Wollt ihr schon auf Erden Göttern gleichen,
Frei sein in des Todes Reichen,
Brechet nicht von seines Gartens Frucht!
An dem Scheine mag der Blick sich weiden;
Des Genusses wandelbare Freuden
Rächet schleunig der Begierde Flucht.
Selbst der Styx, der neunfach sie umwindet,
Wehrt die Rückkehr Ceres' Tochter nicht;
Nach dem Apfel greift sie, und es bindet
Ewig sie des Orkus Pflicht.

Nur der Körper eignet jenen Mächten,
Die das dunkle Schicksal flechten;
Aber frei von jeder Zeitgewalt,
Die Gespielin seliger Naturen,
Wandelt oben in des Lichtes Fluren,
Göttlich unter Göttern die Gestalt.
Wollt ihr hoch auf ihren Flügeln schweben,
Werft die Angst des Irdischen von euch!
Fliehet aus dem engen dumpfen Leben
In des Ideales Reich!

Jugendlich, von allen Erdenmalen
Frei, in der Vollendung Strahlen
Schwebet hier der Menschheit Götterbild,
Wie des Lebens schweigende Phantome
Glänzend wandeln an dem styg'schen Strome,
Wie sie stand im himmlischen Gefild,
Ehe noch zum traur'gen Sarkophage
Die Unsterbliche herunter stieg.
Wenn im Leben noch des Kampfes Wage
Schwankt, erscheinet hier der Sieg.

Nicht vom Kampf die Glieder zu entstricken,
Den Erschöpften zu erquicken,
Wehet hier des Sieges duft'ger Kranz.
Mächtig, selbst wenn eure Sehnen ruhten,
Reißt das Leben euch in seine Fluthen,
Euch die Zeit in ihren Wirbeltanz.
Aber sinkt des Muthes kühner Flügel
Bei der Schranken peinlichem Gefühl,
Dann erblicket von der Schönheit Hügel
Freudig das erflogne Ziel.

Wenn es gilt, zu herrschen und zu schirmen,
Kämpfer gegen Kämpfer stürmen
Auf des Glückes, auf des Ruhmes Bahn,
Da mag Kühnheit sich an Kräft zerschlagen,
Und mit krachendem Getös die Wagen
Sich vermengen auf bestäubtem Plan.
Muth allein kann hier den Dank erringen,
Der am Ziel des Hippodromes winkt.
Nur der Starke wird das Schicksal zwingen,
Wenn der Schwächling untersinkt.

Aber der, von Klippen eingeschlossen,
Wild und schäumend sich ergossen,
Sanft und eben rinnt des Lebens Fluß
Durch der Schönheit stille Schattenlande,
Und auf seiner Wellen Silberrande
Malt Aurora sich und Hesperus.
Aufgelöst in zarter Wechselliebe,
In der Anmuth freiem Bund vereint,
Ruhen hier die ausgesöhnten Triebe,
Und verschwunden ist der Feind.

Wenn, das Todte bildend zu beseelen,
Mit dem Stoff sich zu vermählen,
Thatenvoll der Genius entbrennt,
Da, da spanne sich des Fleißes Nerve,
Und beharrlich ringend unterwerfe
Der Gedanke sich das Element.
Nur dem Ernst, den keine Mühe bleichet,
Rauscht der Wahrheit tief versteckter Born;
Nur des Meißels schwerem Schlag erweichet
Sich des Marmors sprödes Korn.

Aber dringt bis in der Schönheit Sphäre,
Und im Staube bleibt die Schwere
Mit dem Stoff, den sie beherrscht, zurück.
Nicht der Masse qualvoll abgerungen,
Schlank und leicht, wie aus dem Nichts gesprungen,
Steht das Bild vor dem entzückten Blick.
Alle Zweifel, alle Kämpfe schweigen
In des Sieges hoher Sicherheit;
Ausgestoßen hat es jeden Zeugen
Menschlicher Bedürftigkeit.

Wenn ihr in der Menschheit traur'ger Blöße
Steht vor des Gesetzes Größe,
Wenn dem Heiligen die Schuld sich naht,
Da erblasse vor der Wahrheit Strahle
Eure Tugend, vor dem Ideale
Fliehe muthlos die beschämte That.
Kein Erschaffner hat dies Ziel erflogen;
Ueber diesen grauenvollen Schlund
Trägt kein Nachen, keiner Brücke Bogen,
Und kein Anker findet Grund.

Aber flüchtet aus der Sinne Schranken
In die Freiheit der Gedanken,
Und die Furchterscheinung ist entflohn,
Und der ew'ge Abgrund wird sich füllen;
Nehmt die Gottheit auf in euren Willen,
Und sie steigt von ihrem Weltenthron.
Des Gesetzes strenge Fessel bindet
Nur den Sklavensinn, der es verschmäht;
Mit des Menschen Widerstand verschwindet
Auch des Gottes Majestät.

Wenn der Menschheit Leiden euch umfangen,
Wenn Laokoon der Schlangen
Sich erwehrt mit namenlosem Schmerz,
Da empöre sich der Mensch! Es schlage
An des Himmels Wölbung seine Klage
Und zerreiße euer fühlend Herz!
Der Natur furchtbare Stimme siege,
Und der Freude Wange werde bleich,
Und der heil'gen Sympathie erliege
Das Unsterbliche in euch!

Aber in den heitern Regionen,
Wo die reinen Formen wohnen,
Rauscht des Jammers trüber Sturm nicht mehr.
Hier darf Schmerz die Seele nicht durchschneiden,
Keine Thräne fließt hier mehr dem Leiden,
Nur des Geistes tapfrer Gegenwehr.
Lieblich, wie der Iris Farbenfeuer
Auf der Donnerwolke duft'gem Thau,
Schimmert durch der Wehmuth düstern Schleier
Hier der Ruhe heitres Blau.

Tief erniedrigt zu des Feigen Knechte,
Ging in ewigem Gefechte
Einst Alcid des Lebens schwere Bahn,
Rang mit Hydern und umarmt' den Leuen,
Stürzte sich, die Freunde zu befreien,
Lebend in des Todtenschiffers Kahn.
Alle Plagen, alle Erdenlasten
Wälzt der unversöhnten Göttin List
Auf die will'gen Schultern des Verhaßten,
Bis sein Lauf geendigt ist —

Bis der Gott, des Irdischen entkleidet,
Flammend sich vom Menschen scheidet
Und des Aethers leichte Lüfte trinkt.
Froh des neuen ungewohnten Schwebens,
Fließt er aufwärts, und des Erdenlebens
Schweres Traumbild sinkt und sinkt und sinkt.
Des Olympus Harmonien empfangen
Den Verklärten in Kronions Saal,
Und die Göttin mit den Rosenwangen
Reicht ihm lächelnd den Pokal.

Parabeln und Räthsel.

1.

Von Perlen baut sich eine Brücke
    Hoch über einen grauen See;
Sie baut sich auf im Augenblicke,
    Und schwindelnd steigt sie in die Höh.

Der höchsten Schiffe höchste Masten
　Ziehn unter ihrem Bogen hin,
Sie selber trug noch keine Lasten
　Und scheint, wie du ihr nahst, zu fliehn.

Sie wird erst mit dem Strom und schwindet,
　So wie des Wassers Fluth versiegt.
So sprich, wo sich die Brücke findet,
　Und wer sie künstlich hat gefügt?

———

2.

Es führt dich meilenweit von dannen,
　Und bleibt doch stets an seinem Ort;
Es hat nicht Flügel auszuspannen,
　Und trägt dich durch die Lüfte fort.
Es ist die allerschnellste Fähre,
　Die jemals einen Wandrer trug,
Und durch das größte aller Meere
　Trägt es dich mit Gedankenflug;
　Ihm ist ein Augenblick genug.

———

3.

Auf einer großen Weide gehen
　Viel tausend Schafe silberweiß;
Wie wir sie heute wandeln sehen,
　Sah sie der alterält'ste Greis.

Sie altern nie und trinken Leben
　Aus einem unerschöpften Born,
Ein Hirt ist ihnen zugegeben
　Mit schön gebognem Silberhorn.

Er treibt sie aus zu goldnen Thoren,
   Er überzählt sie jede Nacht,
Und hat der Lämmer keins verloren,
   So oft er auch den Weg vollbracht.

Ein treuer Hund hilft sie ihm leiten,
   Ein muntrer Widder geht voran.
Die Heerde, kannst du sie mir deuten,
   Und auch den Hirten zeig' mir an!

———

4.

Es steht ein groß geräumig Haus
   Auf unsichtbaren Säulen;
Es mißt's und geht's kein Wandrer aus,
   Und keiner darf drin weilen.
Nach einem unbegriffnen Plan
   Ist es mit Kunst gezimmert;
Es steckt sich selbst die Lampe an,
   Die es mit Pracht durchschimmert.
Es hat ein Dach, krystallenrein,
Von einem einz'gen Edelstein;
   Doch noch kein Auge schaute
   Den Meister, der es baute.

———

5.

Zwei Eimer sieht man ab und auf
   In einem Brunnen steigen,
Und schwebt der eine voll herauf,
   Muß sich der andre neigen.

Sie wandern rastlos hin und her,
Abwechselnd voll und wieder leer,
Und bringst du diesen an den Mund,
Hängt jener in dem tiefsten Grund;
    Nie können sie mit ihren Gaben
    In gleichem Augenblick dich laben.

6.

Kennst du das Bild auf zartem Grunde?
    Es gibt sich selber Licht und Glanz.
Ein andres ist's zu jeder Stunde,
    Und immer ist es frisch und ganz.
Im engsten Raum ist's ausgeführet,
    Der kleinste Rahmen faßt es ein;
Doch alle Größe, die dich rühret,
    Kennst du durch dieses Bild allein.

Und kannst du den Krystall mir nennen?
    Ihm gleicht an Werth kein Edelstein;
Er leuchtet, ohne je zu brennen,
    Das ganze Weltall saugt er ein.
Der Himmel selbst ist abgemalet
    In seinem wundervollen Ring,
Und doch ist, was er von sich strahlet,
    Noch schöner, als was er empfing.

7.

Ein Gebäude steht da von uralten Zeiten,
Es ist kein Tempel, es ist kein Haus;
Ein Reiter kann hundert Tage reiten,
Er umwandert es nicht, er reitet's nicht aus.

Jahrhunderte sind vorüber geflogen,
Es trotzte der Zeit und der Stürme Heer;
Frei steht es unter dem himmlischen Bogen,
Es reicht in die Wolken, es netzt sich im Meer.

Nicht eitle Prahlsucht hat es gethürmet,
Es dienet zum Heil, es rettet und schirmet;
Seines Gleichen ist nicht auf Erden bekannt,
Und doch ist's ein Werk von Menschenhand.

———

8.

Unter allen Schlangen ist e i n e,
   Auf Erden nicht gezeugt,
Mit der an Schnelle keine,
   An Muth sich keine vergleicht.

Sie stürzt mit furchtbarer Stimme
   Auf ihren Raub sich los,
Vertilgt in e i n e m Grimme
   Den Reiter und sein Roß.

Sie liebt die höchsten Spitzen;
   Nicht Schloß, nicht Riegel kann
Vor ihrem Anfall schützen;
   Der Harnisch — lockt sie an.

Sie bricht, wie dünne Halmen,
   Den stärksten Baum entzwei:
Sie kann das Erz zermalmen,
   Wie dicht und fest es sei.

Und dieses Ungeheuer
 Hat zweimal nie gedroht —
Es stirbt im eignen Feuer;
 Wie's tödtet, ist es todt!

<hr />

9.

Wir stammen, unser sechs Geschwister,
 Von einem wundersamen Paar,
Die Mutter ewig ernst und düster,
 Der Vater fröhlich immerdar.

Von beiden erbten wir die Tugend,
 Von ihr die Milde, von ihm den Glanz;
So drehn wir uns in ew'ger Jugend
 Um dich herum im Zirkeltanz.

Gern meiden wir die schwarzen Höhlen,
 Und lieben uns den heitern Tag;
Wir sind es, die die Welt beseelen
 Mit unsers Lebens Zauberschlag.

Wir sind des Frühlings lust'ge Boten
 Und führen seinen muntern Reihn;
Drum fliehen wir das Haus der Todten,
 Denn um uns her muß Leben sein.

Uns mag kein Glücklicher entbehren,
 Wir sind dabei, wo man sich freut,
Und läßt der Kaiser sich verehren,
 Wir leihen ihm die Herrlichkeit.

<hr />

10.

Wie heißt das Ding, das Wen'ge schätzen?
Doch ziert's des größten Kaisers Hand;
Es ist gemacht, um zu verletzen;
Am nächsten ist's dem Schwert verwandt.

Kein Blut vergießt's und macht doch tausend Wunden.
Niemand beraubt's und macht doch reich;
Es hat den Erdkreis überwunden,
Es macht das Leben sanft und gleich.

Die größten Reiche hat's gegründet,
Die ält'sten Städte hat's erbaut;
Doch niemals hat es Krieg entzündet,
Und Heil dem Volk, das ihm vertraut!

11.

Ich wohne in einem steinernen Haus,
Da lieg' ich verborgen und schlafe;
Doch ich trete hervor, ich eile heraus,
Gefordert mit eiserner Waffe.
Erst bin ich unscheinbar und schwach und klein,
Mich kann dein Athem bezwingen,
Ein Regentropfen schon saugt mich ein;
Doch mir wachsen im Siege die Schwingen.
Wenn die mächtige Schwester sich zu mir gesellt,
Erwachs' ich zum furchtbarn Gebieter der Welt.

12.

Ich drehe mich auf einer Scheibe,
 Ich wandle ohne Rast und Ruh.
Klein ist das Feld, das ich umschreibe,
 Du deckst es mit zwei Händen zu —
Doch brauch' ich viele tausend Meilen,
 Bis ich das kleine Feld durchzogen,
Flieg' ich gleich fort mit Sturmes Eilen
 Und schneller als der Pfeil vom Bogen.

13.

Ein Vogel ist es, und an Schnelle
 Buhlt es mit eines Adlers Flug;
Ein Fisch ist's und zertheilt die Welle,
 Die noch kein größres Unthier trug;
Ein Elephant ist's, welcher Thürme
 Auf seinem schweren Rücken trägt;
Der Spinnen kriechendem Gewürme
 Gleicht es, wenn es die Füße regt;
Und hat es fest sich eingebissen
 Mit seinem spitz'gen Eisenzahn,
So steht's gleichwie auf festen Füßen
 Und trotzt dem wüthenden Orkan.

Der Spaziergang.

Sei mir gegrüßt, mein Berg mit dem röthlich strahlenden Gipfel!
 Sei mir, Sonne, gegrüßt, die ihn so lieblich bescheint!
Dich auch grüß' ich, belebte Flur, euch, säuselnde Linden,
 Und den fröhlichen Chor, der auf den Aesten sich wiegt,

Ruhige Bläue, dich auch, die unermeßlich sich ausgießt
   Um das braune Gebirg, über den grünenden Wald,
Auch um mich, der, endlich entflohn des Zimmers Gefängniß
   Und dem engen Gespräch, freudig sich rettet zu dir.
Deiner Lüfte balsamischer Strom durchrinnt mich erquickend,
   Und den durstigen Blick labt das energische Licht.
Kräftig auf blühender Au erglänzen die wechselnden Farben,
   Aber der reizende Streit löset in Anmuth sich auf.
Frei empfängt mich die Wiese mit weithin verbreitetem Teppich;
   Durch ihr freundliches Grün schlingt sich der ländliche Pfad.
Um mich summt die geschäftige Bien', mit zweifelndem Flügel
   Wiegt der Schmetterling sich über dem röthlichten Klee.
Glühend trifft mich der Sonne Pfeil, still liegen die Weste,
   Nur der Lerche Gesang wirbelt in heiterer Luft.
Doch jetzt braust's aus dem nahen Gebüsch; tief neigen der Erlen
   Kronen sich, und im Wind wogt das versilberte Gras;
Mich umfängt ambrosische Nacht; in duftende Kühlung
   Nimmt ein prächtiges Dach schattender Buchen mich ein.
In des Waldes Geheimniß entflieht mir auf einmal die Landschaft,
   Und ein schlängelnder Pfad leitet mich steigend empor.
Nur verstohlen durchdringt der Zweige laubigtes Gitter
   Sparsames Licht, und es blickt lachend das Blaue herein.
Aber plötzlich zerreißt der Flor. Der geöffnete Wald gibt
   Ueberraschend des Tags blendendem Glanz mich zurück.
Unabsehbar ergießt sich vor meinen Blicken die Ferne,
   Und ein blaues Gebirg endigt im Dufte die Welt.
Tief an des Berges Fuß, der gählings unter mir abstürzt,
   Wallet des grünlichten Stroms fließender Spiegel vorbei.
Endlos unter mir seh' ich den Aether, über mir endlos,
   Blicke mit Schwindeln hinauf, blicke mit Schaudern hinab.
Aber zwischen der ewigen Höh' und der ewigen Tiefe
   Trägt ein geländerter Steig sicher den Wandrer dahin.
Lachend fliehen an mir die reichen Ufer vorüber,

Und den fröhlichen Fleiß rühmet das prangende Thal.
Jene Linien, sieh! die des Landmanns Eigenthum scheiden,
    In den Teppich der Flur hat sie Demeter gewirkt.
Freundliche Schrift des Gesetzes, des menschenerhaltenden Gottes,
    Seit aus der ehernen Welt fliehend die Liebe verschwand!
Aber in freieren Schlangen durchkreuzt die geregelten Felder,
    Jetzt verschlungen vom Wald, jetzt an den Bergen hinauf
Klimmend, ein schimmernder Streif, die Länder verknüpfende Straße;
    Auf dem ebenen Strom gleiten die Flöße dahin.
Vielfach ertönt der Heerden Geläut' im belebten Gefilde,
    Und den Wiederhall weckt einsam des Hirten Gesang.
Muntre Dörfer bekränzen den Strom, in Gebüschen verschwinden
    Andre, vom Rücken des Bergs stürzen sie gäh dort herab.
Nachbarlich wohnet der Mensch noch mit dem Acker zusammen,
    Seine Felder umruhn friedlich sein ländliches Dach;
Traulich rankt sich die Reb' empor an dem niedrigen Fenster,
    Einen umarmenden Zweig schlingt um die Hütte der Baum.
Glückliches Volk der Gefilde! noch nicht zur Freiheit erwachet,
    Theilst du mit deiner Flur fröhlich das enge Gesetz.
Deine Wünsche beschränkt der Ernten ruhiger Kreislauf,
    Wie dein Tagewerk, gleich, windet dein Leben sich ab!
Aber wer raubt mir auf einmal den lieblichen Anblick? Ein fremder
    Geist verbreitet sich schnell über die fremdere Flur.
Spröde sondert sich ab, was kaum noch liebend sich mischte,
    Und das Gleiche nur ist's, was an das Gleiche sich reiht.
Stände seh' ich gebildet, der Pappeln stolze Geschlechter
    Ziehn in geordnetem Pomp vornehm und prächtig daher.
Regel wird alles, und alles wird Wahl und alles Bedeutung;
    Dieses Dienergefolg meldet den Herrscher mir an.
Prangend verkündigen ihn von fern die beleuchteten Kuppeln,
    Aus dem felsigten Kern hebt sich die thürmende Stadt.
In die Wildniß hinaus sind des Waldes Faunen verstoßen,
    Aber die Andacht leiht höheres Leben dem Stein.

Näher gerückt ist der Mensch an den Menschen. Enger wird
um ihn,
Reger erwacht, es umwälzt rascher sich in ihm die Welt.
Sieh, da entbrennen in feurigem Kampf die eisernen Kräfte,
Großes wirket ihr Streit, Größeres wirket ihr Bund.
Tausend Hände belebt ein Geist, hoch schläget in tausend
Brüsten, von einem Gefühl glühend, ein einziges Herz,
Schlägt für das Vaterland und glüht für der Ahnen Gesetze;
Hier auf dem theuren Grund ruht ihr verehrtes Gebein.
Nieder steigen vom Himmel die seligen Götter und nehmen
In dem geweihten Bezirk festliche Wohnungen ein;
Herrliche Gaben bescherend erscheinen sie: Ceres vor allen
Bringet des Pfluges Geschenk, Hermes den Anker herbei,
Bacchus die Traube, Minerva des Oelbaums grünende Reiser,
Auch das kriegrische Roß führet Poseidon heran,
Mutter Cybele spannt an des Wagens Deichsel die Löwen,
In das gastliche Thor zieht sie als Bürgerin ein.
Heilige Steine! Aus euch ergossen sich Pflanzer der Menschheit,
Fernen Inseln des Meers sandtet ihr Sitten und Kunst,
Weise sprachen das Recht an diesen geselligen Thoren;
Helden stürzten zum Kampf für die Penaten heraus.
Auf den Mauern erschienen, den Säugling im Arme, die Mütter,
Blickten dem Heerzug nach, bis ihn die Ferne verschlang.
Betend stürzten sie dann vor der Götter Altären sich nieder,
Flehten um Ruhm und Sieg, flehten um Rückkehr für euch.
Ehre ward euch und Sieg, doch der Ruhm nur kehrte zurücke;
Eurer Thaten Verdienst meldet der rührende Stein:
„Wanderer, kommst du nach Sparta, verkündige dorten, du habest
Uns hier liegen gesehn, wie das Gesetz es befahl."
Ruhet sanft, ihr Geliebten! Von eurem Blute begossen
Grünet der Oelbaum, es keimt lustig die köstliche Saat.
Munter entbrennt, des Eigenthums froh, das freie Gewerbe,
Aus dem Schilfe des Stroms winket der bläuliche Gott.

Zischend fliegt in den Baum die Axt, es erseufzt die Dryade,
Hoch von des Berges Haupt stürzt sich die donnernde Last.
Aus dem Felsbruch wiegt sich der Stein, vom Hebel beflügelt;
In der Gebirge Schlucht taucht sich der Bergmann hinab.
Mulcibers Ambos tönt von dem Takt geschwungener Hämmer,
Unter der nervigten Faust spritzen die Funken des Stahls.
Glänzend umwindet der goldene Lein die tanzende Spindel,
Durch die Saiten des Garns sauset das webende Schiff.
Fern auf der Rhede ruft der Pilot, es warten die Flotten,
Die in der Fremdlinge Land tragen den heimischen Fleiß;
Andre ziehn frohlockend dort ein mit den Gaben der Ferne,
Hoch von dem ragenden Mast wehet der festliche Kranz.
Siehe, da wimmeln die Märkte, der Krahn von fröhlichem Leben,
Seltsamer Sprachen Gewirr braust in das wundernde Ohr.
Auf den Stapel schüttet die Ernten der Erde der Kaufmann,
Was dem glühenden Strahl Afrikas Boden gebiert,
Was Arabien kocht, was die äußerste Thule bereitet,
Hoch mit erfreuendem Gut füllt Amalthea das Horn.
Da gebieret das Glück dem Talente die göttlichen Kinder,
Von der Freiheit gesäugt wachsen die Künste der Lust.
Mit nachahmendem Leben erfreuet der Bildner die Augen,
Und vom Meißel beseelt, redet der fühlende Stein.
Künstliche Himmel ruhn auf schlanken jonischen Säulen,
Und den ganzen Olymp schließet ein Pantheon ein.
Leicht wie der Iris Sprung durch die Luft, wie der Pfeil von
            der Sehne,
Hüpfet der Brücke Joch über den brausenden Strom.
Aber im stillen Gemach entwirft bedeutende Zirkel
Sinnend der Weise, beschleicht forschend den schaffenden Geist,
Prüft der Stoffe Gewalt, der Magnete Hassen und Lieben,
Folgt durch die Lüfte dem Klang, folgt durch den Aether dem
            Strahl,
Sucht das vertraute Gesetz in des Zufalls grausenden Wundern,

Sucht den ruhenden Pol in der Erscheinungen Flucht.
Körper und Stimme leiht die Schrift dem stummen Gedanken,
    Durch der Jahrhunderte Strom trägt ihn das redende Blatt.
Da zerrinnt vor dem wundernden Blick der Nebel des Wahnes,
    Und die Gebilde der Nacht weichen dem tagenden Licht.
Seine Fesseln zerbricht der Mensch. Der Beglückte! Zerriß' er
    Mit den Fesseln der Furcht nur nicht den Zügel der Scham!
Freiheit! ruft die Vernunft, Freiheit! die wilde Begierde,
    Von der heil'gen Natur ringen sie lüstern sich los.
Ach, da reißen im Sturm die Anker, die an dem Ufer
    Warnend ihn hielten, ihn faßt mächtig der fluthende Strom;
Ins Unendliche reißt er ihn hin, die Küste verschwindet,
    Hoch auf der Fluthen Gebirg wiegt sich entmastet der Kahn;
Hinter Wolken erlöschen des Wagens beharrliche Sterne,
    Bleibend ist nichts mehr, es irrt selbst in dem Busen der Gott.
Aus dem Gespräche verschwindet die Wahrheit, Glauben und Treue
    Aus dem Leben, es lügt selbst auf der Lippe der Schwur.
In der Herzen vertraulichsten Bund, in der Liebe Geheimniß
    Drängt sich der Sykophant, reißt von dem Freunde den Freund.
Auf die Unschuld schielt der Verrath mit verschlingendem Blicke,
    Mit vergiftendem Biß tödtet des Lästerers Zahn.
Feil ist in der geschändeten Brust der Gedanke, die Liebe
    Wirft des freien Gefühls göttlichen Adel hinweg.
Deiner heiligen Zeichen, o Wahrheit, hat der Betrug sich
    Angemaßt, der Natur köstlichste Stimmen entweiht,
Die das bedürftige Herz in der Freude Drang sich erfindet;
    Kaum gibt wahres Gefühl noch durch Verstummen sich kund.
Auf der Tribune prahlet das Recht, in der Hütte die Eintracht,
    Des Gesetzes Gespenst steht an der Könige Thron.
Jahre lang mag, Jahrhunderte lang die Mumie dauern,
    Mag das trügende Bild lebender Fülle bestehn,
Bis die Natur erwacht, und mit schweren, ehernen Händen
    An das hohle Gebäu rühret die Noth und die Zeit,

Einer Tigerin gleich, die das eiserne Gitter durchbrochen
   Und des numidischen Walds plötzlich und schrecklich gedenkt,
Aufsteht mit des Verbrechens Wuth und des Elends die Mensch-
       heit,
   Und in der Asche der Stadt sucht die verlorne Natur.
O, so öffnet euch, Mauern und gebt den Gefangenen ledig!
   Zu der verlassenen Flur kehr' er gerettet zurück!
Aber wo bin ich? Es birgt sich der Pfad. Abschüssige Gründe
   Hemmen mit gähnender Kluft hinter mir, vor mir den Schritt.
Hinter mir blieb der Gärten, der Hecken vertraute Begleitung,
   Hinter mir jegliche Spur menschlicher Hände zurück.
Nur die Stoffe seh' ich gethürmt, aus welchen das Leben
   Keimet, der rohe Basalt hofft auf die bildende Hand.
Brausend stürzt der Gießbach herab durch die Rinne des Felsen,
   Unter den Wurzeln des Baums bricht er entrüstet sich Bahn.
Wild ist es hier und schauerlich öd'. Im einsamen Luftraum
   Hängt nur der Adler und knüpft an das Gewölke die Welt.
Hoch herauf bis zu mir trägt keines Windes Gefieder
   Den verlorenen Schall menschlicher Mühen und Lust.
Bin ich wirklich allein? In deinen Armen, an deinem
   Herzen wieder, Natur, ach! und es war nur ein Traum,
Der mich schaudernd ergriff; mit des Lebens furchtbarem Bilde,
   Mit dem stürzenden Thal stürzte der finstre hinab.
Reiner nehm' ich mein Leben von deinem reinen Altare,
   Nehme den fröhlichen Muth hoffender Jugend zurück.
Ewig wechselt der Wille den Zweck und die Regel, in ewig
   Wiederholter Gestalt wälzen die Thaten sich um.
Aber jugendlich immer, in immer veränderter Schöne
   Ehrst du, fromme Natur, züchtig das alte Gesetz!
Immer dieselbe, bewahrst du in treuen Händen dem Manne,
   Was dir das gaukelnde Kind, was dir der Jüngling vertraut,
Nährest an gleicher Brust die vielfach wechselnden Alter;
   Unter demselben Blau, über dem nämlichen Grün

Wandeln die nahen und wandeln vereint die fernen Geschlechter,
Und die Sonne Homers, siehe! sie lächelt auch uns.

Das Lied von der Glocke.

Vivos voco. Mortuos plango. Fulgura frango.

Fest gemauert in der Erden
Steht die Form, aus Lehm gebrannt.
Heute muß die Glocke werden!
Frisch, Gesellen, seid zur Hand!
　Von der Stirne heiß
　Rinnen muß der Schweiß,
Soll das Werk den Meister loben;
Doch der Segen kommt von oben.

Zum Werke, das wir ernst bereiten,
Geziemt sich wohl ein ernstes Wort;
Wenn gute Reden sie begleiten,
Dann fließt die Arbeit munter fort.
So laßt uns jetzt mit Fleiß betrachten,
Was durch die schwache Kraft entspringt;
Den schlechten Mann muß man verachten,
Der nie bedacht, was er vollbringt.
Das ist's ja, was den Menschen zieret,
Und dazu ward ihm der Verstand,
Daß er im innern Herzen spüret,
Was er erschafft mit seiner Hand.

Nehmet Holz vom Fichtenstamme,
Doch recht trocken laßt es sein,
Daß die eingepreßte Flamme
Schlage zu dem Schwalch hinein!

Kocht des Kupfers Brei,
Schnell das Zinn herbei,
Daß die zähe Glockenspeise
Fließe nach der rechten Weise!

Was in des Dammes tiefer Grube
Die Hand mit Feuers Hilfe baut,
Hoch auf des Thurmes Glockenstube,
Da wird es von uns zeugen laut.
Noch dauern wird's in späten Tagen
Und rühren vieler Menschen Ohr,
Und wird mit dem Betrübten klagen,
Und stimmen zu der Andacht Chor.
Was unten tief dem Erdensohne
Das wechselnde Verhängniß bringt,
Das schlägt an die metallne Krone,
Die es erbaulich weiter klingt.

Weiße Blasen seh' ich springen;
Wohl! die Massen sind im Fluß.
Laßt's mit Aschensalz durchdringen,
Das befördert schnell den Guß.
Auch vom Schaume rein
Muß die Mischung sein,
Daß vom reinlichen Metalle
Rein und voll die Stimme schalle.

Denn mit der Freude Feierklange
Begrüßt sie das geliebte Kind
Auf seines Lebens erstem Gange,
Den es in Schlafes Arm beginnt;
Ihm ruhen noch im Zeitenschooße
Die schwarzen und die heitern Loose;
Der Mutterliebe zarte Sorgen

Bewachen seinen goldnen Morgen —
Die Jahre fliehen pfeilgeschwind.

Vom Mädchen reißt sich stolz der Knabe,
Er stürmt ins Leben wild hinaus,
Durchmißt die Welt am Wanderstabe,
Fremd kehrt er heim ins Vaterhaus.
Und herrlich, in der Jugend Prangen,
Wie ein Gebild aus Himmelshöhn,
Mit züchtigen, verschämten Wangen
Sieht er die Jungfrau vor sich stehn.
Da faßt ein namenloses Sehnen
Des Jünglings Herz, er irrt allein,
Aus seinen Augen brechen Thränen,
Er flieht der Brüder wilden Reih'n.
Erröthend folgt er ihren Spuren
Und ist von ihrem Gruß beglückt,
Das Schönste sucht er auf den Fluren,
Womit er seine Liebe schmückt.
O zarte Sehnsucht, süßes Hoffen!
Der ersten Liebe goldne Zeit!
Das Auge sieht den Himmel offen,
Es schwelgt das Herz in Seligkeit;
O, daß sie ewig grünen bliebe,
Die schöne Zeit der jungen Liebe!

  Wie sich schon die Pfeifen bräunen!
  Dieses Stäbchen tauch' ich ein,
  Sehn wir's überglast erscheinen,
  Wird's zum Gusse zeitig sein.
     Jetzt, Gesellen, frisch!
     Prüft mir das Gemisch,
  Ob das Spröde mit dem Weichen
  Sich vereint zum guten Zeichen.

Denn wo das Strenge mit dem Zarten,
Wo Starkes sich und Mildes paarten,
Da gibt es einen guten Klang.
Drum prüfe, wer sich ewig bindet,
Ob sich das Herz zum Herzen findet!
Der Wahn ist kurz, die Reu' ist lang.
Lieblich in der Bräute Locken
Spielt der jungfräuliche Kranz,
Wenn die hellen Kirchenglocken
Laden zu des Festes Glanz.
Ach! des Lebens schönste Feier
Endigt auch den Lebensmai,
Mit dem Gürtel, mit dem Schleier
Reißt der schöne Wahn entzwei.
Die Leidenschaft flieht,
Die Liebe muß bleiben;
Die Blume verblüht,
Die Frucht muß treiben.
Der Mann muß hinaus
Ins feindliche Leben,
Muß wirken und streben
Und pflanzen und schaffen,
Erlisten, erraffen,
Muß wetten und wagen,
Das Glück zu erjagen.
Da strömet herbei die unendliche Gabe,
Es füllt sich der Speicher mit köstlicher Habe,
Die Räume wachsen, es dehnt sich das Haus.
Und drinnen waltet
Die züchtige Hausfrau,
Die Mutter der Kinder,
Und herrschet weise
Im häuslichen Kreise,

Und lehret die Mädchen
Und wehret den Knaben,
Und reget ohn' Ende
Die fleißigen Hände,
Und mehrt den Gewinn
Mit ordnendem Sinn,
Und füllet mit Schätzen die duftenden Laden,
Und dreht um die schnurrende Spindel den Faden,
Und sammelt im reinlich geglätteten Schrein
Die schimmernde Wolle, den schneeichten Lein,
Und füget zum Guten den Glanz und den Schimmer.
Und ruhet nimmer.

Und der Vater mit frohem Blick,
Von des Hauses weitschauendem Giebel
Ueberzählet sein blühend Glück,
Siehet der Pfosten ragende Bäume
Und der Scheunen gefüllte Räume
Und die Speicher, vom Segen gebogen,
Und des Kornes bewegte Wogen,
Rühmt sich mit stolzem Mund:
Fest, wie der Erde Grund,
Gegen des Unglücks Macht
Steht mir des Hauses Pracht!
Doch mit des Geschickes Mächten
Ist kein ew'ger Bund zu flechten,
Und das Unglück schreitet schnell.

Wohl! nun kann der Guß beginnen;
Schön gezacket ist der Bruch.
Doch, bevor wir's lassen rinnen,
Betet einen frommen Spruch!

Stoßt den Zapfen aus!
Gott bewahr' das Haus!
Rauchend in des Henkels Bogen
Schießt's mit feuerbraunen Wogen.

Wohlthätig ist des Feuers Macht,
Wenn sie der Mensch bezähmt, bewacht,
Und was er bildet, was er schafft,
Das dankt er dieser Himmelskraft;
Doch furchtbar wird die Himmelskraft,
Wenn sie der Fessel sich entrafft,
Einhertritt auf der eignen Spur,
Die freie Tochter der Natur.
Wehe, wenn sie losgelassen,
Wachsend ohne Widerstand,
Durch die volkbelebten Gassen
Wälzt den ungeheuren Brand!
Denn die Elemente hassen
Das Gebild der Menschenhand.
Aus der Wolke
Quillt der Segen,
Strömt der Regen;
Aus der Wolke, ohne Wahl,
Zuckt der Strahl.
Hört ihr's wimmern hoch vom Thurm?
Das ist Sturm!
Roth, wie Blut,
Ist der Himmel;
Das ist nicht des Tages Gluth!
Welch Getümmel
Straßen auf!
Dampf wallt auf!
Flackernd steigt die Feuersäule,

Durch der Straße lange Zeile
Wächst es fort mit Windeseile;
Kochend, wie aus Ofens Rachen,
Glühn die Lüfte, Balken krachen,
Pfosten stürzen, Fenster klirren,
Kinder jammern, Mütter irren,
Thiere wimmern
Unter Trümmern;
Alles rennet, rettet, flüchtet,
Taghell ist die Nacht gelichtet;
Durch der Hände lange Kette
Um die Wette
Fliegt der Eimer; hoch im Bogen
Spritzen Quellen Wasserwogen.
Heulend kommt der Sturm geflogen,
Der die Flamme brausend sucht.
Prasselnd in die dürre Frucht
Fällt sie, in des Speichers Räume,
In der Sparren dürre Bäume,
Und als wollte sie im Wehen
Mit sich fort der Erde Wucht
Reißen in gewalt'ger Flucht,
Wächst sie in des Himmels Höhen
Riesengroß!
Hoffnungslos
Weicht der Mensch der Götterstärke,
Müßig sieht er seine Werke
Und bewundernd untergehen.

Leergebrannt
Ist die Stätte,
Wilder Stürme rauhes Bette.
In den öden Fensterhöhlen

Wohnt das Grauen,
Und des Himmels Wolken schauen
Hoch hinein.

Einen Blick
Nach dem Grabe
Seiner Habe
Sendet noch der Mensch zurück —
Greift fröhlich dann zum Wanderstabe.
Was Feuers Wuth ihm auch geraubt,
Ein süßer Trost ist ihm geblieben:
Er zählt die Häupter seiner Lieben,
Und sieh! ihm fehlt kein theures Haupt.

In die Erd' ist's aufgenommen,
Glücklich ist die Form gefüllt;
Wird's auch schön zu Tage kommen,
Daß es Fleiß und Kunst vergilt?
Wenn der Guß mißlang?
Wenn die Form zersprang?
Ach, vielleicht, indem wir hoffen,
Hat uns Unheil schon getroffen.

Dem dunkeln Schooß der heil'gen Erde
Vertrauen wir der Hände That,
Vertraut der Sämann seine Saat
Und hofft, daß sie entkeimen werde
Zum Segen, nach des Himmels Rath.
Noch köstlicheren Samen bergen
Wir trauernd in der Erde Schooß,
Und hoffen, daß er aus den Särgen
Erblühen soll zu schönerm Loos.

Von dem Dome.
Schwer und bang,
Tönt die Glocke
Grabgesang.
Ernst begleiten ihre Trauerschläge
Einen Wandrer auf dem letzten Wege.

Ach! die Gattin ist's, die theure,
Ach! es ist die treue Mutter,
Die der schwarze Fürst der Schatten
Wegführt aus dem Arm des Gatten,
Aus der zarten Kinder Schaar,
Die sie blühend ihm gebar,
Die sie an der treuen Brust
Wachsen sah mit Mutterlust —
Ach! des Hauses zarte Bande
Sind gelöst auf immerdar;
Denn sie wohnt im Schattenlande,
Die des Hauses Mutter war;
Denn es fehlt ihr treues Walten,
Ihre Sorge wacht nicht mehr;
An verwaister Stätte schalten
Wird die Fremde, liebeleer.

Bis die Glocke sich verkühlet,
Laßt die strenge Arbeit ruhn.
Wie im Laub der Vogel spielet,
Mag sich jeder gütlich thun.
Winkt der Sterne Licht,
Ledig aller Pflicht,
Hört der Bursch die Vesper schlagen;
Meister muß sich immer plagen.

Munter fördert seine Schritte
Fern im wilden Forst der Wandrer
Nach der lieben Heimathhütte.
Blökend ziehen heim die Schafe,
Und der Rinder
Breitgestirnte, glatte Schaaren
Kommen brüllend,
Die gewohnten Ställe füllend.
Schwer herein
Schwankt der Wagen,
Kornbeladen;
Bunt von Farben,
Auf den Garben
Liegt der Kranz,
Und das junge Volk der Schnitter
Fliegt zum Tanz.
Markt und Straße werden stiller;
Um des Lichts gesell'ge Flamme
Sammeln sich die Hausbewohner,
Und das Stadtthor schließt sich knarrend.
Schwarz bedecket
Sich die Erde;
Doch den sichern Bürger schrecket
Nicht die Nacht,
Die den Bösen gräßlich wecket;
Denn das Auge des Gesetzes wacht.

Heil'ge Ordnung, segenreiche
Himmelstochter, die das Gleiche
Frei und leicht und freudig bindet,
Die der Städte Bau gegründet,
Die herein von den Gefilden
Rief den ungesell'gen Wilden,

Eintrat in der Menschen Hütten,
Sie gewöhnt zu sanften Sitten,
Und das theuerste der Bande
Wob, den Trieb zum Vaterlande!

Tausend fleiß'ge Hände regen,
Helfen sich in munterm Bund,
Und in feurigem Bewegen
Werden alle Kräfte kund.
Meister rührt sich und Geselle
In der Freiheit heil'gem Schutz;
Jeder freut sich seiner Stelle,
Bietet dem Verächter Trutz.
Arbeit ist des Bürgers Zierde,
Segen ist der Mühe Preis;
Ehrt den König seine Würde,
Ehret uns der Hände Fleiß.

Holder Friede,
Süße Eintracht,
Weilet, weilet
Freundlich über dieser Stadt!
Möge nie der Tag erscheinen,
Wo des rauhen Krieges Horden
Dieses stille Thal durchtoben,
Wo der Himmel,
Den des Abends sanfte Röthe
Lieblich malt,
Von der Dörfer, von der Städte
Wildem Brande schrecklich strahlt!

Nun zerbrecht mir das Gebäude,
Seine Absicht hat's erfüllt,

Daß sich Herz und Auge weide
An dem wohlgelungnen Bild.
Schwingt den Hammer, schwingt,
Bis der Mantel springt!
Wenn die Glock' soll auferstehen,
Muß die Form in Stücken gehen.

Der Meister kann die Form zerbrechen
Mit weiser Hand, zur rechten Zeit;
Doch wehe, wenn in Flammenbächen
Das glühnde Erz sich selbst befreit!
Blindwüthend, mit des Donners Krachen,
Zersprengt es das geborstne Haus,
Und wie aus offnem Höllenrachen
Speit es Verderben zühdend aus.
Wo rohe Kräfte sinnlos walten,
Da kann sich kein Gebild gestalten;
Wenn sich die Völker selbst befrein,
Da kann die Wohlfahrt nicht gedeihn.

Weh, wenn sich in dem Schooß der Städte
Der Feuerzunder still gehäuft,
Das Volk, zerreißend seine Kette,
Zur Eigenhilfe schrecklich greift!
Da zerret an der Glocke Strängen
Der Aufruhr, daß sie heulend schallt
Und, nur geweiht zu Friedensklängen,
Die Losung anstimmt zur Gewalt.

Freiheit und Gleichheit! hört man schallen;
Der ruh'ge Bürger greift zur Wehr,
Die Straßen füllen sich, die Hallen,
Und Würgerbanden ziehn umher.

Da werden Weiber zu Hyänen
Und treiben mit Entsetzen Scherz;
Noch zuckend, mit des Panthers Zähnen,
Zerreißen sie des Feindes Herz.
Nichts Heiliges ist mehr, es lösen
Sich alle Bande frommer Scheu;
Der Gute räumt den Platz dem Bösen,
Und alle Laster walten frei.
Gefährlich ist's, den Leu zu wecken,
Verderblich ist des Tigers Zahn;
Jedoch der schrecklichste der Schrecken,
Das ist der Mensch in seinem Wahn.
Weh denen, die dem Ewigblinden
Des Lichtes Himmelsfackel leihn!
Sie strahlt ihm nicht, sie kann nur zünden,
Und äschert Städt' und Länder ein.

Freude hat mir Gott gegeben!
Sehet! wie ein goldner Stern
Aus der Hülse, blank und eben,
Schält sich der metallne Kern.
Von dem Helm zum Kranz
Spielt's wie Sonnenglanz.
Auch des Wappens nette Schilder
Loben den erfahrnen Bilder.

Herein! herein!
Gesellen alle, schließt den Reihen,
Daß wir die Glocke taufend weihen!
Concordia soll ihr Name sein.
Zur Eintracht, zu herzinnigem Vereine
Versammle sie die liebende Gemeine.

Und dies sei fortan ihr Beruf,
Wozu der Meister sie erschuf!
Hoch überm niedern Erdenleben
Soll sie im blauen Himmelszelt,
Die Nachbarin des Donners, schweben
Und grenzen an die Sternenwelt,
Soll eine Stimme sein von oben,
Wie der Gestirne helle Schaar,
Die ihren Schöpfer wandelnd loben
Und führen das bekränzte Jahr.
Nur ewigen und ernsten Dingen
Sei ihr metallner Mund geweiht,
Und stündlich mit den schnellen Schwingen
Berühr' im Fluge sie die Zeit.
Dem Schicksal leihe sie die Zunge;
Selbst herzlos, ohne Mitgefühl,
Begleite sie mit ihrem Schwunge
Des Lebens wechselvolles Spiel.
Und wie der Klang im Ohr vergehet,
Der mächtig tönend ihr entschallt,
So lehre sie, daß nichts bestehet,
Daß alles Irdische verhallt.

Jetzo mit der Kraft des Stranges
Wiegt die Glock' mir aus der Gruft,
Daß sie in das Reich des Klanges
Steige, in die Himmelsluft!
Ziehet, ziehet, hebt!
Sie bewegt sich, schwebt!
Freude dieser Stadt bedeute,
Friede sei ihr erst Geläute.

Die Macht des Gesanges.

Ein Regenstrom aus Felsenrissen,
Er kommt mit Donners Ungestüm,
Bergtrümmer folgen seinen Güssen,
Und Eichen stürzen unter ihm;
Erstaunt, mit wollustvollem Grausen,
Hört ihn der Wanderer und lauscht,
Er hört die Fluth vom Felsen brausen,
Doch weiß er nicht, woher sie rauscht:
So strömen des Gesanges Wellen
Hervor aus nie entdeckten Quellen.

Verbündet mit den furchtbarn Wesen,
Die still des Lebens Faden drehn,
Wer kann des Sängers Zauber lösen,
Wer seinen Tönen widerstehn?
Wie mit dem Stab des Götterboten
Beherrscht er das bewegte Herz;
Er taucht es in das Reich der Todten,
Er hebt es staunend himmelwärts,
Und wiegt es zwischen Ernst und Spiele
Auf schwanker Leiter der Gefühle.

Wie wenn auf einmal in die Kreise
Der Freude, mit Gigantenschritt,
Geheimnißvoll, nach Geisterweise,
Ein ungeheures Schicksal tritt;
Da beugt sich jede Erdengröße
Dem Fremdling aus der andern Welt,
Des Jubels nichtiges Getöse
Verstummt, und jede Larve fällt,
Und vor der Wahrheit mächt'gem Siege
Verschwindet jedes Werk der Lüge.

So raßt von jeder eiteln Bürde,
Wenn des Gesanges Ruf erschallt,
Der Mensch sich auf zur Geisterwürde
Und tritt in heilige Gewalt;
Den hohen Göttern ist er eigen,
Ihm darf nichts Irdisches sich nahn,
Und jede andre Macht muß schweigen,
Und kein Verhängniß fällt ihn an;
Es schwinden jedes Kummers Falten,
So lang des Liedes Zauber walten.

Und wie nach hoffnungslosem Sehnen,
Nach langer Trennung bitterm Schmerz,
Ein Kind mit heißen Reuethränen
Sich stürzt an seiner Mutter Herz:
So führt zu seiner Jugend Hütten,
Zu seiner Unschuld reinem Glück,
Vom fernen Ausland fremder Sitten
Den Flüchtling der Gesang zurück,
In der Natur getreuen Armen
Von kalten Regeln zu erwarmen.

Würde der Frauen.

Ehret die Frauen! sie flechten und weben
Himmlische Rosen ins irdische Leben,
Flechten der Liebe beglückendes Band,
Und in der Grazie züchtigem Schleier
Nähren sie wachsam das ewige Feuer
Schöner Gefühle mit heiliger Hand.

Ewig aus der Wahrheit Schranken
Schweift des Mannes wilde Kraft;
Unstät treiben die Gedanken
Auf dem Meer der Leidenschaft;
Gierig greift er in die Ferne,
Nimmer wird sein Herz gestillt;
Rastlos durch entlegne Sterne
Jagt er seines Traumes Bild.

Aber mit zauberisch fesselndem Blicke
Winken die Frauen den Flüchtling zurücke,
Warnend zurück in der Gegenwart Spur.
In der Mutter bescheidener Hütte
Sind sie geblieben mit schamhafter Sitte,
Treue Töchter der frommen Natur.

Feindlich ist des Mannes Streben,
Mit zermalmender Gewalt
Geht der wilde durch das Leben,
Ohne Rast und Aufenthalt.
Was er schuf, zerstört er wieder,
Nimmer ruht der Wünsche Streit,
Nimmer, wie das Haupt der Hyder
Ewig fällt und sich erneut.

Aber, zufrieden mit stillerem Ruhme,
Brechen die Frauen des Augenblicks Blume,
Nähren sie sorgsam mit liebendem Fleiß,
Freier in ihrem gebundenen Wirken,
Reicher, als er, in des Wissens Bezirken
Und in der Dichtung unendlichem Kreis.

Streng und stolz, sich selbst genügend,
Kennt des Mannes kalte Brust,

Herzlich an ein Herz sich schmiegend,
Nicht der Liebe Götterlust,
Kennet nicht den Tausch der Seelen,
Nicht in Thränen schmilzt er hin;
Selbst des Lebens Kämpfe stählen
Härter seinen harten Sinn.

Aber, wie leise vom Zephyr erschüttert,
Schnell die äolische Harfe erzittert,
Also die fühlende Seele der Frau.
Zärtlich geängstigt vom Bilde der Qualen,
Wallet der liebende Busen, es strahlen
Perlend die Augen von himmlischem Thau.

In der Männer Herrschgebiete
Gilt der Stärke trotzig Recht;
Mit dem Schwert beweist der Scythe,
Und der Perser wird zum Knecht.
Es befehden sich im Grimme
Die Begierden wild und roh,
Und der Eris rauhe Stimme
Waltet, wo die Charis floh.

Aber mit sanft überredender Bitte
Führen die Frauen den Scepter der Sitte,
Löschen die Zwietracht, die tobend entglüht,
Lehren die Kräfte, die feindlich sich hassen,
Sich in der lieblichen Form zu umfassen,
Und vereinen, was ewig sich flieht.

Hoffnung.

Es reden und träumen die Menschen viel
   Von bessern künftigen Tagen;
Nach einem glücklichen, goldenen Ziel
   Sieht man sie rennen und jagen.
Die Welt wird alt und wird wieder jung,
Doch der Mensch hofft immer Verbesserung.

Die Hoffnung führt ihn ins Leben ein,
   Sie umflattert den fröhlichen Knaben,
Den Jüngling locket ihr Zauberschein,
   Sie wird mit dem Greis nicht begraben;
Denn beschließt er im Grabe den müden Lauf,
Noch am Grabe pflanzt er — die Hoffnung auf.

Es ist kein leerer, schmeichelnder Wahn,
   Erzeugt im Gehirne des Thoren.
Im Herzen kündet es laut sich an:
   Zu was Besserm sind wir geboren;
Und was die innere Stimme spricht,
Das täuscht die hoffende Seele nicht.

Die deutsche Muse.

Kein Augustisch Alter blühte,
Keines Mediceers Güte
   Lächelte der deutschen Kunst;
Sie ward nicht gepflegt vom Ruhme,
Sie entfaltete die Blume
   Nicht am Strahl der Fürstengunst.

Von dem größten deutschen Sohne,
Von des großen Friedrichs Throne
Ging sie schutzlos, ungeehrt.
Rühmend darf's der Deutsche sagen,
Höher darf das Herz ihm schlagen:
Selbst erschuf er sich den Werth.

Darum steigt in höherm Bogen,
Darum strömt in vollern Wogen
Deutscher Barden Hochgesang;
Und in eigner Fülle schwellend
Und aus Herzens Tiefen quellend,
Spottet er der Regeln Zwang.

Der Sämann.

Siehe, voll Hoffnung vertraust du der Erde den goldenen Samen
Und erwartest im Lenz fröhlich die keimende Saat.
Nur in die Furche der Zeit bedenkst du dich Thaten zu streuen,
Die, von der Weisheit gesät, still für die Ewigkeit blühn?

Der Kaufmann.

Wohin segelt das Schiff? Es trägt sidonische Männer,
Die von dem frierenden Nord bringen den Bernstein, das Zinn.
Trag' es gnädig, Neptun, und wiegt es schonend, ihr Winde,
In bewirthender Bucht rausch' ihm ein trinkbarer Quell.
Euch, ihr Götter, gehört der Kaufmann. Güter zu suchen
Geht er, doch an sein Schiff knüpfet das Gute sich an.

Odysseus.

Alle Gewässer durchkreuzt, die Heimath zu finden, Odysseus;
 Durch der Scylla Gebell, durch der Charybde Gefahr,
Durch die Schrecken des feindlichen Meers, durch die Schrecken
     des Landes,
Selber in Aides' Reich führt ihn die irrende Fahrt.
Endlich trägt das Geschick ihn schlafend an Ithakas Küste;
 Er erwacht und erkennt jammernd das Vaterland nicht.

Karthago.

Ausgeartetes Kind der bessern menschlichen Mutter,
 Das mit des Römers Gewalt paaret des Tyriers List!
Aber jener beherrschte mit Kraft die eroberte Erde,
 Dieser belebte die Welt, die er mit Klugheit bestahl.
Sprich! was rühmt die Geschichte von dir? Wie der Römer
     erwarbst du
Mit dem Eisen, was du treulich mit Golde regierst.

––

Die Johanniter.

Herrlich kleidet sie euch, des Kreuzes furchtbare Rüstung,
 Wenn ihr, Löwen der Schlacht, Akkon und Rhodus beschützt,
Durch die syrische Wüste den bangen Pilgrim geleitet
 Und mit der Cherubim Schwert steht vor dem heiligen Grab.
Aber ein schönerer Schmuck umgibt euch, die Schürze des Wärters,
 Wenn ihr, Löwen der Schlacht, Söhne des edelsten Stamms,
Dient an des Kranken Bett, dem Lechzenden Labung bereitet
 Und die niedrige Pflicht christlicher Milde vollbringt.

Religion des Kreuzes, nur du verknüpfteſt in einem
Kranze der Demuth und Kraft doppelte Palme zugleich!

—

Deutſche Treue.

Um den Scepter Germaniens ſtritt mit Ludwig dem Bayer
Friedrich aus Habsburgs Stamm, beide gerufen zum Thron:
Aber den Auſtrier führt, den Jüngling, das neidiſche Kriegsglück
In die Feſſeln des Feinds, der ihn im Kampfe bezwingt.
Mit dem Throne kauft er ſich los, ſein Wort muß er geben,
Für den Sieger das Schwert gegen die Freunde zu ziehn;
Aber was er in Banden gelobt, kann er frei nicht erfüllen;
Siehe, da ſtellt er aufs neu willig den Banden ſich dar.
Tief gerührt umhalst ihn der Feind, ſie wechſeln von nun an,
Wie der Freund mit dem Freund, traulich die Becher des Mahls,
Arm in Arme ſchlummern auf einem Lager die Fürſten,
Da noch blutiger Haß grimmig die Völker zerfleiſcht.
Gegen Friederichs Heer muß Ludwig ziehen. Zum Wächter
Bayerns läßt er den Feind, den er beſtreitet, zurück.
„Wahrlich! So iſt's! Es iſt wirklich ſo! Man hat mir's geſchrieben.“
Rief der Pontifex aus, als er die Kunde vernahm.

Columbus.

Steure, muthiger Segler! Es mag der Witz dich verhöhnen,
Und der Schiffer am Steu'r ſenken die läſſige Hand.
Immer, immer nach Weſt! Dort muß die Küſte ſich zeigen,
Liegt ſie doch deutlich und liegt ſchimmernd vor deinem Verſtand.
Traue dem leitenden Gott und folge dem ſchweigenden Weltmeer!
Wär' ſie noch nicht, ſie ſtieg' jetzt aus den Fluthen empor.

Mit dem Genius steht die Natur im ewigen Bunde;
Was der eine verspricht, leistet die andre gewiß.

Pompeji und Herculanum..

Welches Wunder begibt sich? Wir flehten um trinkbare Quellen,
Erde, dich an, und was sendet dein Schooß uns herauf!
Lebt es im Abgrund auch? Wohnt unter der Lava verborgen
Noch ein neues Geschlecht? Kehrt das entflohne zurück?
Griechen, Römer, o kommt! o seht, das alte Pompeji
Findet sich wieder, aufs neu bauet sich Hercules' Stadt.
Giebel an Giebel steigt, der räumige Porticus öffnet
Seine Hallen, o eilt, ihn zu beleben, herbei!
Aufgethan ist das weite Theater, es stürze durch seine
Sieben Mündungen sich fluthend die Menge herein.
Mimen, wo bleibt ihr? Hervor! Das bereitete Opfer vollende
Atreus' Sohn, dem Orest folge der grausende Chor!
Wohin führet der Bogen des Siegs? Erkennt ihr das Forum?
Was für Gestalten sind das auf dem curulischen Stuhl?
Traget, Lictoren, die Beile voran! Den Sessel besteige
Richtend der Prätor, der Zeug' trete, der Kläger vor ihn.
Reinliche Gassen breiten sich aus, mit erhöhetem Pflaster
Ziehet der schmälere Weg neben den Häusern sich hin.
Schützend springen die Dächer hervor, die zierlichen Zimmer
Reihn um den einsamen Hof heimlich und traulich sich her.
Oeffnet die Läden geschwind und die lange verschütteten Thüren!
In die schaudrigte Nacht falle der lustige Tag!
Siehe, wie rings um den Rand die netten Bänke sich dehnen,
Wie von buntem Gestein schimmernd das Estrich sich hebt!
Frisch noch erglänzt die Wand von heiter brennenden Farben.
Wo ist der Künstler? Er warf eben den Pinsel hinweg.

Schwellender Früchte voll und lieblich geordneter Blumen
Fasset der muntre Feston reizende Bildungen ein.
Mit beladenem Korb schlüpft hier ein Amor vorüber,
Emsige Genien dort keltern den purpurnen Wein;
Hoch auf springt die Bacchantin im Tanz, dort ruhet sie schlummernd,
Und der lauschende Faun hat sich nicht satt noch gesehn.
Flüchtig tummelt sie hier den raschen Centauren, auf einem
Knie nur schwebend, und treibt frisch mit dem Thyrsus ihn an.
Knaben! was säumt ihr? Herbei! Da stehn noch die schönen
Geschirre.
Frisch, ihr Mädchen, und schöpft in den etrurischen Krug!
Steht nicht der Dreifuß hier auf schön geflügelten Sphinxen?
Schüret das Feuer! Geschwind, Sklaven, bestellet den Herd!
Kauft, hier geb' ich euch Münzen, vom mächtigen Titus gepräget:
Auch noch die Wage liegt hier, sehet, es fehlt kein Gewicht.
Stecket das brennende Licht auf den zierlich gebildeten Leuchter,
Und mit glänzendem Oel fülle die Lampe sich an!
Was verwahret dies Kästchen? O seht, was der Bräutigam sendet,
Mädchen! Spangen von Gold, glänzende Pasten zum Schmuck.
Führet die Braut in das duftende Bad, hier stehn noch die Salben,
Schminke find' ich noch hier in dem gehöhlten Krystall.
Aber wo bleiben die Männer? die Alten? Im ernsten Museum
Liegt noch ein köstlicher Schatz seltener Rollen gehäuft.
Griffel findet ihr hier zum Schreiben, wächserne Tafeln;
Nichts ist verloren, getreu hat es die Erde bewahrt.
Auch die Penaten, sie stellen sich ein, es finden sich alle
Götter wieder; warum bleiben die Priester nur aus?
Den Caduceus schwingt der zierlich geschenkelte Hermes,
Und die Victoria fliegt leicht aus der haltenden Hand.
Die Altäre, sie stehen noch da, o kommet, o zündet,
Lang schon entbehrte der Gott, zündet die Opfer ihm an!

Ilias.

Immer zerreißet den Kranz des Homer und zählet die Väter
Des vollendeten ewigen Werks!
Hat es doch e i n e Mutter nur und die Züge der Mutter,
Deine unsterblichen Züge, Natur!

Zeus zu Hercules.

Nicht aus meinem Nektar hast du dir Gottheit getrunken;
Deine Götterkraft war's, die dir den Nektar errang.

Die Antike an den nordischen Wanderer.

Ueber Ströme hast du gesetzt und Meere durchschwommen,
Ueber der Alpen Gebirg trug dich der schwindlichte Steg,
Mich in der Nähe zu schaun und meine Schöne zu preisen,
Die der begeisterte Ruf rühmt durch die staunende Welt;
Und nun stehst du vor mir, du darfst mich Heil'ge berühren,
Aber bist du mir jetzt näher, und bin ich es dir?

Die Sänger der Vorwelt.

Sagt, wo sind die Vortrefflichen hin, wo find' ich die Sänger,
Die mit dem lebenden Wort horchende Völker entzückt,
Die vom Himmel den Gott, zum Himmel den Menschen gesungen
Und getragen den Geist hoch auf den Flügeln des Lieds?
Ach, noch leben die Sänger; nur fehlen die Thaten, die Lyra
Freudig zu wecken, es fehlt, ach! ein empfangendes Ohr.

Glückliche Dichter der glücklichen Welt! Von Munde zu Munde
  Flog, von Geschlecht zu Geschlecht euer empfundenes Wort.
Wie man die Götter empfängt, so begrüßte jeder mit Andacht,
  Was der Genius ihm, redend und bildend, erschuf.
An der Gluth des Gesangs entflammten des Hörers Gefühle,
  An des Hörers Gefühl nährte der Sänger die Gluth —
Nährt' und reinigte sie! Der Glückliche, dem in des Volkes
  Stimme noch hell zurück tönte die Seele des Lieds,
Dem noch von außen erschien, im Leben, die himmlische Gottheit,
  Die der Neuere kaum, kaum noch im Herzen vernimmt.

Die Antiken zu Paris.

Was der Griechen Kunst erschaffen,
Mag der Franke mit den Waffen
    Führen nach der Seine Strand,
Und in prangenden Museen
Zeig' er seine Siegstrophäen
    Dem erstaunten Vaterland!

Ewig werden sie ihm schweigen,
Nie von den Gestellen steigen
    In des Lebens frischen Reihn.
Der allein besitzt die Musen,
Der sie trägt im warmen Busen,
    Dem Vandalen sind sie Stein.

Thekla.

Eine Geisterstimme.

Wo ich sei, und wo mich hingewendet,
Als mein flücht'ger Schatten dir entschwebt?
Hab' ich nicht beschlossen und geendet,
Hab' ich nicht geliebet und gelebt?

Willst du nach den Nachtigallen fragen,
Die mit seelenvoller Melodie
Dich entzückten in des Lenzes Tagen?
Nur so lang sie liebten, waren sie.

Ob ich den Verlorenen gefunden?
Glaube mir, ich bin mit ihm vereint,
Wo sich nicht mehr trennt, was sich verbunden,
Dort, wo keine Thräne wird geweint.

Dorten wirst auch du uns wieder finden,
Wenn dein Lieben unserm Lieben gleicht;
Dort ist auch der Vater frei von Sünden,
Den der blut'ge Mord nicht mehr erreicht.

Und er fühlt, daß ihn kein Wahn betrogen,
Als er aufwärts zu den Sternen sah;
Denn wie jeder wägt, wird ihm gewogen;
Wer es glaubt, dem ist das Heil'ge nah.

Wort gehalten wird in jenen Räumen
Jedem schönen, gläubigen Gefühl;
Wage du zu irren und zu träumen,
Hoher Sinn liegt oft in kind'schem Spiel.

Das Mädchen von Orleans.

Das edle Bild der Menschheit zu verhöhnen,
Im tiefsten Staube wälzte dich der Spott;
Krieg führt der Witz auf ewig mit dem Schönen,
Er glaubt nicht an den Engel und den Gott;
Dem Herzen will er seine Schätze rauben,
Den Wahn bekriegt er und verletzt den Glauben.

Doch, wie du selbst, aus kindlichem Geschlechte,
Selbst eine fromme Schäferin, wie du,
Reicht dir die Dichtkunst ihre Götterrechte,
Schwingt sich mit dir den ew'gen Sternen zu.
Mit einer Glorie hat sie dich umgeben;
Dich schuf das Herz, du wirst unsterblich leben.

Es liebt die Welt, das Strahlende zu schwärzen
Und das Erhabne in den Staub zu ziehn;
Doch fürchte nicht! Es gibt noch schöne Herzen,
Die für das Hohe, Herrliche entglühn.
Den lauten Markt mag Momus unterhalten;
Ein edler Sinn liebt edlere Gestalten.

Nenie.

Auch das Schöne muß sterben! Das Menschen und Götter bezwinget,
  Nicht die cherne Brust rührt es des stygischen Zeus.
Einmal nur erweichte die Liebe den Schattenbeherrscher,
  Und an der Schwelle noch, streng, rief er zurück sein Geschenk.
Nicht stillt Aphrodite dem schönen Knaben die Wunde,
  Die in den zierlichen Leib grausam der Eber geritzt.

Nicht errettet den göttlichen Held die unsterbliche Mutter,
    Wann er, am skäischen Thor fallend, sein Schicksal erfüllt.
Aber sie steigt aus dem Meer mit allen Töchtern des Nereus,
    Und die Klage hebt an um den verherrlichten Sohn.
Siehe, da weinen die Götter, es weinen die Göttinnen alle,
    Daß das Schöne vergeht, daß das Vollkommene stirbt.
Auch ein Klaglied zu sein im Mund der Geliebten, ist herrlich,
    Denn das Gemeine geht klanglos zum Orkus hinab.

Der spielende Knabe.

Spiele, Kind, in der Mutter Schooß! Auf der heiligen Insel
    Findet der trübe Gram, findet die Sorge dich nicht.
Liebend halten die Arme der Mutter dich über dem Abgrund,
    Und in das fluthende Grab lächelst du schuldlos hinab.
Spiele, liebliche Unschuld! Noch ist Arkadien um dich,
    Und die freie Natur folgt nur dem fröhlichen Trieb;
Noch erschafft sich die üppige Kraft erdichtete Schranken,
    Und dem willigen Muth fehlt noch die Pflicht und der Zweck.
Spiele! Bald wird die Arbeit kommen, die hagre, die ernste,
    Und der gebietenden Pflicht mangeln die Lust und der Muth.

Die Geschlechter.

Sieh in dem zarten Kind zwei liebliche Blumen vereinigt,
    Jungfrau und Jüngling, sie deckt beide die Knospe noch zu.
Leise löst sich das Band, es entzweien sich zart die Naturen,
    Und von der holden Scham trennet sich feurig die Kraft.
Gönne dem Knaben zu spielen, in wilder Begierde zu toben;
    Nur die gesättigte Kraft kehret zur Anmuth zurück.

Aus der Knospe beginnt die doppelte Blume zu streben,
　　Köstlich ist jede, doch stillt keine dein sehnendes Herz.
Reizende Fülle schwellt der Jungfrau blühende Glieder,
　　Aber der Stolz bewacht streng, wie der Gürtel, den Reiz.
Scheu, wie das zitternde Reh, das ihr Horn durch die Wälder
　　　　　verfolget,
　　Flieht sie im Mann nur den Feind, hasset noch, weil sie
　　　　　nicht liebt.
Trotzig schauet und kühn aus finstern Wimpern der Jüngling,
　　Und, gehärtet zum Kampf, spannet die Sehne sich an.
Fern in der Speere Gewühl und auf die stäubende Rennbahn
　　Ruft ihn der lockende Ruhm, reißt ihn der brausende Muth.
Jetzt beschütze dein Werk, Natur! Auseinander auf immer
　　Fliehet, wenn du nicht vereinst, feindlich, was ewig sich sucht.
Aber da bist du, du Mächtige, schon, aus dem wildesten Streite
　　Rufst du der Harmonie göttlichen Frieden hervor.
Tief verstummet die lärmende Jagd, des rauschenden Tages
　　Tosen verhallet, und leis sinken die Sterne herab.
Seufzend flüstert das Rohr, sanft murmelnd gleiten die Bäche,
　　Und mit melodischem Lied füllt Philomela den Hain.
Was erreget zu Seufzern der Jungfrau steigenden Busen?
　　Jüngling, was füllet den Blick schwellend mit Thränen dir an?
Ach, sie suchet umsonst, was sie sanft anschmiegend umfasse,
　　Und die schwellende Frucht beuget zur Erde die Last.
Ruhelos strebend verzehrt sich in eigenen Flammen der Jüngling,
　　Ach, der brennenden Gluth wehet kein lindernder Hauch.
Siehe, da finden sie sich, es führet sie Amor zusammen,
　　Und dem geflügelten Gott folgt der geflügelte Sieg.
Göttliche Liebe, du bist's, die der Menschheit Blumen vereinigt!
　　Ewig getrennt, sind sie doch ewig verbunden durch dich.

Macht des Weibes.

Mächtig seid ihr, ihr seid's durch der Gegenwart ruhigen Zauber;
  Was die stille nicht wirkt, wirket die rauschende nie.
Kraft erwart' ich vom Mann, des Gesetzes Würde behaupt' er;
  Aber durch Anmuth allein herrschet und herrsche das Weib.
Manche zwar haben geherrscht durch des Geistes Macht und der
    Thaten;
  Aber dann haben sie dich, höchste der Kronen, entbehrt.
Wahre Königin ist nur des Weibes weibliche Schönheit:
  Wo sie sich zeige, sie herrscht, herrschet bloß, weil sie sich zeigt.

Der Tanz.

Siehe, wie schwebenden Schritts im Wellenschwung sich die Paare
  Drehen! Den Boden berührt kaum der geflügelte Fuß.
Seh' ich flüchtige Schatten, befreit von der Schwere des Leibes?
  Schlingen im Mondlicht dort Elfen den luftigen Reihn?
Wie, vom Zephyr gewiegt, der leichte Rauch in die Luft fließt,
  Wie sich leise der Kahn schaukelt auf silberner Fluth,
Hüpft der gelehrige Fuß auf des Takts melodischer Woge;
  Säuselndes Saitengetön hebt den ätherischen Leib.
Jetzt, als wollt' es mit Macht durchreißen die Kette des Tanzes,
  Schwingt sich ein muthiges Paar dort in den dichtesten Reihn.
Schnell vor ihm her entsteht ihm die Bahn, die hinter ihm
    schwindet,
  Wie durch magische Hand öffnet und schließt sich der Weg.
Sieh! jetzt schwand es dem Blick; in wildem Gewirr durch=
    einander
  Stürzt der zierliche Bau dieser beweglichen Welt.
Nein, dort schwebt es frohlockend herauf, der Knoten entwirrt sich;

Nur mit verändertem Reiz stellet die Regel sich her. .

Ewig zerstört, es erzeugt sich ewig die drehende Schöpfung,
Und ein stilles Gesetz lenkt der Verwandlungen Spiel.
Sprich, wie geschieht's, daß rastlos erneut die Bildungen schwanken,
Und die Ruhe besteht in der bewegten Gestalt?
Jeder ein Herrscher, frei, nur dem eigenen Herzen gehorchet
Und im eilenden Lauf findet die einzige Bahn?
Willst du es wissen? Es ist des Wohllauts mächtige Gottheit,
Die zum geselligen Tanz ordnet den tobenden Sprung,
Die, der Nemesis gleich, an des Rhythmus goldenem Zügel
Lenkt die brausende Lust und die verwilderte zähmt.
Und dir rauschen umsonst die Harmonieen des Weltalls?
Dich ergreift nicht der Strom dieses erhabnen Gesangs?
Nicht der begeisternde Takt, den alle Wesen dir schlagen?
Nicht der wirbelnde Tanz, der durch den ewigen Raum
Leuchtende Sonnen schwingt in kühn gewundenen Bahnen?
Das du im Spiele doch ehrst, fliehst du im Handeln, das Maß.

Das Glück.

Selig, welchen die Götter, die gnädigen, vor der Geburt schon
Liebten, welchen als Kind Venus im Arme gewiegt,
Welchem Phöbus die Augen, die Lippen Hermes gelöset,
Und das Siegel der Macht Zeus auf die Stirne gedrückt!
Ein erhabenes Loos, ein göttliches, ist ihm gefallen,
Schon vor des Kampfes Beginn sind ihm die Schläfe bekränzt.
Ihm ist, eh' er es lebte, das volle Leben gerechnet,
Eh' er die Mühe bestand, hat er die Charis erlangt.
Groß zwar nenn' ich den Mann, der, sein eigner Bildner und Schöpfer,
Durch der Tugend Gewalt selber die Parze bezwingt;

Aber nicht erzwingt er das Glück, und was ihm die Charis
Neidisch geweigert, erringt nimmer der strebende Muth.
Vor Unwürdigem kann dich der Wille, der ernste, bewahren,
Alles Höchste, es kommt frei von den Göttern herab.
Wie die Geliebte dich liebt, so kommen die himmlischen Gaben;
Oben in Jupiters Reich herrscht, wie in Amors, die Gunst.
Neigungen haben die Götter, sie lieben der grünenden Jugend
Lockigte Scheitel, es zieht Freude die Fröhlichen an.
Nicht der Sehende wird von ihrer Erscheinung beseligt,
Ihrer Herrlichkeit Glanz hat nur der Blinde geschaut.
Gern erwählen sie sich der Einfalt kindliche Seele,
In das bescheidne Gefäß schließen sie Göttliches ein.
Ungehofft sind sie da und täuschen die stolze Erwartung,
Keines Bannes Gewalt zwinget die Freien herab.
Wem er geneigt, dem sendet der Vater der Menschen und Götter
Seinen Adler herab, trägt ihn zu himmlischen Höhn.
Unter die Menge greist er mit Eigenwillen, und welches
Haupt ihm gefället, um das flicht er mit liebender Hand
Jetzt den Lorbeer und jetzt die herrschaftgebende Binde,
Krönte doch selber den Gott nur das gewogene Glück.
Vor dem Glücklichen her tritt Phöbus, der pythische Sieger,
Und der die Herzen bezwingt, Amor, der lächelnde Gott.
Vor ihm ebnet Poseidon das Meer, sanft gleitet des Schiffes
Kiel, das den Cäsar führt und sein allmächtiges Glück.
Ihm zu Füßen legt sich der Leu, das brausende Delphin
Steigt aus den Tiefen, und fromm beut es den Rücken ihm an.
Zürne dem Glücklichen nicht, daß den leichten Sieg ihm die Götter
Schenken, daß aus der Schlacht Venus den Liebling entrückt.
Ihn, den die Lächelnde rettet, den Göttergeliebten beneid' ich,
Jenen nicht, dem sie mit Nacht deckt den verdunkelten Blick.
War er weniger herrlich, Achilles, weil ihm Hephästos
Selbst geschmiedet den Schild und das verderbliche Schwert,
Weil um den sterblichen Mann der große Olymp sich beweget?

Das verherrlichet ihn, daß ihn die Götter geliebt,
Daß sie sein Zürnen geehrt und, Ruhm dem Liebling zu geben,
Hellas' bestes Geschlecht stürzten zum Orkus hinab.
Zürne der Schönheit nicht, daß sie schön ist, daß sie verdienstlos,
Wie der Lilie Kelch, prangt durch der Venus Geschenk!
Laß sie die Glückliche sein; du schaust sie, du bist der Beglückte!
Wie sie ohne Verdienst glänzt, so entzücket sie dich.
Freue dich, daß die Gabe des Lieds vom Himmel herabkommt,
Daß der Sänger dir singt, was ihn die Muse gelehrt!
Weil der Gott ihn beseelt, so wird er dem Hörer zum Gotte:
Weil er der Glückliche ist, kannst du der Selige sein.
Auf dem geschäftigen Markt, da führe Themis die Wage,
Und es messe der Lohn streng an der Mühe sich ab;
Aber die Freude ruft nur ein Gott auf sterbliche Wangen,
Wo kein Wunder geschieht, ist kein Beglückter zu sehn.
Alles Menschliche muß erst werden und wachsen und reifen,
Und von Gestalt zu Gestalt führt es die bildende Zeit;
Aber das Glückliche siehest du nicht, das Schöne nicht werden,
Fertig von Ewigkeit her steht es vollendet vor dir.
Jede irdische Venus ersteht, wie die erste des Himmels,
Eine dunkle Geburt, aus dem unendlichen Meer;
Wie die erste Minerva, so tritt, mit der Aegis gerüstet,
Aus des Donnerers Haupt jeder Gedanke des Lichts.

Der Genius.

„Glaub' ich," sprichst du, „dem Wort, das der Weisheit Meister
                  mich lehren,
„Das der Lehrlinge Schaar sicher und fertig beschwört?
„Kann die Wissenschaft nur zum wahren Frieden mich führen,
„Nur des Systemes Gebälk stützen das Glück und das Recht?

„Muß ich dem Trieb mißtraun, der leise mich warnt, dem Gesetze,
   „Das du selber, Natur, mir in den Busen geprägt,
„Bis auf die ewige Schrift die Schul' ihr Siegel gedrücket.
   „Und der Formel Gefäß bindet den flüchtigen Geist?
„Sage du mir's, du bist in diese Tiefen gestiegen,
   „Aus dem modrigten Grab kamst du erhalten zurück.
„Dir ist bekannt, was die Gruft der dunkeln Wörter bewahret,
   „Ob der Lebenden Trost dort bei den Mumien wohnt?
„Muß ich ihn wandeln, den nächtlichen Weg? Mir graut, ich
          bekenn' es!
„Wandeln will ich ihn doch, führt er zu Wahrheit und
          Recht." —
Freund, du kennst doch die goldene Zeit? Es haben die Dichter
   Manche Sage von ihr rührend und kindlich erzählt —
Jene Zeit, da das Heilige noch im Leben gewandelt,
   Da jungfräulich und keusch noch das Gefühl sich bewahrt,
Da noch das große Gesetz, das oben im Sonnenlauf waltet,
   Und verborgen im Ei regt den hüpfenden Punkt,
Noch der Nothwendigkeit stilles Gesetz, das stätige, gleiche,
   Auch der menschlichen Brust freiere Wellen bewegt,
Da nicht irrend der Sinn und treu, wie der Zeiger am Uhrwerk,
   Auf das Wahrhaftige nur, nur auf das Ewige wies? —
Da war kein Profaner, kein Eingeweihter zu sehen,
   Was man lebendig empfand, ward nicht bei Todten gesucht;
Gleich verständlich für jegliches Herz war die ewige Regel,
   Gleich verborgen der Quell, dem sie belebend entfloß.
Aber die glückliche Zeit ist dahin! Vermessene Willkür
   Hat der getreuen Natur göttlichen Frieden gestört.
Das entweihte Gefühl ist nicht mehr Stimme der Götter,
   Und das Orakel verstummt in der entadelten Brust.
Nur in dem stilleren Selbst vernimmt es der horchende Geist noch,
   Und den heiligen Sinn hütet das mystische Wort.
Hier beschwört es der Forscher, der reines Herzens hinabsteigt,

Und die verlorne Natur gibt ihm die Weisheit zurück.
Hast du, Glücklicher, nie den schützenden Engel verloren,
   Nie des frommen Instincts liebende Warnung verwirkt,
Malt in dem keuschen Auge noch treu und rein sich die Wahrheit,
   Tönt ihr Rufen dir noch hell in der kindlichen Brust,
Schweigt noch in dem zufriednen Gemüth des Zweifels Empörung,
   Wird sie, weißt du's gewiß, schweigen auf ewig, wie heut,
Wird der Empfindungen Streit nie eines Richters bedürfen,
   Nie den hellen Verstand trüben das tückische Herz —
O dann gehe du hin in deiner köstlichen Unschuld!
   Dich kann die Wissenschaft nichts lehren. Sie lerne von dir!
Jenes Gesetz, das mit ehrnem Stab den Sträubenden lenket,
   Dir nicht gilt's. Was du thust, was dir gefällt, ist Gesetz,
Und an alle Geschlechter ergeht ein göttliches Machtwort:
   Was du mit heiliger Hand bildest, mit heiligem Mund
Redest, wird den erstaunten Sinn allmächtig bewegen;
   Du nur merkst nicht den Gott, der dir im Busen gebeut,
Nicht des Siegels Gewalt, das alle Geister dir beuget,
   Einfach gehst du und still durch die eroberte Welt.

Der philosophische Egoist.

Hast du den Säugling gesehn, der, unbewußt noch der Liebe,
   Die ihn wärmet und wiegt, schlafend von Arme zu Arm
Wandert, bis bei der Leidenschaft Ruf der Jüngling erwachet,
   Und des Bewußtseins Blitz dämmernd die Welt ihm erhellt?
Hast du die Mutter gesehn, wenn sie süßen Schlummer dem Liebling
   Kauft mit dem eigenen Schlaf und für das träumende sorgt,
Mit dem eigenen Leben ernährt die zitternde Flamme,
   Und mit der Sorge selbst sich für die Sorge belohnt?
Und du lästerst die große Natur, die, bald Kind und bald Mutter,

Jetzt empfanget, jetzt gibt, nur durch Bedürfniß besteht?
Selbstgenügsam willst du dem schönen Ring dich entziehen,
Der Geschöpf an Geschöpf reibt in vertraulichem Bund?
Willst, du Armer, stehen allein und allein durch dich selber,
Wenn durch der Kräfte Tausch selbst das Unendliche steht?

Die Worte des Glaubens.

Drei Worte nenn' ich euch, inhaltschwer,
Sie gehen von Munde zu Munde,
Doch stammen sie nicht von außen her;
Das Herz nur gibt davon Kunde.
Dem Menschen ist aller Werth geraubt,
Wenn er nicht mehr an die drei Worte glaubt.

Der Mensch ist frei geschaffen, ist frei,
Und würd' er in Ketten geboren,
Laßt euch nicht irren des Pöbels Geschrei,
Nicht den Mißbrauch rasender Thoren!
Vor dem Sklaven, wenn er die Kette bricht,
Vor dem freien Menschen erzittert nicht!

Und die Tugend, sie ist kein leerer Schall,
Der Mensch kann sie üben im Leben,
Und sollt' er auch straucheln überall,
Er kann nach der göttlichen streben,
Und was kein Verstand der Verständigen sieht,
Das übet in Einfalt ein kindlich Gemüth.

Und ein Gott ist, ein heiliger Wille lebt,
Wie auch der menschliche wanke;

Hoch über der Zeit und dem Raume webt
　　Lebendig der höchste Gedanke,
Und ob alles in ewigem Wechsel kreist,
　　Es beharret im Wechsel ein ruhiger Geist.

Die drei Worte bewahret euch, inhaltschwer,
　　Sie pflanzet von Munde zu Munde,
Und stammen sie gleich nicht von außen her,
　　Euer Innres gibt davon Kunde.
Dem Menschen ist nimmer sein Werth geraubt,
So lang er noch an die drei Worte glaubt.

Die Worte des Wahns.

Drei Worte hört man, bedeutungschwer,
　　Im Munde der Guten und Besten.
Sie schallen vergeblich, ihr Klang ist leer,
　　Sie können nicht helfen und trösten.
Verscherzt ist dem Menschen des Lebens Frucht,
So lang er die Schatten zu haschen sucht.

So lang er glaubt an die goldene Zeit,
　　Wo das Rechte, das Gute wird siegen —
Das Rechte, das Gute führt ewig Streit,
　　Nie wird der Feind ihm erliegen,
Und erstickst du ihn nicht in den Lüften frei,
Stets wächst ihm die Kraft auf der Erde neu.

So lang er glaubt, daß das buhlende Glück
　　Sich dem Edeln vereinigen werde —
Dem Schlechten folgt es mit Liebesblick;
　　Nicht dem Guten gehöret die Erde,

Er ist ein Fremdling, er wandert aus,
Und suchet ein unvergänglich Haus.

So lang er glaubt, daß dem irb'schen Verstand
Die Wahrheit je wird erscheinen —
Ihren Schleier hebt keine sterbliche Hand;
Wir können nur rathen und meinen.
Du kerkerst den Geist in ein tönend Wort,
Doch der freie wandelt im Sturme fort.

Drum, edle Seele, entreiß dich dem Wahn,
Und den himmlischen Glauben bewahre!
Was kein Ohr vernahm, was die Augen nicht sahn
Es ist dennoch das Schöne, das Wahre!
Es ist nicht draußen, da sucht es der Thor;
Es ist in dir, du bringst es ewig hervor.

Sprüche des Confucius.

1.

Dreifach ist der Schritt der Zeit:
Zögernd kommt die Zukunft hergezogen,
Pfeilschnell ist das Jetzt entflogen,
Ewig still steht die Vergangenheit.

Keine Ungeduld beflügelt
Ihren Schritt, wenn sie verweilt.
Keine Furcht, kein Zweifeln zügelt
Ihren Lauf, wenn sie enteilt.
Keine Reu, kein Zaubersegen
Kann die Stehende bewegen.

Möchteft du beglückt und weife
Endigen des Lebens Reife,
Nimm die Zögernde zum Rath,
Nicht zum Werkzeug deiner That.
Wähle nicht die Fliehende zum Freund,
Nicht die Bleibende zum Feind.

2.

Dreifach ift des Raumes Maß:
Raftlos fort ohn' Unterlaß
Strebt die Länge; fort ins Weite
Endlos gießet sich die Breite;
Grundlos senkt die Tiefe sich.

Dir ein Bild sind sie gegeben:
Raftlos vorwärts mußt du streben,
Nie ermüdet stille stehn,
Willft du die Vollendung fehn;
Mußt ins Breite dich entfalten,
Soll sich dir die Welt geftalten;
In die Tiefe mußt du steigen,
Soll sich dir das Wesen zeigen.
Nur Beharrung führt zum Ziel,
Nur die Fülle führt zur Klarheit,
Und im Abgrund wohnt die Wahrheit.

Licht und Wärme.

Der beßre Mensch tritt in die Welt
Mit fröhlichem Vertrauen;
Er glaubt, was ihm die Seele schwellt,
Auch außer sich zu schauen,
Und weiht, von edlem Eifer warm,
Der Wahrheit seinen treuen Arm.

Doch alles ist so klein, so eng;
Hat er es erst erfahren,
Da sucht er in dem Weltgedräng
Sich selbst nur zu bewahren;
Das Herz, in kalter, stolzer Ruh,
Schließt endlich sich der Liebe zu.

Sie geben, ach! nicht immer Gluth,
Der Wahrheit helle Strahlen.
Wohl denen, die des Wissens Gut
Nicht mit dem Herzen zahlen.
Drum paart zu eurem schönsten Glück
Mit Schwärmers Ernst des Weltmanns Blick!

Breite und Tiefe.

Es glänzen Viele in der Welt,
Sie wissen von allem zu sagen,
Und wo was reizet und wo was gefällt,
Man kann es bei ihnen erfragen;
Man dächte, hört man sie reden laut,
Sie hätten wirklich erobert die Braut.

Doch gehn sie aus der Welt ganz still,
Ihr Leben war verloren.
Wer etwas Treffliches leisten will,
Hätt' gern was Großes geboren,
Der sammle still und unerschlafft
Im kleinsten Punkte die höchste Kraft.

Der Stamm erhebt sich in die Luft
Mit üppig prangenden Zweigen;
Die Blätter glänzen und hauchen Duft,
Doch können sie Früchte nicht zeugen;
Der Kern allein im schmalen Raum
Verbirgt den Stolz des Waldes, den Baum.

Die Führer des Lebens.

Zweierlei Genien sind's, die dich durchs Leben geleiten.
   Wohl dir, wenn sie vereint helfend zur Seite dir stehn!
Mit erheiterndem Spiel verkürzt dir der eine die Reise,
   Leichter an seinem Arm werden dir Schicksal und Pflicht.
Unter Scherz und Gespräch begleitet er bis an die Kluft dich,
   Wo an der Ewigkeit Meer schaudernd der Sterbliche steht.
Hier empfängt dich entschlossen und ernst und schweigend der andre,
   Trägt mit gigantischem Arm über die Tiefe dich hin.
Nimmer widme dich einem allein! Vertraue dem erstern
   Deine Würde nicht an, nimmer dem andern dein Glück!

Archimedes und der Schüler.

Zu Archimedes kam ein wißbegieriger Jüngling.
„Weihe mich," sprach er zu ihm, „ein in die göttliche Kunst,
Die so herrliche Frucht dem Vaterlande getragen,
Und die Mauern der Stadt vor der Sambuca[1] beschützt!"
„Göttlich nennst du die Kunst? Sie ist's," versetzte der Weise;
„Aber das war sie, mein Sohn, eh sie dem Staat noch gedient.
Willst du nur Früchte von ihr, die kann auch die Sterbliche zeugen;
Wer um die Göttin freit, suche in ihr nicht das Weib."

[1] Anmerkung des Verfassers bei der ersten Ausgabe. Der Name einer Belagerungsmaschine, deren sich Marcellus gegen Syrakus bediente.

Menschliches Wissen.

Weil du liesest in ihr, was du selber in sie geschrieben,
Weil du in Gruppen fürs Aug' ihre Erscheinungen reihst,
Deine Schnüre gezogen auf ihrem unendlichen Felde,
Wähnst du, es fasse dein Geist ahnend die große Natur.
So beschreibt mit Figuren der Astronome den Himmel,
Daß in dem ewigen Raum leichter sich finde der Blick,
Knüpft entlegene Sonnen, durch Siriusfernen geschieden,
Aneinander im Schwan und in den Hörnern des Stiers.
Aber versteht er darum der Sphären mystische Tänze,
Weil ihm das Sternengewölb sein Planiglobium zeigt?

Die zwei Tugendwege.

Zwei sind der Wege, auf welchen der Mensch zur Tugend emporstrebt;
Schließt sich der eine dir zu, thut sich der andre dir auf.

Handelnd erringt der Glückliche sie, der Leidende duldend.
Wohl ihm, den sein Geschick liebend auf beiden geführt!

Würden.

Wie die Säule des Lichts auf des Baches Welle sich spiegelt —
Hell, wie von eigener Gluth, flammt der vergoldete Saum;
Aber die Well' entführet der Strom, durch die glänzende Straße
Drängt eine andre sich schon, schnell, wie die erste, zu fliehn —
So beleuchtet der Würden Glanz den sterblichen Menschen;
Nicht er selbst, nur der Ort, den er durchwandelte, glänzt.

Zenith und Nadir.

Wo du auch wandelst im Raum, es knüpft dein Zenith und Nadir
An den Himmel dich an, dich an die Achse der Welt.
Wie du auch handelst in dir, es berühre den Himmel der Wille,
Durch die Achse der Welt gehe die Richtung der That!

Die idealische Freiheit.

Aus dem Leben heraus sind der Wege zwei dir geöffnet;
Zum Ideale führt einer, der andre zum Tod.
Siehe, daß du bei Zeit noch frei auf dem ersten entspringest,
Ehe die Parze mit Zwang dich auf dem andern entführt.

Das Kind in der Wiege.

Glücklicher Säugling! dir ist ein unendlicher Raum noch die Wiege.
Werde Mann und dir wird eng die unendliche Welt.

—

Das Unwandelbare.

„Unaufhaltsam enteilet die Zeit.“ — Sie sucht das Beständ'ge.
Sei getreu, und du legst ewige Fesseln ihr an.

Theophanie.

Zeigt sich der Glückliche mir, ich vergesse die Götter des Himmels;
Aber sie stehn vor mir, wenn ich den Leidenden seh'.

Das Höchste.

Suchst du das Höchste, das Größte? Die Pflanze kann es dich
lehren.
Was sie willenlos ist, sei du es wollend — das ist's!

Unsterblichkeit.

Vor dem Tod erschrickst du! Du wünschest, unsterblich zu leben?
Leb' im Ganzen! Wenn du lange dahin bist, es bleibt.

Votivtafeln.

Was der Gott mich gelehrt, was mir durchs Leben geholfen,
Häng' ich, dankbar und fromm, hier in dem Heiligthum auf.

Die verschiedene Bestimmung.

Millionen beschäftigen sich, daß die Gattung bestehe;
Aber durch Wenige nur pflanzet die Menschheit sich fort.
Tausend Keime zerstreuet der Herbst, doch bringet kaum einer
Früchte; zum Element kehren die meisten zurück.
Aber entfaltet sich auch nur einer, einer allein streut
Eine lebendige Welt ewiger Bildungen aus.

Das Belebende.

Nur an des Lebens Gipfel, der Blume, zündet sich Neues
In der organischen Welt, in der empfindenden an.

Zweierlei Wirkungsarten.

Wirke Gutes, du nährst der Menschheit göttliche Pflanze;
Bilde Schönes, du streust Keime der göttlichen aus.

Unterschied der Stände.

Adel ist auch in der sittlichen Welt. Gemeine Naturen
Zahlen mit dem, was sie thun, edle mit dem, was sie sind.

Das Werthe und Würdige.

Hast du etwas, so theile mir's mit, und ich zahle, was recht ist;
Bist du etwas, o dann tauschen die Seelen wir aus.

Die moralische Kraft.

Kannst du nicht schön empfinden, dir bleibt doch, vernünftig zu
wollen,
Und als ein Geist zu thun, was du als Mensch nicht vermagst.

Mittheilung.

Aus der schlechtesten Hand kann Wahrheit mächtig noch wirken;
Bei dem Schönen allein macht das Gefäß den Gehalt.

An *

Theile mir mit, was du weißt; ich werd' es dankbar empfangen.
Aber du gibst mir dich selbst; damit verschone mich, Freund!

An **

Du willst Wahres mich lehren? Bemühe dich nicht! Nicht die
Sache
Will ich durch dich, ich will dich durch die Sache nur sehn.

An ***

Dich erwähl' ich zum Lehrer, zum Freund. Dein lebendiges Bilden
Lehrt mich, dein lehrendes Wort rühret lebendig mein Herz.

Jetzige Generation.

War es immer wie jetzt? Ich kann das Geschlecht nicht begreifen.
Nur das Alter ist jung, ach! und die Jugend ist alt.

An die Muse.

Was ich ohne dich wäre, ich weiß es nicht — aber mir grauet,
Seh' ich, was ohne d i ch Hundert' und Tausende sind.

Der gelehrte Arbeiter.

Nimmer labt ihn des Baumes Frucht, den er mühsam erziehet;
Nur der Geschmack genießt, was die Gelehrsamkeit pflanzt.

Pflicht für Jeden.

Immer strebe zum Ganzen! und kannst du selber kein Ganzes
Werden, als dienendes Glied schließ' an ein Ganzes dich an!

Aufgabe.

Keiner sei gleich dem andern, doch gleich sei jeder dem Höchsten!
Wie das zu machen? Es sei jeder vollendet in s i ch.

Das eigene Ideal.

Allen gehört, was du denkst; dein eigen ist nur, was du fühlest.
Soll er dein Eigenthum sein, fühle den Gott, den du denkst.

An die Mystiker.

Das ist eben das wahre Geheimniß, das allen vor Augen
Liegt, euch ewig umgibt, aber von keinem gesehn.

Der Schlüssel.

Willst du dich selber erkennen, so sieh, wie die andern es treiben.
Willst du die andern verstehn, blick' in dein eigenes Herz.

Der Aufpasser.

Strenge, wie mein Gewissen, bemerkst du, wo ich gefehlet:
Darum hab' ich dich stets, wie — mein Gewissen, geliebt.

Weisheit und Klugheit.

Willst du, Freund, die erhabensten Höhn der Weisheit erfliegen,
Wag' es auf die Gefahr, daß dich die Klugheit verlacht.
Die Kurzsichtige sieht nur das Ufer, das dir zurückfließt,
Jenes nicht, wo dereinst landet dein muthiger Flug.

Die Uebereinstimmung.

Wahrheit suchen wir Beide, du außen im Leben, ich innen
In dem Herzen, und so findet sie jeder gewiß.
Ist das Auge gesund, so begegnet es außen dem Schöpfer;
Ist es das Herz, dann gewiß spiegelt es innen die Welt.

Politische Lehre.

Alles sei recht, was du thust; doch dabei laß es bewenden,
Freund, und enthalte dich ja, alles, was recht ist, zu thun.
Wahrem Eifer genügt, daß das Vorhandne vollkommen
Sei; der falsche will stets, daß das Vollkommene sei.

Majestas populi.

Majestät der Menschennatur! dich soll ich beim Haufen
Suchen? Bei Wenigen nur hast du von jeher gewohnt.
Einzelne Wenige zählen, die übrigen Alle sind blinde
Nieten; ihr leeres Gewühl hüllet die Treffer nur ein.

362

An einen Weltverbesserer.

„Alles opfert' ich hin," sprichst du, „der Menschheit zu helfen;
Eitel war der Erfolg, Haß und Verfolgung der Lohn." —
Soll ich dir sagen, Freund, wie ich mit Menschen es halte?
Traue dem Spruche! Noch nie hat mich der Führer getäuscht.
Von der Menschheit — du kannst von ihr nie groß genug denken;
Wie du im Busen sie trägst, prägst du in Thaten sie aus.
Auch dem Menschen, der dir im engen Leben begegnet,
Reich' ihm, wenn er sie mag, freundlich die helfende Hand.
Nur für Regen und Thau und fürs Wohl der Menschengeschlechter
Laß du den Himmel, Freund, sorgen, wie gestern, so heut.

Meine Antipathie.

Herzlich ist mir das Laster zuwider, und doppelt zuwider
Ist mir's, weil es so viel schwatzen von Tugend gemacht.
„Wie, du hassest die Tugend?" — Ich wollte, wir übten sie alle,
Und so spräche, will's Gott, ferner kein Mensch mehr davon.

An die Astronomen.

Schwatzet mir nicht so viel von Nebelflecken und Sonnen;
Ist die Natur nur groß, weil sie zu zählen euch gibt?
Euer Gegenstand ist der erhabenste freilich im Raume;
Aber, Freunde, im Raum wohnt das Erhabene nicht.

Astronomische Schriften.

So unermeßlich ist, so unendlich erhaben der Himmel!
Aber der Kleinigkeitsgeist zog auch den Himmel herab.

Der beste Staat.

„Woran erkenn' ich den besten Staat?" Woran du die beste
Frau kennst — daran, mein Freund, daß man von beiden
nicht spricht.

Mein Glaube.

Welche Religion ich bekenne? Keine von allen,
Die du mir nennst. — Und warum keine? Aus Religion.

Inneres und Aeußeres.

„Gott nur siehet das Herz." — Drum eben, weil Gott nur das
Herz sieht,
Sorge, daß wir doch auch etwas Erträgliches sehn.

Freund und Feind.

Theuer ist mir der Freund, doch auch den Feind kann ich nützen;
Zeigt mir der Freund, was ich kann, lehrt mich der Feind,
was ich soll.

Licht und Farbe.

Wohne, du ewiglich Eines, dort bei dem ewiglich Einen!
Farbe, du wechselnde, komm freundlich zum Menschen herab!

Schöne Individualität.

Einig sollst du zwar sein, doch Eines nicht mit dem Ganzen.
Durch die Vernunft bist du Eins, einig mit ihm durch das
Herz.

Stimme des Ganzen ist deine Vernunft, dein Herz bist du selber:
Wohl dir, wenn die Vernunft immer im Herzen dir wohnt.

Die Mannichfaltigkeit.

Viele sind gut und verständig; doch zählen für Einen nur Alle,
Denn sie regiert der Begriff, ach! nicht das liebende Herz.
Traurig herrscht der Begriff, aus tausendfach wechselnden Formen
Bringet er dürftig und leer ewig nur ei ne hervor;
Aber von Leben rauscht es und Lust, wo bildend die Schönheit
Herrschet; das ewige Eins wandelt sie tausendfach neu.

Die drei Alter der Natur.

Leben gab ihr die Fabel, die Schule hat sie entseelet,
Schaffendes Leben aufs neu gibt die Vernunft ihr zurück.

Der Genius.

Wiederholen zwar kann der Verstand, was da schon gewesen;
Was die Natur gebaut, bauet er wählend ihr nach.
Ueber Natur hinaus baut die Vernunft, doch nur in das Leere.
Du nur, Genius, mehrst in der Natur die Natur.

Der Nachahmer.

Gutes aus Gutem, das kann jedweder Verständige bilden;
Aber der Genius ruft Gutes aus Schlechtem hervor.
An Gebildetem nur darfst du, Nachahmer, dich üben;
Selbst Gebildetes ist Stoff nur dem bildenden Geist.

Genialität.

Wodurch gibt sich der Genius kund? Wodurch sich der Schöpfer
Kund gibt in der Natur, in dem unendlichen All.
Klar ist der Aether und doch von unermeßlicher Tiefe;
Offen dem Aug, dem Verstand bleibt er doch ewig geheim.

Die Forscher.

Alles will jetzt den Menschen von innen, von außen ergründen;
Wahrheit, wo rettest du dich hin vor der wüthenden Jagd?
Dich zu fangen, ziehen sie aus mit Netzen und Stangen;
Aber mit Geistestritt schreitest du mitten hindurch.

Die schwere Verbindung.

Warum will sich Geschmack und Genie so selten vereinen?
Jener fürchtet die Kraft, dieses verachtet den Zaum.

Correctheit.

Frei von Tadel zu sein, ist der niedrigste Grad und der höchste;
Denn nur die Ohnmacht führt oder die Größe dazu.

Das Naturgesetz.

So war's immer, mein Freund, und so wird's bleiben: die
Ohnmacht
Hat die Regel für sich, aber die Kraft den Erfolg.

Wahl.

Kannst du nicht Allen gefallen durch deine That und dein
Kunstwerk,
Mach' es Wenigen recht; Vielen gefallen, ist schlimm.

Tonkunst.

Leben athme die bildende Kunst, Geist fordr' ich vom Dichter;
Aber die Seele spricht nur Polyhymnia aus.

Sprache.

Warum kann der lebendige Geist dem Geist nicht erscheinen?
Spricht die Seele, so spricht, ach! schon die Seele nicht
mehr.

An den Dichter.

Laß die Sprache dir sein, was der Körper den Liebenden. Er nur
Ist's, der die Wesen trennt, und der die Wesen vereint.

Der Meister.

Jeden anderen Meister erkennt man an dem, was er ausspricht;
Was er weise verschweigt, zeigt mir den Meister des Styls.

Der Gürtel.

In dem Gürtel bewahrt Aphrodite der Reize Geheimniß:
Was ihr den Zauber verleiht, ist, was sie bindet, die Scham.

367

Dilettant.

Weil ein Vers dir gelingt in einer gebildeten Sprache,
Die für dich dichtet und denkt, glaubst du schon Dichter zu sein?

Die Kunstschwätzer.

Gutes in Künsten verlangt ihr! Seid ihr denn würdig des Guten,
Das nur der ewige Krieg gegen euch selber erzeugt?

Die Philosophieen.

Welche wohl bleibt von allen den Philosophieen? Ich weiß nicht.
Aber die Philosophie, hoff' ich, soll ewig bestehn.

Die Gunst der Musen.

Mit dem Philister stirbt auch sein Ruhm. Du, himmlische Muse,
Trägst, die dich lieben, die du liebst, in Mnemosynens Schooß.

Der Homeruskopf als Siegel.

Treuer alter Homer, dir vertrau' ich das zarte Geheimniß;
Um der Liebenden Glück wisse der Sänger allein.

Die beste Staatsverfassung.

Diese nur kann ich dafür erkennen, die jedem erleichtert
Gut zu denken, doch nie, daß er so denke, bedarf.

An die Gesetzgeber.

Setzet immer voraus, daß der Mensch im Ganzen das Rechte
Will; im Einzelnen nur rechnet mir niemals darauf.

Das Ehrwürdige.

Ehret ihr immer das Ganze; ich kann nur Einzelne achten:
Immer in Einzelnen nur hab' ich das Ganze erblickt.

Falscher Studiertrieb.

O, wie viel neue Feinde der Wahrheit! Mir blutet die Seele,
Seh' ich das Eulengeschlecht, das zu dem Lichte sich drängt.

Quelle der Verjüngung.

Glaubt mir, es ist kein Mährchen, die Quelle der Jugend, sie
rinnet
Wirklich und immer. Ihr fragt, wo? In der dichtenden Kunst.

Der Naturkreis.

Alles, du Ruhige, schließt sich in deinem Reiche: so kehret
Auch zum Kinde der Greis kindisch und kindlich zurück.

Der Genius mit der umgekehrten Fackel.

Lieblich sieht er zwar aus mit seiner erloschenen Fackel;
Aber, ihr Herren, der Tod ist so ästhetisch doch nicht.

Tugend des Weibes.

Tugenden brauchet der Mann, er stürzt sich wagend ins Leben,
Tritt mit dem stärkeren Glück in den bedenklichen Kampf.
Eine Tugend genüget dem Weib; sie ist da, sie erscheinet
Lieblich dem Herzen, dem Aug lieblich erscheine sie stets!

Die schönste Erscheinung.

Sahest du nie die Schönheit im Augenblicke des Leidens,
Niemals hast du die Schönheit gesehn.
Sahst du die Freude nie in einem schönen Gesichte,
Niemals hast du die Freude gesehn.

Forum des Weibes.

Frauen, richtet mir nie des Mannes einzelne Thaten;
Aber über den Mann sprechet das richtende Wort!

Weibliches Urtheil.

Männer richten nach Gründen; des Weibes Urtheil ist seine
Liebe; wo es nicht liebt, hat schon gerichtet das Weib.

Das weibliche Ideal.

An Amanda.

Ueberall weichet das Weib dem Manne; nur in dem Höchsten
　Weichet dem weiblichsten Weib immer der männlichste Mann.
Was das Höchste mir sei? Des Sieges ruhige Klarheit,
　Wie sie von deiner Stirn, holde Amanda, mir strahlt.
Schwimmt auch die Wolke des Grams um die heiter glänzende
　　　　　　　Scheibe,
　Schöner nur macht sich das Bild auf dem vergoldeten Duft.
Dünke der Mann sich frei! Du bist es; denn ewig nothwendig
　Weißt du von keiner Wahl, keiner Nothwendigkeit mehr.
Was du auch gibst, stets gibst du dich ganz; du bist ewig nur
　　　　　　　Eines,
　Auch dein zartester Laut ist dein harmonisches Selbst.
Hier ist ewige Jugend bei niemals versiegender Fülle,
　Und mit der Blume zugleich brichst du die goldene Frucht.

Erwartung und Erfüllung.

In den Ocean schifft mit tausend Masten der Jüngling;
　Still, auf gerettetem Boot, treibt in den Hafen der Greis.

Das gemeinsame Schicksal.

Siehe, wir hassen, wir streiten, es trennet uns Neigung und
　　　　　　　Meinung;
　Aber es bleichet indeß dir sich die Locke, wie mir.

Menschliches Wirken.

An dem Eingang der Bahn liegt die Unendlichkeit offen,
Doch mit dem engesten Kreis höret der Weiseste auf.

Der Vater.

Wirke, so viel du willst, du stehest doch ewig allein da,
Bis an das All die Natur dich, die gewaltige, knüpft.

Liebe und Begierde.

Recht gesagt, Schlosser! Man liebt, was man hat, man begehrt,
was man nicht hat;
Denn nur das reiche Gemüth liebt, nur das arme begehrt.

Güte und Größe.

Nur zwei Tugenden gibt's. O, wären sie immer vereinigt,
Immer die Güte auch groß, immer die Größe auch gut!

Die Triebfedern.

Immer treibe die Furcht den Sklaven mit eisernem Stabe;
Freude, führe du mich immer an rosigtem Band!

Naturforscher

und

Transcendental-Philosophen.

Feindschaft sei zwischen euch! Noch kommt das Bündniß zu frühe;
Wenn ihr im Suchen euch trennt, wird erst die Wahrheit
erkannt.

Deutscher Genius.

Ringe, Deutscher, nach römischer Kraft, nach griechischer Schönheit!
Beides gelang dir; doch nie glückte der gallische Sprung.

Kleinigkeiten.

Der epische Hexameter.

Schwindelnd trägt er dich fort auf rastlos strömenden Wogen,
Hinter dir siehst du, du siehst vor dir nur Himmel und Meer.

Das Distichon.

Im Hexameter steigt des Springquells flüssige Säule,
Im Pentameter drauf fällt sie melodisch herab.

Die achtzeilige Stanze.

Stanze, dich schuf die Liebe, die zärtlich schmachtende — dreimal
Fliehest du schamhaft und kehrst dreimal verlangend zurück.

Der Obelisk.

Aufgerichtet hat mich auf hohem Gestelle der Meister.
Stehe, sprach er, und ich steh' ihm mit Kraft und mit Lust.

Der Triumphbogen.

Fürchte nicht, sagte der Meister, des Himmels Bogen; ich stelle
Dich unendlich, wie ihn, in die Unendlichkeit hin.

Die schöne Brücke.

Unter mir, über mir rennen die Wellen, die Wagen, und gütig
Gönnte der Meister mir selbst, auch mit hinüber zu gehn.

Das Thor.

Schmeichelnd locke das Thor den Wilden herein zum Gesetze;
Froh in die freie Natur führ' es den Bürger heraus!

Die Peterskirche.

Suchst du das Unermeßliche hier, du hast dich geirret;
Meine Größe ist die, größer zu machen dich selbst.

Deutschland und seine Fürsten.

Große Monarchen erzeugtest du, und bist ihrer würdig,
    Den Gebietenden macht nur der Gehorchende groß.
Aber versuch' es, o Deutschland, und mach' es deinen Beherrschern
    Schwerer, als Könige groß, leichter, nur Menschen zu sein.

An die Proselytenmacher.

Nur ein Weniges Erde beding' ich mir außer der Erde,
    Sprach der göttliche Mann, und ich bewege sie leicht.
Einen Augenblick nur vergönnt mir, außer mir selber
    Mich zu begeben, und schnell will ich der Curiae sein.

Das Verbindungsmittel.

Wie verfährt die Natur, um Hohes und Niedres im Menschen
Zu verbinden? Sie stellt Eitelkeit zwischen hinein.

Der Zeitpunkt.

Eine große Epoche hat das Jahrhundert geboren;
Aber der große Moment findet ein kleines Geschlecht.

Deutsches Lustspiel.

Thoren hätten wir wohl, wir hätten Fratzen die Menge;
Leider helfen sie nur selbst zur Komödie nichts.

Buchhändler - Anzeige.

Nichts ist der Menschheit so wichtig, als ihre Bestimmung zu
kennen:
Um zwölf Groschen Courant wird sie bei mir jetzt verkauft.

Gefährliche Nachfolge.

Freunde, bedenket euch wohl, die tiefere, kühnere Wahrheit
Laut zu sagen: sogleich stellt man sie euch auf den Kopf.

Griechheit.

Kaum hat das kalte Fieber der Gallomanie uns verlassen,
Bricht in der Gräkomanie gar noch ein hitziges aus.
Griechheit, was war sie? Verstand und Maß und Klarheit
    Drum dächt' ich,
Etwas Geduld noch, ihr Herrn, eh' ihr von Griechheit uns
    sprecht!
Eine würdige Sache verfechtet ihr; nur mit Verstande,
Bitt' ich, daß sie zum Spott und zum Gelächter nicht wird.

Die Sonntagskinder.

Jahre lang bildet der Meister und kann sich nimmer genug thun;
    Dem genialen Geschlecht wird es im Traume beschert.
Was sie gestern gelernt, das wollen sie heute schon lehren;
    Ach, was haben die Herrn doch für ein kurzes Gedärm!

Die Philosophen.

Lehrling.

Gut, daß ich euch, ihr Herrn, in pleno beisammen hier finde;
    Denn das Eine, was noth, treibt mich herunter zu euch.

Aristoteles.

Gleich zur Sache, mein Freund! Wir halten die Jenaer Zeitung
    Hier in der Hölle und sind längst schon von allem belehrt.

Lehrling.

Desto besser! so gebt mir, ich geh' euch nicht eher vom Halse,
    Einen allgültigen Satz, und der auch allgemein gilt.

Erster.

Cogito, ergo sum. Ich denke, und mithin so bin ich!
Ist das Eine nur wahr, ist es das Andre gewiß.

Lehrling.

Denk' ich, so bin ich. Wohl! Doch wer wird immer auch denken.
Oft schon war ich, und. hab' wirklich an gar nichts gedacht.

Zweiter.

Weil es Dinge doch gibt, so gibt es ein Ding aller Dinge;
In dem Ding aller Ding' schwimmen wir, wie wir so sind.

Dritter.

Just das Gegentheil sprech' ich. Es gibt kein Ding als mich selber;
Alles Andre, in mir steigt es als Blase nur auf.

Vierter.

Zweierlei Dinge laß' ich passieren, die Welt und die Seele;
Keins weiß vom andern, und doch deuten sie beide auf Eins.

Fünfter.

Von dem Ding weiß ich nichts und weiß auch nichts von der Seele;
Beide erscheinen mir nur, aber sie sind doch kein Schein.

Sechster.

Ich bin Ich und setze mich selbst, und setz' ich mich selber
Als nicht gesetzt, nun gut, hab' ich ein Nicht=Ich gesetzt.

Siebenter.

Vorstellung wenigstens ist! Ein Vorgestelltes ist also;
Ein Vorstellendes auch, macht mit der Vorstellung Drei.

Lehrling.

Damit lock' ich, ihr Herrn, noch keinen Hund aus dem Ofen.
Einen erklecklichen Satz will ich, und der auch was setzt!

●

Achter.

Auf theoretischem Feld ist weiter nichts mehr zu finden;
Aber der praktische Satz gilt doch: du kannst, denn du sollst!

Lehrling.

Dacht' ich's doch! Wissen sie nichts Vernünftiges mehr zu erwiedern,
Schieben sie's einem geschwind in das Gewissen hinein.

David Hume.

Rede nicht mit dem Volk! Der Kant hat sie alle verwirret.
Mich frag', ich bin mir selbst auch in der Hölle noch gleich.

Rechtsfrage.

Jahre lang schon bedien' ich mich meiner Nase zum Riechen;
Hab' ich denn wirklich an sie auch ein erweisliches Recht?

Puffendorf.

Ein bedenklicher Fall! Doch die erste Possession scheint
Für dich zu sprechen, und so brauche sie immerhin fort!

Gewissensscrupel.

Gerne dien' ich den Freunden, doch thu' ich es leider mit Neigung,
Und so wurmt es mir oft, daß ich nicht tugendhaft bin.

Entscheidung.

Da ist kein anderer Rath, du mußt suchen, sie zu verachten,
Und mit Abscheu alsdann thun, wie die Pflicht dir gebeut.

G. G.

Jeder, sieht man ihn einzeln, ist leidlich klug und verständig;
Sind sie in corpore, gleich wird euch ein Dummkopf daraus.

Die Homeriden.

Wer von euch ist der Sänger der Ilias? Weil's ihm so gut schmeckt,
Ist hier von Heynen ein Pack Göttinger Würste für ihn —
„Mir her! ich sang der Könige Zwist!" — „Ich die Schlacht
      bei den Schiffen!" —
„Mir die Würste! ich sang, was auf dem Ida geschah!" —
Friede! zerreißt mich nur nicht! Die Würste werden nicht reichen.
Der sie schickte, er hat sich nur auf Einen versehn.

Der moralische Dichter.

Ja, der Mensch ist ein ärmlicher Wicht, ich weiß — doch das
      wollt' ich
Eben vergessen und kam, ach, wie gereut mich's, zu dir!

Der erhabene Stoff.

Deine Muse besingt, wie Gott sich der Menschen erbaute,
Aber ist das Poesie, daß er erbärmlich sie fand?

Der Kunstgriff.

Wollt ihr zugleich den Kindern der Welt und den Frommen
      gefallen?
Malet die Wollust — nur malet den Teufel dazu!

Jeremiade.

Alles in Deutschland hat sich in Prosa und Versen verschlimmert,
Ach, und hinter uns liegt weit schon die goldene Zeit!
Philosophen verderben die Sprache, Poeten die Logik,
Und mit dem Menschenverstand kommt man durch's Leben
nicht mehr.
Aus der Aesthetik, wohin sie gehört, verjagt man die Tugend,
Jagt sie, den lästigen Gast, in die Politik hinein.
Wohin wenden wir uns? Sind wir natürlich, so sind wir
Platt; und genieren wir uns, nennt man es abgeschmackt gar.
Schöne Naivetät der Stubenmädchen zu Leipzig,
Komm doch wieder, o komm, witzige Einfalt, zurück!
Komm, Komödie, wieder, du ehrbare Wochenvisite,
Siegmund, du süßer Amant, Mascarill, spaßhafter Knecht!
Trauerspiele voll Salz, voll epigrammatischer Nadeln,
Und du, Menuetschritt unsers gebogten Kothurns!
Philosoph'scher Roman, du Gliedermann, der so geduldig
Still hält, wenn die Natur gegen den Schneider sich wehrt.
Alte Prosa, komm wieder, die alles so ehrlich heraussagt,
Was sie denkt und gedacht, auch, was der Leser sich denkt.
Alles in Deutschland hat sich in Prosa und Versen verschlimmert,
Ach, und hinter uns liegt weit schon die goldene Zeit!

Wissenschaft.

Einem ist sie die hohe, die himmlische Göttin, dem Andern
Eine tüchtige Kuh, die ihn mit Butter versorgt.

Kant und seine Ausleger.

Wie doch ein einziger Reicher so viele Bettler in Nahrung
Setzt! Wenn die Könige baun, haben die Kärrner zu thun.

Shakespeare's Schatten.

Parodie.

Endlich erblick' ich auch die hohe Kraft des Herakles,
Seinen Schatten. Er selbst, leider, war nicht mehr zu sehn.
Ringsum schrie, wie Vögelgeschrei, das Geschrei der Tragöden
Und das Hundegebell der Dramaturgen um ihn.
Schauerlich stand das Ungethüm da. Gespannt war der Bogen
Und der Pfeil auf der Sehn' traf noch beständig das Herz.
„Welche noch kühnere That, Unglücklicher, wagest du jetzo,
Zu den Verstorbenen selbst niederzusteigen ins Grab!" —
Wegen Tiresias' mußt' ich herab, den Seher zu fragen,
Wo ich den alten Kothurn fände, der nicht mehr zu sehn.
„Glauben sie nicht der Natur und den alten Griechen, so holst du
Eine Dramaturgie ihnen vergeblich herauf." —
O, die Natur, die zeigt auf unsern Bühnen sich wieder,
Splitternackend, daß man jegliche Rippe ihr zählt.
„Wie? So ist wirklich bei euch der alte Kothurnus zu sehen,
Den zu holen ich selbst stieg in des Tartarus Nacht?" —
Nichts mehr von diesem tragischen Spuk. Kaum einmal im Jahre
Geht dein geharnischter Geist über die Bretter hinweg.
„Auch gut! Philosophie hat eure Gefühle geläutert,
Und vor dem heitern Humor fliehet der schwarze Affect." —
Ja, ein derber und trockener Spaß, nichts geht uns darüber;
Aber der Jammer auch, wenn er nur naß ist, gefällt.
„Also sieht man bei euch den leichten Tanz der Thalia

Neben dem ernsten Gang, welchen Melpomene geht?" –
Keines von Beiden! Uns kann nur das Christlich-Moralische rühren,
Und was recht populär, häuslich und bürgerlich ist.
„Was? Es dürfte kein Cäsar auf euren Bühnen sich zeigen,
Kein Achill, kein Orest, keine Andromacha mehr?" –
Nichts! Man siehet bei uns nur Pfarrer, Commerzienräthe,
Fähndriche, Secretärs oder Husarenmajors.
„Aber, ich bitte dich, Freund, was kann denn dieser Misere
Großes begegnen, was kann Großes denn durch sie geschehn?"–
Was? Sie machen Cabale, sie leihen auf Pfänder, sie stecken
Silberne Löffel ein, wagen den Pranger und mehr.
„Woher nehmt ihr denn aber das große, gigantische Schicksal,
Welches den Menschen erhebt, wenn es den Menschen zer=
malmt?" –
Das sind Grillen! Uns selbst und unsre guten Bekannten,
Unsern Jammer und Noth suchen und finden wir hier.
„Aber das habt ihr ja alles bequemer und besser zu Hause;
Warum entsliehet ihr euch, wenn ihr euch selber nur sucht?" –
Nimm's nicht übel, mein Heros, das ist ein verschiedener Casus:
Das Geschick, das ist blind, und der Poet ist gerecht.
„Also eure Natur, die erbärmliche, trifft man auf euren
Bühnen, die große nur nicht, nicht die unendliche an?" –
Der Poet ist der Wirth und der letzte Actus die Zeche;
Wenn sich das Laster erbricht, setzt sich die Tugend zu Tisch.

Die Flüsse.

Rhein.

Treu, wie dem Schweizer gebührt, bewach' ich Germaniens Grenze;
Aber der Gallier hüpft über den duldenden Strom.

Rhein und Mosel.

Schon so lang' umarm' ich die lotharingische Jungfrau;
Aber noch hat kein Sohn unsre Verbindung beglückt.

Donau in **

Mich umwohnt mit glänzendem Aug das Volk der Phajaken;
Immer ist's Sonntag, es dreht immer am Herd sich der Spieß.

Main.

Meine Burgen zerfallen zwar; doch getröstet erblick' ich
Seit Jahrhunderten noch immer das alte Geschlecht.

Saale.

Kurz ist mein Lauf und begrüßt der Fürsten, der Völker so viele;
Aber die Fürsten sind gut, aber die Völker sind frei.

Ilm.

Meine Ufer sind arm; doch höret die leisere Welle,
Führet der Strom sie vorbei, manches unsterbliche Lied.

Pleisse.

Flach ist mein Ufer, und seicht mein Bach, es schöpften zu durstig
Meine Poeten mich, meine Prosaiker aus.

Elbe.

All ihr andern, ihr sprecht nur ein Kauderwelsch — unter den
Flüssen
Deutschlands rede nur ich, und auch in Meißen nur, deutsch.

Spree.

Sprache gab mir einst Ramler und Stoff mein Cäsar; da
nahm ich
Meinen Mund etwas voll, aber ich schweige seitdem.

Weser.

Leider von mir ist gar nichts zu sagen; auch zu dem kleinsten
Epigramme, bedenkt, geb' ich der Muse nicht Stoff.

Gesundbrunnen zu **

Seltsames Land! Hier haben die Flüsse Geschmack und die Quellen,
Bei den Bewohnern allein hab' ich noch keinen verspürt.

Pegnitz.

Ganz hypochondrisch bin ich vor langer Weile geworden,
Und ich fließe nur fort, weil es so hergebracht ist.

Die **chen Flüsse.

Unser einer hat's halter gut in **cher Herren
Ländern; ihr Joch ist sanft, und ihre Lasten sind leicht.

Salzach.

Aus Juvaviens Bergen ström' ich, das Erzstift zu salzen,
Lenke dann Bayern zu, wo es an Salze gebricht.

Der anonyme Fluß.

Fastenspeisen dem Tisch des frommen Bischofs zu liefern,
Goß der Schöpfer mich aus durch das verhungerte Land.

Les fleuves indiscrets.

Jetzt kein Wort mehr, ihr Flüsse! Man sieht's, ihr wißt euch
                                        so wenig
Zu bescheiden, als einst Diderots Schätzchen gethan.

Der Metaphysiker.

„Wie tief liegt unter mir die Welt!
Kaum seh' ich noch die Menschlein unten wallen!
Wie trägt mich meine Kunst, die höchste unter allen,
So nahe an des Himmels Zelt!"
So ruft von seines Thurmes Dache
Der Schieferdecker, so der kleine große Mann,
Hans Metaphysikus, in seinem Schreibgemache.
Sag' an, du kleiner großer Mann,
Der Thurm, von dem dein Blick so vornehm niederschauet,
Wovon ist er — worauf ist er erbauet?
Wie kamst du selbst hinauf — und seine kahlen Höhn,
Wozu sind sie dir nütz, als in das Thal zu sehn?

Die Weltweisen.

Der Satz, durch welchen alles Ding
Bestand und Form empfangen,
Der Nagel, woran Zeus den Ring
Der Welt, die sonst in Scherben ging,
Vorsichtig aufgehangen,
Den nenn' ich einen großen Geist,
Der mir ergründet, wie er heißt,
Wenn ich ihm nicht drauf helfe —
Er heißt: Zehn ist nicht Zwölfe.

Der Schnee macht kalt, das Feuer brennt,
Der Mensch geht auf zwei Füßen,
Die Sonne scheint am Firmament,
Das kann, wer auch nicht Logik kennt,

Durch seine Sinne wissen.
Doch wer Metaphysik studiert,
Der weiß, daß, wer verbrennt, nicht friert,
Weiß, daß das Nasse feuchtet.
Und daß das Helle leuchtet.

Homerus singt sein Hochgedicht,
Der Held besteht Gefahren;
Der brave Mann thut seine Pflicht,
Und that sie, ich verhehl' es nicht,
Eh noch Weltweise waren;
Doch hat Genie und Herz vollbracht,
Was Lock' und Des Cartes nie gedacht,
Sogleich wird auch von diesen
Die Möglichkeit bewiesen.

Im Leben gilt der Stärke Recht,
Dem Schwachen trotzt der Kühne,
Wer nicht gebieten kann, ist Knecht;
Sonst geht es ganz erträglich schlecht
Auf dieser Erdenbühne.
Doch wie es wäre, fing der Plan
Der Welt nur erst von vornen an,
Ist in Moralsystemen
Ausführlich zu vernehmen.

„Der Mensch bedarf des Menschen sehr
Zu seinem großen Ziele;
Nur in dem Ganzen wirket er,
Viel Tropfen geben erst das Meer,
Viel Wasser treibt die Mühle.
Drum flieht der wilden Wölfe Stand
Und knüpft des Staates dauernd Band.”

So lehren vom Katheder
Herr Puffendorf und Feder.

Doch weil, was ein Professor spricht,
Nicht gleich zu allen dringet,
So übt Natur die Mutterpflicht
Und sorgt, daß nie die Kette bricht,
Und daß der Reif nie springet.
Einstweilen, bis den Bau der Welt
Philosophie zusammenhält,
Erhält sie das Getriebe
Durch Hunger und durch Liebe.

Pegasus im Joche.

Auf einem Pferdemarkt — vielleicht zu Haymarket,
Wo andre Dinge noch in Waare sich verwandeln,
Bracht' einst ein hungriger Poet
Der Musen Roß, es zu verhandeln.

Hell wieherte der Hippogryph
Und bäumte sich in prächtiger Parade;
Erstaunt blieb jeder stehn und rief:
Das edle, königliche Thier! Nur Schade,
Daß seinen schlanken Wuchs ein häßlich Flügelpaar
Entstellt! Den schönsten Postzug würd' es zieren.
Die Race, sagen sie, sei rar,
Doch wer wird durch die Luft kutschieren?
Und keiner will sein Geld verlieren.
Ein Pachter endlich faßte Muth.
Die Flügel zwar, spricht er, die schaffen keinen Nutzen;
Doch die kann man ja binden oder stutzen,

Dann ist das Pferd zum Ziehen immer gut.
Ein zwanzig Pfund, die will ich wohl dran wagen;
Der Täuscher, hoch vergnügt, die Waare loszuschlagen,
Schlägt hurtig ein. „Ein Mann, ein Wort!"
Und Hans trabt frisch mit seiner Beute fort.

Das edle Thier wird eingespannt;
Doch fühlt es kaum die ungewohnte Bürde,
So rennt es fort mit wilder Flugbegierde
Und wirft, von edelm Grimm entbrannt,
Den Karren um an eines Abgrunds Rand.
Schon gut, denkt Hans. Allein darf ich dem tollen Thiere
Kein Fuhrwerk mehr vertraun. Erfahrung macht schon klug.
Doch morgen fahr' ich Passagiere,
Da stell' ich es als Vorspann in den Zug.
Die muntre Krabbe soll zwei Pferde mir ersparen;
Der Koller gibt sich mit den Jahren.

Der Anfang ging ganz gut. Das leichtbeschwingte Pferd
Belebt der Klepper Schritt, und pfeilschnell fliegt der Wagen.
Doch was geschieht? Den Blick den Wolken zugekehrt,
Und ungewohnt, den Grund mit festem Huf zu schlagen,
Verläßt es bald der Räder sichre Spur,
Und, treu der stärkeren Natur,
Durchrennt es Sumpf und Moor, geackert Feld und Hecken;
Der gleiche Taumel faßt das ganze Postgespann,
Kein Rufen hilft, kein Zügel hält es an,
Bis endlich, zu der Wandrer Schrecken,
Der Wagen, wohlgerüttelt und zerschellt,
Auf eines Berges steilem Gipfel hält.

Das geht nicht zu mit rechten Dingen!
Spricht Hans mit sehr bedenklichem Gesicht,

So wird es nimmermehr gelingen;
Laß sehn, ob wir den Tollwurm nicht
Durch magre Kost und Arbeit zwingen.
Die Probe wird gemacht.   Bald ist das schöne Thier,
Eh noch drei Tage hingeschwunden,
Zum Schatten abgezehrt.   Ich hab's, ich hab's gefunden!
Ruft Hans.   Jetzt frisch, und spannt es mir
Gleich vor den Pflug mit meinem stärksten Stier!

  Gesagt, gethan.   In lächerlichem Zuge
Erblickt man Ochs und Flügelpferd am Pfluge.
Unwillig steigt der Greif und strengt die letzte Macht
Der Sehnen an, den alten Flug zu nehmen.
Umsonst, der Nachbar schreitet mit Bedacht,
Und Phöbus' stolzes Roß muß sich dem Stier bequemen,
Bis nun, vom langen Widerstand verzehrt,
Die Kraft aus allen Gliedern schwindet,
Von Gram gebeugt das edle Götterpferd
Zu Boden stürzt und sich im Staube windet.

  Verwünschtes Thier! bricht endlich Hansens Grimm
Laut scheltend aus, indem die Hiebe flogen.
So bist du denn zum Ackern selbst zu schlimm,
Mich hat ein Schelm mit dir betrogen.

  Indem er noch in seines Zornes Wuth
Die Peitsche schwingt, kommt flink und wohlgemuth
Ein lustiger Gesell die Straße hergezogen.
Die Cither klingt in seiner leichten Hand,
Und durch den blonden Schmuck der Haare
Schlingt zierlich sich ein goldnes Band.
Wohin, Freund, mit dem wunderlichen Paare?
Ruft er den Bau'r von weitem an.

Der Vogel und der Ochs an einem Seile,
Ich bitte dich, welch ein Gespann!
Willst du auf eine kleine Weile
Dein Pferd zur Probe mir vertraun?
Gib Acht, du sollst dein Wunder schaun.

Der Hippogryph wird ausgespannt,
Und lächelnd schwingt sich ihm der Jüngling auf den Rücken.
Kaum fühlt das Thier des Meisters sichre Hand,
So knirscht es in des Zügels Band
Und steigt, und Blitze sprühn aus den beseelten Blicken.
Nicht mehr das vor'ge Wesen, königlich,
Ein Geist, ein Gott, erhebt es sich,
Entrollt mit einem Mal in Sturmes Wehen
Der Schwingen Pracht, schießt brausend himmelan,
Und eh der Blick ihm folgen kann,
Entschwebt es zu den blauen Höhen.

Das Spiel des Lebens.

Wollt ihr in meinen Kasten sehn?
Des Lebens Spiel, die Welt im Kleinen,
Gleich soll sie eurem Aug' erscheinen;
Nur müßt ihr nicht zu nahe stehn,
Ihr müßt sie bei der Liebe Kerzen
Und nur bei Amors Fackel sehn.

Schaut her! Nie wird die Bühne leer:
Dort bringen sie das Kind getragen,
Der Knabe hüpft, der Jüngling stürmt einher,
Es kämpft der Mann, und alles will er wagen.

Ein jeglicher versucht sein Glück,
Doch schmal nur ist die Bahn zum Rennen;
Der Wagen rollt, die Achsen brennen,
Der Held bringt kühn voran, der Schwächling bleibt zurück,
Der Stolze fällt mit lächerlichem Falle,
Der Kluge überholt sie alle.

Die Frauen seht ihr an den Schranken stehn,
Mit holdem Blick, mit schönen Händen
Den Dank dem Sieger auszuspenden.

Einem jungen Freunde,

als er sich der Weltweisheit widmete.

Schwere Prüfungen mußte der griechische Jüngling bestehen,
Eh das eleusische Haus nun den Bewährten empfing.
Bist du bereitet und reif, das Heiligthum zu betreten,
Wo den verdächtigen Schatz Pallas Athene verwahrt?
Weißt du schon, was deiner dort harrt? wie theuer du kaufest?
Daß du ein ungewiß Gut mit dem gewissen bezahlst?
Fühlst du dir Stärke genug, der Kämpfe schwersten zu kämpfen,
Wenn sich Verstand und Herz, Sinn und Gedanken entzwein?
Muth genug, mit des Zweifels unsterblicher Hydra zu ringen
Und dem Feind in dir selbst männlich entgegen zu gehn?
Mit des Auges Gesundheit, des Herzens heiliger Unschuld
Zu entlarven den Trug, der dich als Wahrheit versucht?
Fliehe, bist du des Führers im eigenen Busen nicht sicher,
Fliehe den lockenden Rand, ehe der Schlund dich verschlingt!
Manche gingen nach Licht und stürzten in tiefere Nacht nur;
Sicher im Dämmerschein wandelt die Kindheit dahin.

Poesie des Lebens.

An ***

„Wer möchte sich an Schattenbildern weiden,
Die mit erborgtem Schein das Wesen überkleiden,
Mit trügrischem Besitz die Hoffnung hintergehn?
Entblößt muß ich die Wahrheit sehn.
Soll gleich mit meinem Wahn mein ganzer Himmel schwinden,
Soll gleich den freien Geist, den der erhabne Flug
Ins grenzenlose Reich der Möglichkeiten trug,
Die Gegenwart mit strengen Fesseln binden;
Er lernt sich selber überwinden,
Ihn wird das heilige Gebot
Der Pflicht, das furchtbare der Noth
Nur desto unterwürf'ger finden.
Wer schon der Wahrheit milde Herrschaft scheut,
Wie trägt er die Nothwendigkeit?"

So rufst du aus und blickst, mein strenger Freund,
Aus der Erfahrung sicherm Porte
Verwerfend hin auf alles, was nur scheint.
Erschreckt von deinem ernsten Worte
Entflieht der Liebesgötter Schaar,
Der Musen Spiel verstummt, es ruhn der Horen Tänze,
Still trauernd nehmen ihre Kränze
Die Schwestergöttinnen vom schön gelockten Haar,
Apoll zerbricht die goldne Leier,
Und Hermes seinen Wunderstab,
Des Traumes rosenfarbner Schleier
Fällt von des Lebens bleichem Antlitz ab,
Die Welt scheint, was sie ist, ein Grab.

Von seinen Augen nimmt die zauberische Binde
Cytherens Sohn, die Liebe sieht,
Sie sieht in ihrem Götterkinde
Den Sterblichen, erschrickt und flieht,
Der Schönheit Jugendbild veraltet,
Auf deinen Lippen selbst erkaltet
Der Liebe Kuß, und in der Freude Schwung
Ergreift dich die Versteinerung.

An Goethe,

als er den Mahomet von Voltaire auf die Bühne brachte.

Du selbst, der uns von falschem Regelzwange
Zur Wahrheit und Natur zurückgeführt,
Der, in der Wiege schon ein Held, die Schlange
Erstickt, die unsern Genius umschnürt,
Du, den die Kunst, die göttliche, schon lange
Mit ihrer reinen Priesterbinde ziert,
Du opferst auf zertrümmerten Altären
Der Aftermuse, die wir nicht mehr ehren?

Einheim'scher Kunst ist dieser Schauplatz eigen,
Hier wird nicht fremden Götzen mehr gedient;
Wir können muthig einen Lorbeer zeigen,
Der auf dem deutschen Pindus selbst gegrünt.
Selbst in der Künste Heiligthum zu steigen,
Hat sich der deutsche Genius erkühnt,
Und auf der Spur des Griechen und des Britten
Ist er dem bessern Ruhme nachgeschritten.

Denn dort, wo Sklaven knien, Despoten walten,
Wo sich die eitle Aftergröße bläht,
Da kann die Kunst das Edle nicht gestalten,
Von keinem Ludwig wird es ausgesät;
Aus eigner Fülle muß es sich entfalten,
Es borget nicht von ird'scher Majestät,
Nur mit der Wahrheit wird es sich vermählen,
Und seine Gluth durchflammt nur freie Seelen.

Drum nicht, in alte Fesseln uns zu schlagen,
Erneuerst du dies Spiel der alten Zeit,
Nicht, uns zurückzuführen zu den Tagen
Charakterloser Minderjährigkeit.
Es wär' ein eitel und vergeblich Wagen,
Zu fallen ins bewegte Rad der Zeit;
Geflügelt fort entführen es die Stunden,
Das Neue kommt, das Alte ist verschwunden.

Erweitert jetzt ist des Theaters Enge,
In seinem Raume drängt sich eine Welt;
Nicht mehr der Worte rednerisch Gepränge,
Nur der Natur getreues Bild gefällt;
Verbannet ist der Sitten falsche Strenge,
Und menschlich handelt, menschlich fühlt der Held.
Die Leidenschaft erhebt die freien Töne,
Und in der Wahrheit findet man das Schöne.

Doch leicht gezimmert nur ist Thespis' Wagen
Und er ist gleich dem acheront'schen Kahn;
Nur Schatten und Idole kann er tragen,
Und drängt das rohe Leben sich heran

So droht das leichte Fahrzeug umzuschlagen,
Das nur die flücht'gen Geister fassen kann.
Der Schein soll nie die Wirklichkeit erreichen,
Und siegt Natur, so muß die Kunst entweichen.

Denn auf dem bretternen Gerüst der Scene
Wird eine Idealwelt aufgethan.
Nichts sei hier wahr und wirklich, als die Thräne;
Die Rührung ruht auf keinem Sinnenwahn.
Aufrichtig ist die wahre Melpomene,
Sie kündigt nichts als eine Fabel an,
Und weiß durch tiefe Wahrheit zu entzücken;
Die falsche stellt sich wahr, um zu berücken.

Es droht die Kunst vom Schauplatz zu verschwinden,
Ihr wildes Reich behauptet Phantasie;
Die Bühne will sie wie die Welt entzünden,
Das Niedrigste und Höchste menget sie.
Nur bei dem Franken war noch Kunst zu finden,
Erschwang er gleich ihr hohes Urbild nie;
Gebannt in unveränderlichen Schranken
Hält er sie fest, und nimmer darf sie wanken.

Ein heiliger Bezirk ist ihm die Scene;
Verbannt aus ihrem festlichen Gebiet
Sind der Natur nachlässig rohe Töne,
Die Sprache selbst erhebt sich ihm zum Lied;
Es ist ein Reich des Wohllauts und der Schöne,
In edler Ordnung greifet Glied in Glied,
Zum ernsten Tempel füget sich das Ganze,
Und die Bewegung borget Reiz vom Tanze.

Nicht Muster zwar darf uns der Franke werden!
Aus seiner Kunst spricht kein lebend'ger Geist;
Des falschen Anstands prunkende Geberden
Verschmäht der Sinn, der nur das Wahre preist!
Ein Führer nur zum Bessern soll er werden,
Er komme, wie ein abgeschiedner Geist,
Zu reinigen die oft entweihte Scene
Zum würd'gen Sitz der alten Melpomene.

An Demoiselle Stevoigt,

bei ihrer Verheirathung mit Herrn Dr. Sturm, von einer mütter=
lichen und fünf schwesterlichen Freundinnen.

Zieh, holde Braut, mit unserm Segen,
Zieh hin auf Hymens Blumenwegen!
　Wir sahen mit entzücktem Blick
　Der Seele Anmuth sich entfalten,
　Die jungen Reize sich gestalten
　Und blühen für der Liebe Glück.
Dein schönes Loos, du hast's gefunden;
Es weicht die Freundschaft ohne Schmerz
Dem süßen Gott, der dich gebunden;
Er will, er hat dein ganzes Herz.

Zu theuren Pflichten, zarten Sorgen,
Dem jungen Busen noch verborgen,
　Ruft dich des Kranzes ernste Zier.
Der Kindheit tändelnde Gefühle,
Der freien Jugend flücht'ge Spiele,
　Sie bleiben fliehend hinter dir,

Und Hymens ernste Fessel bindet,
Wo Amor leicht und flatternd hüpft;
Doch für ein Herz, das schön empfindet,
Ist sie aus Blumen nur geknüpft.

Und willst du das Geheimniß wissen,
Das immer grün und unzerrissen
　　Den hochzeitlichen Kranz bewahrt?
Es ist des Herzens reine Güte,
Der Anmuth unverwelkte Blüthe,
　　Die mit der holden Scham sich paart,
Die, gleich dem heitern Sonnenbilde,
In alle Herzen Wonne lacht,
Es ist der sanfte Blick der Milde
Und Würde, die sich selbst bewacht.

Der griechische Genius

an Meyer in Italien.

Tausend Andern verstummt, die mit taubem Herzen ihn fragen,
Dir, dem Verwandten und Freund, redet vertraulich der Geist.

Einem Freunde ins Stammbuch.

Herrn von Mecheln aus Basel.

Unerschöpflich an Reiz, an immer erneuerter Schönheit
Ist die Natur! Die Kunst ist unerschöpflich, wie sie.
Heil dir, würdiger Greis! für beide bewahrst du im Herzen
Reges Gefühl, und so ist ewige Jugend dein Loos.

In das Folio-Stammbuch

eines Kunstfreundes.

Die Weisheit wohnte sonst auf großen Foliobogen,
Der Freundschaft war ein Taschenbuch bestimmt;
Jetzt, da die Wissenschaft ins Kleinre sich gezogen,
Und leicht, wie Kork, in Almanachen schwimmt,
Hast du, ein hochbeherzter Mann,
Dies ungeheure Haus den Freunden aufgethan.
Wie, fürchtest du denn nicht, ich muß dich ernstlich fragen,
An so viel Freunden allzuschwer zu tragen?

Das Geschenk.

Ring und Stab, o seid mir auf Rheinweinflaschen willkommen!
Ja, wer die Schafe so tränket, der heißt mir ein Hirt.
Dreimal gesegneter Trank! dich gewann mir die Muse, die Muse
Schickt dich, die Kirche selbst drückte das Siegel dir auf.

Wilhelm Tell.[1]

Wenn rohe Kräfte feindlich sich entzweien,
Und blinde Wuth die Kriegesflamme schürt;
Wenn sich im Kampfe tobender Parteien
Die Stimme der Gerechtigkeit verliert;
Wenn alle Laster schamlos sich befreien,
Wenn freche Willkür an das Heil'ge rührt,

---

[1] Mit diesen Stanzen begleitete der Verfasser das Exemplar seines Schauspiels: Wilhelm Tell, das er dem damaligen Kurfürsten Erzkanzler übersendete.

Den Anker löst, an dem die Staaten hängen:
— Da ist kein Stoff zu freudigen Gesängen.

Doch wenn ein Volk, das fromm die Heerden weidet,
Sich selbst genug, nicht fremden Guts begehrt,
Den Zwang abwirft, den es unwürdig leidet,
Doch selbst im Zorn die Menschlichkeit noch ehrt,
Im Glücke selbst, im Siege sich bescheidet:
— Das ist unsterblich und des Liedes werth.
Und solch ein Bild darf ich dir freudig zeigen,
Du kennst's, denn alles Große ist dein eigen.

Dem Erbprinzen von Weimar,

als er nach Paris reiste.

In einem freundschaftlichen Zirkel gesungen.

So bringet denn die letzte volle Schale
 Dem lieben Wandrer dar,
Der Abschied nimmt von diesem stillen Thale,
 Das seine Wiege war.

Er reißt sich aus den väterlichen Hallen,
 Aus lieben Armen los,
Nach jener stolzen Bürgerstadt zu wallen,
 Vom Raub der Länder groß.

Die Zwietracht flieht, die Donnerstürme schweigen,
 Gefesselt ist der Krieg,
Und in den Krater darf man niedersteigen,
 Aus dem die Lava stieg.

Dich führe durch das wild bewegte Leben
Ein gnädiges Geschick!
Ein reines Herz hat dir Natur gegeben,
O bring' es rein zurück!

Die Länder wirst du sehen, die das wilde
Gespann des Kriegs zertrat;
Doch lächelnd grüßt der Friede die Gefilde
Und streut die goldne Saat.

Den alten Vater Rhein wirst du begrüßen,
Der deines großen Ahns
Gedenken wird, so lang sein Strom wird fließen
Ins Bett des Oceans.

Dort huldige des Helden großen Manen
Und opfere dem Rhein,
Dem alten Grenzenhüter der Germanen,
Von seinem eignen Wein,

Daß dich der vaterländ'sche Geist begleite,
Wenn dich das schwanke Brett
Hinüberträgt auf jene linke Seite,
Wo deutsche Treu vergeht.

Der Antritt des neuen Jahrhunderts.

An ***

Edler Freund! Wo öffnet sich dem Frieden,
Wo der Freiheit sich ein Zufluchtsort?
Das Jahrhundert ist im Sturm geschieden,
Und das neue öffnet sich mit Mord.

Und das Band der Länder ist gehoben,
Und die alten Formen stürzen ein;
Nicht das Weltmeer hemmt des Krieges Toben,
Nicht der Nilgott und der alte Rhein.

Zwo gewalt'ge Nationen ringen
Um der Welt alleinigen Besitz;
Aller Länder Freiheit zu verschlingen,
Schwingen sie den Dreizack und den Blitz.

Gold muß ihnen jede Landschaft wägen,
Und, wie Brennus in der rohen Zeit,
Legt der Franke seinen ehrnen Degen
In die Wage der Gerechtigkeit.

Seine Handelsflotten streckt der Britte
Gierig wie Polypenarme aus,
Und das Reich der freien Amphitrite
Will er schließen, wie sein eignes Haus.

Zu des Südpols nie erblickten Sternen
Dringt sein rastlos ungehemmter Lauf;
Alle Inseln spürt er, alle fernen
Küsten — nur das Paradies nicht auf.

Ach, umsonst auf allen Ländercharten
Spähst du nach dem seligen Gebiet,
Wo der Freiheit ewig grüner Garten,
Wo der Menschheit schöne Jugend blüht.

Endlos liegt die Welt vor deinen Blicken,
    Und die Schifffahrt selbst ermißt sie kaum;
Doch auf ihrem unermeßnen Rücken
    Ist für zehen Glückliche nicht Raum.

In des Herzens heilig stille Räume
    Mußt du fliehen aus des Lebens Drang!
Freiheit ist nur in dem Reich der Träume,
    Und das Schöne blüht nur im Gesang.

Sängers Abschied.

Die Muse schweigt; mit jungfräulichen Wangen,
Erröthen im verschämten Angesicht,
Tritt sie vor dich, ihr Urtheil zu empfangen;
Sie achtet es, doch fürchtet sie es nicht.
Des Guten Beifall wünscht sie zu erlangen,
Den Wahrheit rührt, den Flimmer nicht besticht
Nur wem ein Herz, empfänglich für das Schöne,
Im Busen schlägt, ist werth, daß er sie kröne.

Nicht länger wollen diese Lieder leben,
Als bis ihr Klang ein fühlend Herz erfreut,
Mit schönern Phantasieen es umgeben,
Zu höheren Gefühlen es geweiht;
Zur fernen Nachwelt wollen sie nicht schweben,
Sie tönten, sie verhallen in der Zeit.
Des Augenblickes Lust hat sie geboren,
Sie fliehen fort im leichten Tanz der Horen.

Der Lenz erwacht, auf den erwärmten Triften
Schießt frohes Leben jugendlich hervor,
Die Staude würzt die Luft mit Nektardüften,
Den Himmel füllt ein muntrer Sängerchor,
Und Jung und Alt ergeht sich in den Lüften,
Und freuet sich und schwelgt mit Aug' und Ohr.
Der Lenz entflieht! Die Blume schießt in Samen,
Und keine bleibt von allen, welche kamen.

Semele

in

zwei Scenen.

Perfonen.

Juno.

Semele, Prinzeffin von Theben.

Jupiter.

Mercur.

Die Handlung ist im Palaste des Kadmus zu Theben.

———————

Erſte Scene.

Juno
(ſteigt aus ihrem Wagen, von einer Wolke umgeben).

Hinweg den geflügelten Wagen,
Pfauen Junos, erwartet mein
Auf Cithärens wolkigtem Gipfel.

(Wagen und Wolke verſchwinden.)

Ha, ſei gegrüßt, Haus meines grauen Zornes!
Sei grimmig mir gegrüßt, feindſelig Dach,
Verhaßtes Pflaſter! — Hier alſo die Stätte,
Wo wider meinen Torus Jupiter
Im Angeſicht des keuſchen Tages frevelt!
Hier, wo ein Weib ſich, eine Sterbliche,
Erfrecht, ein ſtaubgebildetes Geſchöpf,
Den Donnerer aus meinem Arm zu ſchmeicheln,
An ihren Lippen ihn gefangen hält!
Juno! Juno! Einſam
Stehſt du, ſtehſt verlaſſen
Auf des Himmels Thron!
Reichlich dampfen dir Altäre,
Und dir beugt ſich jedes Knie.
Was iſt ohne Liebe Ehre?
Was der Himmel ohne ſie?

Wehe, deinen Stolz zu beugen,
Mußte Venus aus dem Schaume ſteigen!

Götter bethörte,
Menschen und Götter ihr zaubrischer Blick!
Wehe, deinen Gram zu mehren,
Mußt' Hermione gebären,
Und vernichtet ist dein Glück!

    Bin ich nicht Fürstin der Götter?
Nicht Schwester des Donnerers,
Nicht die Gattin des herrschenden Zeus?
Aechzen nicht die Achsen des Himmels
Meinem Gebot? Umrauscht nicht mein Haupt die olympische Krone?
Ha, ich fühle mich!
Kronos' Blut in den unsterblichen Adern,
Königlich schwillt mein göttliches Herz.
Rache! Rache!
Soll sie mich ungestraft schmähen?
Ungestraft unter die ewigen Götter
Werfen den Streit, und die Eris rufen
In den fröhlichen himmlischen Saal?
Eitle! Vergessene!
Stirb und lerne am stygischen Strom
Göttliches unterscheiden von irdischem Staub!
Deine Riesenrüstung mag dich erdrücken,
Nieder dich schmettern
Deine Göttersucht!

    Rachegepanzert
Steig' ich vom hohen Olympus herab.
Süße, verstrickende,
Schmeichelnde Reden
Hab' ich ersonnen;
Tod und Verderben
Lauern darin.

Horch, ihre Tritte!
Sie naht!
Naht dem Sturz, dem gewissen Verderben!
Verhülle dich, Gottheit, in sterblich Gewand!

(Sie geht ab.)

Semele (ruft in die Scene).

Die Sonne neigt sich schon! Jungfrauen, eilt,
Durchwürzt den Saal mit süßen Ambradüften,
Streut Rosen und Narcissen rings umher,
Vergeßt auch nicht das goldgewebte Polster —
Er kommt noch nicht — die Sonne neigt sich schon —

Juno (in Gestalt einer Alten hereinstürzend).

Gelobet seien die Götter, meine Tochter!

Semele.

Ha! Wach' ich? Träum' ich? Götter! Beroe!

Juno.

Sollt' ihre alte Amme Semele
Vergessen haben?

Semele.

Beroe! Beim Zeus!

Laß an mein Herz dich drücken — deine Tochter!
Du lebst? Was führt von Epidaurus dich
Hieher zu mir? Wie lebst du? Du bist doch
Noch immer meine Mutter?

Juno.

Deine Mutter!

Eh nanntest du mich so.

Semele.

Du bist es noch,

Wirst's bleiben, bis von Lethes Taumeltrank
Ich trunken bin.

Juno.

Bald wird wohl Beroe

Vergessenheit aus Lethes Wellen trinken;
Die Tochter Kadmus' trinkt vom Lethe nicht.

     Semele.

Wie, meine Gute? Räthselhaft war sonst
Nie deine Rede, nie geheimnißvoll;
Der Geist der grauen Haare spricht aus dir;
Ich werde, sagst du, Lethes Trank nicht kosten?

     Juno.

So sagt' ich, ja! Was aber spottest du
Der grauen Haare? — Freilich haben sie
Noch keinen Gott bestricket, wie die blonden!

     Semele.

Verzeih der Unbesonnenen! Wie wollt' ich
Der grauen Haare spotten? Werden wohl
Die meinen ewig blond vom Nacken fließen?
Was aber war's, was zwischen deinen Zähnen
Du murmeltest? — Ein Gott?

     Juno.

      Sagt' ich, ein Gott?
Nun ja, die Götter wohnen überall!
Sie anzuflehn steht schwachen Menschen schön.
Die Götter sind, wo du bist — Semele!
Was fragst du mich?

     Semele.

      Boshaftes Herz! Doch sprich:
Was führte dich von Epidaurus her?
Das doch wohl nicht, daß gern die Götter wohnen
Um Semele?

     Juno.

      Beim Jupiter, nur das!
Welch Feuer fuhr in deinen Wangen auf,
Als ich das Jupiter aussprach? — Nichts anders
Als jenes, meine Tochter — Schrecklich rast't

Die Pest zu Epidaurus, tödtend Gift
Ist jeder Hauch, und jeder Athem würget;
Den Sohn verbrennt die Mutter, seine Braut
Der Bräutigam, die feuerflammenden
Holzstöße machen Tag aus Mitternacht,
Und Klagen heulen rastlos in die Luft;
Unüberschwänglich ist das Weh! — Entrüstet
Blickt Zeus auf unser armes Volk herab;
Vergebens strömt ihm Opferblut, vergebens
Zermartert am Altare seine Knie
Der Priester, taub ist unserm Flehn sein Ohr —
Drum sandt' zu Kadmus' Königstochter mich
Mein wehbelastet Vaterland, ob ich
Von ihr erbitten könnte, seinen Grimm
Von uns zu wenden — Beroe, die Amme,
Gilt viel, gedachten sie, bei Semelen — bei Zeus
Gilt Semele so viel — mehr weiß ich nicht,
Versteh' noch weniger, was sie damit
Bedeuten: Semele vermag bei Zeus so viel.

Semele (heftig und vergessen).

Die Pest wird morgen weichen — sag's dem Volk!
Zeus liebt mich! sag's! heut muß die Pest noch weichen!

Juno (auffahrend, mit Staunen).

Ha! ist es wahr, was tausendzüngiges Gerücht
Vom Ida bis zum Hämus hat geplaudert?
Zeus liebt dich? Zeus grüßt dich in aller Pracht,
Worin des Himmels Bürger ihn bestaunen,
Wenn in Saturnias Umarmungen er sinkt? —
Laßt, Götter, laßt die grauen Haare nun
Zum Orkus fahren — satt hab' ich gelebt —
In seiner Götterpracht steigt Kronos' großer Sohn
Zu ihr, zu ihr, die einst an dieser Brust
Getrunken hat — zu ihr —

Semele.

O Beroe! Er kam,
Ein schöner Jüngling, reizender, als keiner
Auroras Schooß entflossen, paradiesisch reiner,
Als Hesperus, wenn er balsamisch haucht,
In Aetherfluth die Glieder eingetaucht,
Voll Ernst sein Gang und majestätisch, wie
Hyperions, wenn Köcher, Pfeil' und Bogen
Die Schultern niederschwirren, wie
Vom Ocean sich heben Silberwogen,
Auf Maienlüften hinten nachgeflogen
Sein Lichtgewand, die Stimme Melodie,
Wie Silberklang aus fließenden Krystallen —
Entzückender, als Orpheus' Saiten schallen —

Juno.

Ha! meine Tochter! — Die Begeisterung
Erhebt dein Herz zum helikon'schen Schwung!
Wie muß das Hören sein! wie himmelvoll das Blicken!
Wenn schon die sterbende Erinnerung
Von hinnen rückt in delphischem Entzücken? —
Wie aber? Warum schweigst du mir
Das Kostbarste? Kronions höchste Zier,
Die Majestät auf rothen Donnerkeilen,
Die durch zerrissne Wolken eilen,
Willst du mir geizig schweigen? — Liebereiz
Mag auch Prometheus und Deukalion
Verliehen haben — Donner wirft nur Zeus!
Die Donner, die zu deinen Füßen
Er niederwarf, die Donner sind es nur,
Die zu der Herrlichsten auf Erden dich gemacht. —

Semele.

Wie, was sagst du? Hier ist von keinen Donnern
Die Rede. —

111

Juno (lächelnd).

Semele! Auch Scherzen steht dir schön!

Semele.

So himmlisch, wie mein Jupiter, war noch
Kein Sohn Deukalions — von Donnern weiß ich nichts!

Juno.

Fi! Eifersucht!

Semele.

Nein, Beroe! Beim Zeus!

Juno.

Du schwörst?

Semele.

Beim Zeus! Bei meinem Zeus!

Juno (schreiend).

Du schwörst?

Unglückliche!

Semele (ängstlich).

Wie wird dir? Beroe!

Juno.

Sprich's noch einmal, das Wort, das zur Elendesten
Auf Tellus' ganzem großen Rund dich macht! —
Verlorene! Das war nicht Zeus!

Semele.

Nicht Zeus?

Abscheuliche!

Juno.

Ein listiger Betrüger
Aus Attika, der unter Gottes Larve
Dir Ehre, Scham und Unschuld wegbetrog! —

(Semele sinkt um.)

Ja stürz' nur hin! Steh' ewig niemals auf!
Laß ew'ge Nacht dein Licht verschlingen, laß
Um dein Gehör sich lagern ew'ge Stille!
Bleib' ewig hier, ein Felsenzacken, kleben! —

O Schande! Schande! die den keuschen Tag
Zurück in Hekates Umarmung schleudert!
So, Götter! Götter! so muß Beroe
Nach sechzehn schwer durchlebten Trennungsjahren
Die Tochter Kadmus' wiedersehn! — Frohlockend
Zog ich von Epidaurus her; — mit Scham
Muß ich zurück nach Epidaurus kehren. —
Verzweiflung bring' ich mit! O Jammer! O mein Volk!
Die Pest mag ruhig bis zur zweiten Ueberschwemmung
Fortwüthen, mag mit aufgebäumten Leichen
Den Oeta übergipfeln, mag
Ganz Griechenland in ein Gebeinhaus wandeln,
Eh Semele den Grimm der Götter beugt.
Betrogen ich und du und Griechenland und alles!

Semele
(richtet sich zitternd auf und streckt einen Arm nach ihr aus).

O meine Beroe!

Juno.

Ermuntre dich, mein Herz!
Vielleicht ist's Zeus! Wahrscheinlich doch wohl nicht!
Vielleicht ist's dennoch Zeus! Itzt müssen wir's erfahren!
Itzt muß er sich enthüllen, oder du
Fliehst ewig seine Spur, gibst den Abscheulichen
Der ganzen Todesrache Thebens preis. —
Schau, theure Tochter, auf — schau deiner Beroe
Ins Angesicht, das sympathetisch dir
Sich öffnet — wollen wir ihn nicht
Versuchen, Semele?

Semele.

Nein, bei den Göttern!
Ich würd' ihn dann nicht finden —

Juno.

Würdest du

Wohl minder elend sein, wenn du in bang.n Zweifeln
Fortschmachtetest — und wenn er's dennoch wäre —
>Semele< (verbirgt das Haupt in Junos Schooß).
Ach! Er ist's nicht!

>Juno.<
Und sich in allem Glanz,
Worin ihn der Olympus je gesehn,
Dir sichtbar stellte? — Semele! wie nun?
Dann sollte dich's gereuen, ihn versucht
Zu haben?

>Semele< (auffahrend).
Ha! enthüllen muß er sich!

>Juno< (schnell).
Ob darf er nicht in deine Arme sinken —
Enthüllen muß er sich — Drum höre, gutes Kind!
Was dir die redlich treue Amme räth,
Was Liebe mir itzt zugelispelt, Liebe
Vollbringen wird — sprich, wird er bald erscheinen?

>Semele.<
Ob noch Hyperion in Tethys' Bette steigt,
Versprach er zu erscheinen —

>Juno< (vergessen, heftig).
Wirklich? Ha!
Versprach er? heut schon wieder! (Faßt sich.) Laß ihn kommen,
Und wenn er eben liebestrunken nun
Die Arme auseinander schlingt nach dir,
So trittst du — merk' dir's — wie vom Blitz
Gerührt, zurück. Ha! wie er staunen wird!
Nicht lange lässest du, mein Kind, ihn staunen;
Du fährst so fort, mit frost'gen Eisesblicken
Ihn wegzustoßen — wilder, feuriger
Bestürmt er dich — die Sprödigkeit der Schönen
Ist nur ein Damm, der einen Regenstrom

Zurückepreßt, und ungeſtümer prallen
Die Fluthen an — Itzt hebſt du an zu weinen —
Giganten mocht' er ſtehn, mocht' ruhig niederſchaun,
Wenn Typheus' hundertarmiger Grimm
Den Oſſa und Olymp nach ſeinem Erbthron jagte —
Die Thränen einer Schönen fällen Zeus —
Du lächelſt? — Gelt! die Schülerin
Iſt weiſer hier als ihre Meiſterin? —
Nun bitteſt du den Gott, dir eine kleine, kleine,
Unſchuld'ge Bitte zu gewähren, die
Dir ſeine Lieb' und Gottheit ſiegeln ſollte —
Er ſchwört's beim Styx! — Der Styx hat ihn gebannt!
Entſchlüpfen darf er nimmermehr! Du ſprichſt:
„Eh ſollſt du dieſen Leib nicht koſten, bis
„In aller Kraft, worin dich Kronos' Tochter
„Umarmt, du zu der Tochter Kadmus' ſteigeſt!"
Laß dich's nicht ſchrecken, Semele, wenn er
Die Grauen ſeiner Gegenwart, die Feuer,
Die um ihn krachen, dir die Donner, die
Den Kommenden umrollen, zu Popanzen
Aufſtellen wird, den Wunſch dir zu entleiden:
Das ſind nur leere Schrecken, Semele —
Die Götter thun mit dieſer herrlichſten
Der Herrrlichkeiten gegen Menſchen karg —
Beharre du nur ſtarr auf deiner Bitte,
Und Juno ſelbſt wird neidiſch auf dich ſchielen.

Semele.

Die Häßliche mit ihren Ochſenaugen!
Er hat mir's oft im Augenblick der Liebe
Geklagt, wie ſie mit ihrer ſchwarzen Galle
Ihn martere —

Juno (ergrimmt, verlegen bei Seite).

Ha! Wurm! den Tod für dieſen Hohn!

Semele.

Wie? meine Beroe! — Was haſt du da gemurmelt?

Juno (verlegen).

Nichts — meine Semele! Die ſchwarze Galle quält
Auch mich — ein ſcharfer, ſtrafender Blick
Muß oft bei Buhlenden für ſchwarze Galle gelten —
Und Ochſenaugen ſind ſo wüſte Augen nicht.

Semele.

O pfui doch, Beroe! die garſtigſten,
Die je in einem Kopfe ſtecken können!
Und noch dazu die Wangen gelb und grün,
Des gift'gen Neides ſichtbarliche Strafe —
Mich jammert Zeus, daß ihn die Keiferin
Mit ihrer ekelhaften Liebe keine Nacht
Verſchont und ihren eiferſücht'gen Grillen,
Das muß Jrions Rad im Himmel ſein.

Juno
(in der äußerſten Verwirrung und Wuth auf und ab raſend).

Nichts mehr davon!

Semele.

　　　　Wie, Beroe! ſo bitter?
Hab' ich wohl mehr geſagt, als wahr iſt, mehr,
Als klug iſt? —

Juno.

　　　Mehr haſt du geſagt,
Als wahr iſt, mehr, als klug iſt, junges Weib!
Preiſ' dich beglückt, wenn deine blauen Augen
Dich nicht zu früh in Charons Nachen lächeln!
Saturnia hat auch Altär' und Tempel
Und wandelt unter Sterblichen — die Göttin
Rächt nichts ſo ſehr, als höhniſch Naſenrümpfen.

Semele.

Sie wandle hier und ſei des Hohnes Zeugin!

Was kümmert's mich? — Mein Jupiter beschützt
Mir jedes Haar, was kann mir Juno laiden?
Doch laß uns davon schweigen, Beroe!
Zeus muß mir heute noch in seiner Pracht erscheinen.
Und wenn Saturnia darob den Pfad
Zum Orkus finden sollte —

Juno (beiseit).

Diesen Pfad
Wird eine Andre wohl noch vor ihr finden,
Wenn je ein Blitz Kronions trifft! —

(Zu Semele.)

Ja, Semele, sie mag vor Neid zerbersten,
Wenn Kadmus' Tochter, Griechenland zur Schau,
Hoch im Triumphe zum Olympus steigt! —

Semele (leichtfertig lächelnd).

Meinst du,
Man werd' in Griechenland von Kadmus' Tochter hören?

Juno.

Ha! ob man auch von Sidon bis Athen
Von einem Andern höret! Semele!
Götter, Götter werden sich vom Himmel neigen,
Götter vor dir niederknien,
Sterbliche in demuthsvollem Schweigen
Vor des Riesentödters Braut sich beugen
Und in zitternder Entfernung — —

Semele
(frisch aufhüpfend, ihr um den Hals fallend).

Beroe!

Juno.

Ewigkeiten — grauen Welten
Wird's ein weißer Marmor melden:
Hier verehrt' man Semele!
Semele, der Frauen schönste,

Die den Donnerschleuderer
Vom Olymp zu ihren Küssen
In den Staub herunterzwang.
Und auf Famas tausendfach rauschenden Flügeln
Wird's von Meeren schallen und brausen von Hügeln —

Semele (außer sich).

Pythia! Apollo! — Wenn er doch
Nur erschiene!

Juno.

Und auf dampfenden Altären
Werden sie dich göttlich ehren.

Semele (begeistert).

Und erhören will ich sie!
Seinen Grimm mit Bitten söhnen,
Löschen seinen Blitz in Thränen!
Glücklich, glücklich machen will ich sie!

Juno (vor sich).

Armes Ding! das wirst du nie. —

(Nachdenkend.)

Bald zerschmilzt — — — doch — garstig mich zu heißen! —
Nein! Das Mitleid in den Tartarus!

(Zu Semele.)

Flieh nur! Flieh nur, meine Liebe,
Daß dich Zeus nicht merke! Laß ihn lange
Deiner harren, daß er feuriger
Nach dir schmachte —

Semele.

Berce! der Himmel
Hat erkoren dich zu seiner Stimme!
Ich Glückfel'ge! vom Olympus neigen
Werden sich die Götter, vor mir niederknien
Sterbliche in demuthsvollem Schweigen — —
Laß nur — laß — ich muß von hinnen fliehn!

(Eilig ab.)

Juno (siegjauchzend ihr nachblickend).

Schwaches, stolzes, leichtbetrognes Weib!
Fressendes Feuer seine schmachtenden Blicke,
Seine Küsse Zermalmung, Gewittersturm
Seine Umarmung dir! — Menschliche Leiber
Mögen nicht ertragen die Gegenwart
Deß, der die Donner wirft! — Ha!

(In rasender Entzückung.)

Wenn nun ihr wächserner sterblicher Leib
Unter des Feuertriefenden Armen
Niederschmilzt, wie vor der Sonne Gluth
Flockiger Schnee — der Meineidige,
Statt der sanften, weicharmigen Braut,
Seine eignen Schrecken umhalst — wie frohlockend dann
Will ich herüber vom Cithäron weiden mein Auge,
Rufen herüber, daß in der Hand ihm der Donnerkeil
Niederbebt! Pfui doch! umarme
Nicht so unsanft, Saturnius!

(Symphonie.)   (Sie eilt davon.)

Zweite Scene.

Der vorige Saal. Plötzliche Klarheit.

Zeus in Jünglingsgestalt. Mercur in Entfernung.

Zeus.

Sohn Majas!

Mercur (knieend, mit gesenktem Haupt).

Zeus!

Zeus.

Auf! Eile! Schwing'
Die Flügel fort nach des Skamanders Ufer!

Dort weint am Grabe seiner Schäferin
Ein Schäfer — Niemand soll weinen,
Wenn Saturnius liebet —
Ruf' die Todte ins Leben zurück.

Mercur (aufstehend).

Deines Hauptes ein allmächtiger Wink
Führt mich in einem Hui dahin, zurück
In einem Hui —

Zeus.

   Verzeuch! Als ich ob Argos flog,
Kam wallend mir ein Opferdampf entgegen
Aus meinen Tempeln — Das ergötzte mich,
Daß mich das Volk so ehrt — Erhebe deinen Flug
Zu Ceres, meiner Schwester — so spricht Zeus:
Zehntausendfach soll sie auf fünfzig Jahr'
Den Argiern die Halmen wiedergeben —

Mercur.

Mit zitternder Eile
Vollstreck' ich deinen Zorn — mit jauchzender,
Allvater, deine Huld; denn Wollust ist's
Den Göttern, Menschen zu beglücken; zu verderben
Die Menschen, ist den Göttern Schmerz — Gebeut!
Wo soll ich ihren Dank vor deine Ohren bringen,
Nieden im Staub oder droben im Göttersitz?

Zeus.

Nieden im Göttersitz! — Im Palaste
Meiner Semele! Fleuch!

(Mercur geht ab.)

— — — — — — — Sie kommt mir nicht entgegen,
Wie sonst, an ihre wollustschwellende Brust
Den König des Olympus zu empfangen?
Warum kommt meine Semele mir nicht
Entgegen? — Oedes — todtes — grauenvolles Schweigen

Herrscht ringsumher im einsamen Palast,
Der sonst so wild und so bacchantisch lärmte —
Kein Lüftchen regt sich — auf Cithärons Gipfel
Stand siegfrohlockend Juno — ihrem Zeus
Will Semele nicht mehr entgegen eilen — —

(Pause, er fährt auf.)

Ha! sollte wohl die Frevlerin gewagt
In meiner Liebe Heiligthum sich haben? —
Saturnia — Cithäron — ihr Triumph —
Entsetzen, Ahnung! — Semele — — Getrost! —
Getrost! Ich bin dein Zeus! der weggehauchte Himmel
Soll's lernen: Semele! ich bin dein Zeus!
Wo ist die Luft, die sich erfrechen wollte,
Rauh anzuwehn, die Zeus die Seine nennt? —
Der Ränke spott' ich — Semele, wo bist du?
Lang schmachtet' ich, mein weltbelastet Haupt
An deinem Busen zu begraben, meine Sinnen
Vom wilden Sturm der Weltregierung eingelullt,
Und Zügel, Steu'r und Wagen weggeträumt,
Und im Genuß der Seligkeit vergangen!
O Wonnerausch! Selbst Göttern süßer Taumel!
Glück[s]el'ge Trunkenheit! — Was ist Uranos' Blut,
Was Nektar und Ambrosia, was ist
Der Thron Olymps, des Himmels goldnes Scepter,
Was Allmacht, Ewigkeit, Unsterblichkeit, ein Gott
            Ohne Liebe?
Der Schäfer, der an seines Stroms Gemurmel
Der Lämmer an der Gattin Brust vergißt,
        Beneidete mir meine Keile nicht.
Sie naht — sie kommt — O Perle meiner Werke,
Weib! — Anzubeten ist der Künstler, der
Dich schuf — — Ich schuf dich — bet' mich an,
Zeus betet an vor Zeus, der dich erschuf!

Ha! wer im ganzen Wesenreiche, wer
Verdammet mich? — Wie unbemerkt, verächtlich
Verschwinden meine Welten, meine strahlenquillenden
Gestirne, meine tanzenden Systeme,
Mein ganzes großes Saitenspiel, wie es
Die Weisen nennen, wie das alles todt
Gegen eine Seele!

Semele (kommt näher, ohne aufzuschauen).

Zeus.

Mein Stolz, mein Thron ein Staub! O Semele!
(Fliegt ihr entgegen, sie will fliehen.)
Du fliehst? — Du schweigst? — Ha! Semele! du fliehst?

Semele (ihn wegstoßend).

Hinweg!

Zeus (nach einer Pause des Erstaunens).

Träumt Jupiter? Will die Natur
Zu Grunde stürzen? — So spricht Semele? —
Wie, keine Antwort? — Gierig streckt mein Arm
Nach dir sich aus — so pochte nie mein Herz
Der Tochter Agenors entgegen, so
Schlug's nie an Ledas Brust, so brannten meine Lippen
Nach Danaes verschlossnen Küssen nie,
Als jetzo —

Semele.
Schweig, Verräther!

Zeus (unwillig, zärtlich).

Semele!

Semele.

Fleuch!

Zeus (mit Majestät sie ansehend).

Ich bin Zeus!

Semele.
Du Zeus?

Erzittre, Salmoneus, mit Schrecken wird
Er wiederfordern den gestohlnen Schmuck,
Den du gelästert hast — Du bist nicht Zeus!

Zeus (groß).

Der Weltbau dreht im Wirbel sich um mich
Und nennt mich so —

Semele.

Ha! Gotteslästerung!

Zeus (sanfter).

Wie, meine Göttliche? Von wannen dieser Ton?
Wer ist der Wurm, der mir dein Herz entwendet?

Semele.

Mein Herz war dem geweiht, deß Aff' du bist —
Oft kommen Menschen unter Götterlarve,
Ein Weib zu fangen — Fort! Du bist nicht Zeus!

Zeus.

Du zweifelst? Kann an meiner Gottheit Semele
Noch zweifeln?

Semele (wehmüthig).

Wärst du Zeus! Kein Sohn

Des Morgennimmerseins soll diesen Mund berühren.
Zeus ist dies Herz geweiht — — — O wärst du Zeus!

Zeus.

Du weinest? Zeus ist da, und Semele soll weinen?

(Niederfallend.)

Sprich, fordre! und die knechtische Natur
Soll zitternd vor der Tochter Kadmus' liegen!
Gebeut! und Ströme machen gählings Halt!
Und Helikon und Kaukasus und Cynthus
Und Athos, Mykale und Rhodope und Pindus,
Von meines Winkes Allgewalt ·
Entfesselt, küssen Thal und Triften
Und tanzen, Flocken gleich, in den verfinsterten Lüften.

Gebeut! und Nord= und Ost= und Wirbelwind
Belagern den allmächtigen Trident,
Durchrütteln Posidaons Throne,
Empöret steigt das Meer, Gestad' und Damm zu Hohne,
Der Blitz prahlt mit der Nacht, und Pol und Himmel krachen,
Der Donner brüllt aus tausendfachem Rachen,
Der Ocean lauft gegen den Olympus Sturm,
Dir flötet der Orkan ein Siegeslied entgegen,
Gebeut —

Semele.

Ich bin ein Weib, ein sterblich Weib,
Wie kann vor seinem Topf der Töpfer liegen,
Der Künstler knien vor seiner Statue?

Zeus.

Pygmalion beugt sich vor seinem Meisterstücke —
Zeus betet an vor seiner Semele!

Semele (heftiger weinend).

Steh' auf — steh' auf — O weh mir armen Mädchen!
Zeus hat mein Herz, nur Götter kann ich lieben.
Und Götter lachen mein, und Zeus verachtet mich!

Zeus.

Zeus, der zu deinen Füßen liegt —

Semele.

Steh' auf!

Zeus thronet über höhern Donnerkeilen
Und spottet eines Wurms in Junos Armen.

Zeus (mit Heftigkeit).

Ha! Semele und Juno! — Wer
Ein Wurm?

Semele.

O unaussprechlich glücklich wär'
Die Tochter Kadmus' — wärst du Zeus — O weh!
Du bist nicht Zeus!

Zeus (steht auf).

Ich bin's!

(Reckt die Hand aus, ein Regenbogen steht im Saal. Die Musik begleitet die Erscheinung.)

Kennst du mich nun?

Semele.

Stark ist des Menschen Arm, wenn ihn die Götter stützen,
Dich liebt Saturnius — Nur Götter kann
Ich lieben —

Zeus.

Noch! noch zweifelst du,
Ob meine Kraft nur Göttern abgeborget,
Nicht gottgeboren sei? — Die Götter, Semele,
Verleihn den Menschen oft wohlthätige Kräfte
Doch ihre Schrecken leihen Götter nie —
Tod und Verderben ist der Gottheit Siegel,
Tödtend enthüllt sich Jupiter dir!

(Er reckt die Hand aus. Knall, Feuer, Rauch und Erdbeben. Musik begleitet hier und in Zukunft den Zauber.)

Semele.

Zieh deine Hand zurück! — O Gnade, Gnade
Dem armen Volk! — Dich hat Saturnius
Gezeuget — ·

Zeus.

Ha! Leichtfertige!
Soll Zeus dem Starrsinn eines Weibes wohl
Planeten drehn und Sonnen stillstehn heißen?
Zeus wird es thun! — Oft hat ein Göttersohn
Den feuerschwangern Bauch der Felsen aufgeritzt,
Doch seine Kraft erlahmt in Tellus' Schranken;
Das kann nur Zeus!

(Er reckt die Hand aus, die Sonne verschwindet, es wird plötzlich Nacht.)

Semele (stürzt vor ihm nieder).

Allmächtiger! — O wenn
Du lieben könntest!

(Es wird wiederum Tag.)

Zeus.

Ha! die Tochter Kadmus' fragt
Kronion, ob Kronion lieben könnte?
Ein Wort — und er wirft seine Gottheit ab,
Wird Fleisch und Blut, und stirbt und wird geliebt

Semele.

Das thäte Zeus?

Zeus.

Sprich, Semele, was mehr's
Apollo selbst gestand, es sei Entzücken,
Mensch unter Menschen sein — Ein Wink von dir — Ich bin's!

Semele (fällt ihm um den Hals).

O Jupiter, die Weiber Epidaurus' schelten
Ein thöricht Mädchen deine Semele,
Die, von dem Donnerer geliebet, nichts
Von ihm erbitten kann —

Zeus (heftig).

Erröthen sollen
Die Weiber Epidaurus'! — Bitte! bitte nur!
Und bei dem Styx, deß schrankenlose Macht
Selbst Götter sklavisch beugt — wenn Zeus dir zaudert,
So soll der Gott in einem einz'gen Nu
Hinunter mich in die Vernichtung donnern!

Semele (froh aufspringend).

Daran erkenn' ich meinen Jupiter!
Du schwurest mir — der Styx hat es gehört!
So laß mich denn nie anders dich umarmen,
Als wie —

Zeus (erschrocken schreiend).

Unglückliche! halt' ein!

Semele.

Saturnia —

Zeus (will ihr den Mund zuhalten).

Verstumme!

Semele.

Dich umarmt!

Zeus (bleich, von ihr weggewandt).

Zu spät! Der Laut entrann! — Der Styx! — Du hast den Tod
Erbeten, Semele!

Semele.

Ha! so liebt Jupiter?

Zeus.

Den Himmel gäb' ich drum, hätt' ich dich minder nur
Geliebt! (Mit kaltem Entsetzen sie anstarrend.) Du bist verloren —

Semele.

Jupiter!

Zeus (grimmig vor sich hinredend).

Ha! merk' ich nun dein Siegfrohlocken, Juno?
Verwünschte Eifersucht! — O diese Rose stirbt!
Zu schön — o weh! — zu kostbar für den Acheron!

Semele.

Du geizest nur mit deiner Herrlichkeit!

Zeus.

Fluch über meine Herrlichkeit, die dich
Verblendete! Fluch über meine Größe,
Die dich zerschmettert! Fluch, Fluch über mich,
Daß ich mein Glück auf morschen Staub gebaut!

Semele.

Das sind nur leere Schrecken, Zeus, mir bangt
Vor deinem Drohen nicht!

Zeus.

Bethörtes Kind!
Geh — nimm das letzte Lebewohl auf ewig
Von deinen Freundinnen — nichts — nichts vermag
Dich mehr zu retten — Semele! ich bin dein Zeus!
Auch das nicht mehr — Geh —

Semele.

Neidischer! der Styx! —
Du wirst mir nicht entschlüpfen.

(Sie geht ab.)

Zeus.

Nein! triumphieren soll sie nicht. — Erzittern
Soll sie — und kraft der tödtenden Gewalt,
Die Erd' und Himmel mir zum Schemel macht,
Will an den schroffsten Felsen Thraciens
Mit diamantnen Ketten ich die Arge schmieden —
Auch diesen Schwur —

(Mercur erscheint in Entfernung.)

Was will dein rascher Flug?

Mercur.

Feurigen, geflügelten, weinenden Dank
Der Glücklichen —

Zeus.

Verderbe sie wieder!

Mercur (erstaunt).

Zeus!

Zeus.

Glücklich soll niemand sein!
Sie stirbt —

(Der Vorhang fällt.)